Tourenübersicht

1. Von Valence nach Süden
2. Schlösser und Kirchen des Tricastin
3. Ankunft im Midi
4. Kalkspitzen über mediterranem Hügelland
5. Zur Stadt der Päpste
6. Römische Ingenieurskunst
7. Entlang der kleinen Rhône
8. Zwischen Meer und Land
9. Miniaturgebirge und fruchtbare Ebenen
10. In den kleinen Alpen
11. Durch den Gemüsegarten der kleinen Crau
12. Am Fuße der Alpilles
13. Geißel der Provence – Von Salon zur Durance
14. Eine elegante Provinzmetropole
15. Vom Berg Cézannes zur Grotte der hl. Maria Magdalena
16. Felswildnis am Meer
17. Durch die Weinberge des südlichen Lubéron
18. Im Herzen der Provence – Vom Lubéron ins Vaucluse
19. Über menschenleere Höhen – Im Pétit Lubéron
20. Steile Felsen über grünem Tal – Durch den Grand Lubéron
21. Lavendelebenen und kleine Schluchten
22. Ein buntes Dorf und die Kunst der Zisterzienser
23. Über die Höhen des Vaucluse
24. Durch die Ebene des Comtat zu den Dentelles
25. Durch die Nesque-Schlucht
26. Am Berg der Winde
27. Im Land des Lavendels
28. Durch die Baronnies nach Osten
29. Am Fuße der Montagne de Lure
30. Weite Horizonte – Über das Plateau von Valensole
31. Europas tiefste Kluft – Die Schluchten des Verdon
32. Die Corniche Sublime
33. Einsamkeit der Hochprovence
34. Nizza – Hauptstadt der Côte d'Azur
35. Vence und die Schluchten des Loup
36. Grasse – Hauptstadt des Parfums
37. Im grünen Hügelland des Haut-Var
38. Zwischen Var und Verdon
39. Zum Kloster von Le Thoronet
40. Ruhige Tage am Meer – Über das Maurenmassiv zur Küste

Georg Henke

Radtouren in der Provence

40 Radtouren zwischen Nîmes und Nizza mit zahlreichen Varianten

Mit 92 Farbfotos,
39 Kartenskizzen
und einer Übersichtskarte

Bruckmann

Einband-Vorderseite:
Pont du Gard (Tour 6)

Einband-Rückseite:
Unterhalb des Burgfelsens von Les Baux (Tour 10)

Seite 2/3:
Auf dem Plateau de Valensole (Tour 30)

Eine Produktion des **Bruckmann** -Teams, München

Umschlaggestaltung: Uwe Richter
Lektorat: Dr. Sabine Klinkert
Produktion und Layout:
Verlagsservice G. Pfeifer, Germering

Bildnachweis: Christoph Hennig, München: 95; alle übrigen Aufnahmen stammen von Georg Henke, Bremen. Die Kartenskizzen zu den Touren wurden von Anneli Nau, München, erstellt, die Übersichtskarte vom Ingenieurbüro für Kartographie Heidi Schmalfuß, München. Die Grafiken für die »Allgemeine Radkunde« fertigte Georg Sojer, Ruhpolding, an.

Gedruckt auf chlorarm gebleichtem Papier

Die Deutsche Bibliothek –
CIP-Einheitsaufnahme

Henke, Georg:
Radtouren in der Provence : 40 Radtouren zwischen Nîmes und Nizza mit zahlreichen Varianten / Georg Henke. –
München: Bruckmann, 1996
(Erlebnis Rad)
ISBN 3-7654-2836-1

Gesamtherstellung: Bruckmann, München
Druck: Gerber + Bruckmann, München
Printed in Germany
ISBN 3-7654-2836-1

Inhalt

Einleitung

Kaum eine andere Region Frankreichs übt auf den Reisenden des Nordens eine solche Anziehungskraft aus wie die Provence. Ein festes Vorstellungsbild ist mit dieser geographisch eher unscharfen Landschaftsbezeichnung verbunden: Die Provence ist sonniger Süden, mediterrane Heiterkeit, ein Land, über dem der Duft von Thymian und Lavendel schwebt, überall die Zikaden zirpen, wo in alten Bruchsteindörfern die Brunnen plätschern und in beschaulichen Kleinstädten sichtlich zufriedene Menschen unter schattenspendenden Platanen sitzen, um ihren Pastis, Rosé oder Café noir zu schlürfen und dabei Boule spielenden Baskenmützen zuzuschauen.

Bei der realen Annäherung zeigt die Provence dem Fremden dann aber sehr bald auch ein anderes Gesicht, insbesondere, wenn man das Land in seinen historisch und kulturell gewachsenen Grenzen bereist, die erheblich weiter nach Osten greifen als die Provence der gefälligen Reisefeuilletons. Dann wird auch eine gewisse Härte und Unwirtlichkeit sichtbar. Über den freundlich wirkenden Obstgärten und Weinfeldern der Ebenen und sanften Hügel erheben sich vielerorts karge, von der Sonne ausgedörrte, von düsteren Schluchten zerfurchte Kalkgebirge. Heftige Winde, wie der von Norden wehende kalte Mistral und die schweren Sommergewitter, die manchmal verheerende Überschwemmungen mit sich bringen, zeigen eine oft feindselige Natur. Und begibt man sich in die äußerst dünn besiedelte Hochprovence, so trifft man überall auf Ruinen, verlassene Gehöfte und verwilderte Felder, die Zeugnis geben von der Beschwerlichkeit vergangener bäuerlicher Existenz. Und ein weiterer Aspekt der heutigen Provence darf nicht unerwähnt bleiben. Entlang des Rhônelaufs und an den Küsten des Mittelmeers entwickelt sie sich immer mehr zu einem dynamischen Industrie- und Ballungsraum mit ausufernder moderner Bebauung, Landschaftszersiedelung und einer sich verschärfenden Umwelt- und Sozialproblematik.

Die hier vorgestellte Routenauswahl will die Provence in ihrer ganzen landschaftlichen Vielfalt erschließen. Die Touren erfassen nicht nur die klassischen Reiseziele der westlichen Provence, sondern führen zum Teil weit nach Osten, in einsame Bergregionen, die in der Reiseliteratur meist ignoriert werden. Aber auch in der Haute-Provence gibt es einiges zu entdecken. Die manchmal fast monumentale Landschaft hier entschädigt für das weitgehende Fehlen kulturgeschichtlicher Sehenswürdigkeiten.

Meidet man die stark industrialisierten Gebiete um Marseille und die Rhônemündung sowie die übererschlossenen Küsten des Mittelmeeres, so stellt sich die Provence als ausgesprochen spannende Radfahrregion dar. Ein dichtes Netz wenig befahrener Nebenstraßen verbindet die vielen hübschen Dörfer und Kleinstädte. Gewundene Sträßchen führen durch die zypressengesäumten Felder und Gemüsegärten der Ebenen, über sanfte Reb- und Olivenhügel, über weite Lavendelplateaus und durch schroffe Kalkschluchten. Auch zwischen den kulturgeschichtlich bedeutenden Städten der westlichen Provence (Avignon, Arles, Aix usw.) lassen sich Verbindungslinien für schöne Radtouren ziehen. Zwecks Vermeidung verkehrsreicher Straßen ist hier allerdings eine sorgfältige Routenplanung angezeigt. Im Falle der Côte d'Azur hilft allerdings auch dies nicht viel, da hier fast überall so dichter Verkehr herrscht, daß das Radfahren wenig Freude macht.

Die außergewöhnliche landschaftliche Vielfalt der Provence zeigt sich besonders demjenigen, der sich die Region im langsamen Rhythmus des Radfahrers erschließt. Daß dies nicht immer ganz mühelos ist, soll nicht verschwiegen werden. Viele der beschriebenen Routen führen in die besonders abwechslungsreichen Hügel- und Gebirgsregionen im Norden und Osten der Provence. Diese Gebiete lassen sich mit dem Rad ohne längere Anstiege nicht erkunden. Doch ist die umgebende Landschaft oft so reizvoll, daß man die Mühen bald vergißt, zumal bei der Routenauswahl versucht wurde, das Maß der Anstrengungen in Grenzen zu halten. Eine gute Gangschaltung ist hier allerdings unerläßlich. Auch sollte man sich nicht untrainiert auf den Weg machen. Aber die Provence besteht ja zum Glück nicht nur aus Gebirgen. Vor allem im Westen lassen sich auch schöne Routen ohne größere Anstiege finden.

Der geographische Raum

Die genaue Abgrenzung der Provence ist seit jeher umstritten. Eindeutige Antworten geben weder Geschichte noch Naturraum. Nach Westen hin erscheint die Grenzziehung noch relativ einfach. Die Rhône trennte über Jahrhunderte die selbständige Provence von Frankreich. Doch Nîmes und der Pont du Gard, im Languedoc jenseits der Rhône gelegen, werden gerne auf Provencereisen besucht und dürfen deshalb in einem Reiseführer zu diesem Thema nicht fehlen. Auch den Südteil des Departements Drôme, etwa von Valence an der Rhône abwärts, kann mit einiger Berechtigung noch zur Provence geschlagen werden. Landstriche mit der typisch mediterranen Vegetation der Steineichen, Zypressen, Mandel- und Olivenbäume lassen sich hier finden. Die Kleinstädte und Dörfer dieser Region folgen architektonisch und atmosphärisch provenzalischen Mustern. Nach Osten hin führen Reisebeschreibungen zur Provence selten über den Lauf der Durance hinaus. Im Süden wird meist die Côte d'Azur mitsamt Hinterland ausgeklammert. Zweifellos befindet man sich aber sowohl in den Voralpen von Sisteron, Digne oder Castellane wie auch an der Mittelmeerküste Südostfrankreichs in Regionen, die historisch gesehen meist zur Provence gehört haben. Die so umrissene Provence umfaßt ein Gebiet ausgesprochen abwechslungsreicher, oft konträrer Landschaftsbilder. Fruchtbare Ebenen und Beckenlandschaften mit freundlichen Dörfern grenzen an menschenleere Kalkgebirge oder einsam-karge Karsthochflächen. Die subtropische Fülle der Küstenregion kontrastiert mit der Herbheit und Schroffheit der entvölkerten Bergregionen.

Geologisch betrachtet ist die Provence sehr jung. Ihr heutiges Gesicht wurde erst im Tertiär, also vor rund 60 Millionen Jahren, geformt. Bis zum Beginn der Erdneuzeit war das Gebiet der Provence von den Wassern des Tethysmeeres bedeckt, auf dessen Grund sich über Jahrmillionen Sedimente, vor allem Muschelkalk, ablagerten. Durch

Die Durance vor dem Hintergrund des Petit Lubéron. Der heute gezähmte Strom brachte der Provence über Jahrhunderte verheerende Überschwemmungen.

Die Calanque-Küste zwischen Marseille und Cassis ist trotz der Nähe der Großstadt ausgesprochen wild und einsam.

die Druckwirkung der Auffaltungsprozesse von Pyrenäen und Alpen wurde der Meeressockel nach und nach angehoben. Dabei entstanden an mehreren Stellen isolierte, meist in West-Ost-Richtung verlaufende Höhenzüge, wie die Alpilles, der Lubéron und die Montagne Ste-Victoire. Die bewegte Aufeinanderfolge von Gebirgen und Ebenen macht u. a. den besonderen landschaftlichen Reiz der heutigen Provence aus.

Die Provence läßt sich grob in vier Landschaftsbereiche gliedern: das Rhônetal im Westen, die sich östlich anschließende Region der Hügel, fruchtbaren Senken und kleinen Gebirge, die Mittelmeerküste und ihr Hinterland und schließlich die Haute-Provence, die provenzalischen Voralpen. Das zwischen Valence und Orange noch deutlich eingegrenzte Tal der Rhône weitet sich flußabwärts zu einer Ebene, die südlich von Arles mit der eigenwilligen Sumpf- und Weidelandschaft der Camargue zum Meer hin ausläuft. Östlich an die Camargue schließt sich die Große Crau an, eine streckenweise unwirtliche, trockene Geröllebene, die nach Norden durch die Alpilles begrenzt wird. Dieser nur bis auf gut 400 m ansteigende Höhenzug wirkt durch seine steilen Kalkformationen erheblich höher, als er tatsächlich ist. Die Kleine Crau zwischen Alpilles und Durance ist im Gegensatz zur Großen Crau ein ausgesprochen fruchtbarer Landstrich. Im Rhônetal liegen die bekanntesten provenzalischen Reiseziele: Avignon, die kulturelle Hauptstadt der Provence, Arles mit seinen römischen und mittelalterlichen Bauwerken, das Felsnest Les Baux in den Alpilles, das stellenweise noch ursprünglich gebliebene Sumpfgebiet der Camargue, der römische Aquädukt Pont du Gard usw. Lebendige alte Stadtzentren und viel kulturgeschichtlich Sehenswertes lassen sich hier entdecken, aber auch die Widersprüchlichkeit eines modernen, industrialisierten Siedlungsraumes.

Die sich nach Osten an das Rhônetal anschließenden Hügel- und Bergregionen sind charakterisiert durch parallel gestaffelte, auf der Höhe meist karge Gebirgszüge, zwischen die sich fruchtbare Senken schieben. Für Freunde unzerstörter Naturlandschaften stellt dieses Gebiet mit seinen vielgestaltigen Landschaftsbildern ein ausgesprochen lohnendes Ziel dar. Harmonisches Bauernland mit Obst- und Weinkulturen wechselt mit wilden Kalkschluchten und dichtem Buschwald, überall finden sich unverbaute, malerische alte Dörfer. Nur wenige Landschaften Europas bieten so viel unberührte Natur und dabei gleichzeitig die Vorzüge der mediterranen Lebensweise. Besonders markante Gebiete sind im

Bereich der Hügelprovence die Dentelles de Montmirail östlich von Orange, ein liebliches Mittelgebirge mit ausgedehnten Weinbergen und einer fast alpin wirkenden Felskrone, das Plateau de Vaucluse, eine einsame Landschaft der Karst- und Lavendelhochflächen, sowie der sich südlich anschließende, bis auf gut 1100 m ansteigende Höhenrücken des Lubéron, bevorzugtes Terrain wohlhabender Ferienhauskäufer, der sich aber durch die Einrichtung eines Naturparks dennoch seine Ursprünglichkeit bewahren konnte. Beherrscht wird diese Region vom Mont Ventoux, mit 1909 m die höchste Erhebung der westlichen Provence. Seine markante Silhouette mit der kahlen weißen Kalksteinhaube erhebt sich weithin sichtbar über dem umgebenden Hügelland.

Östlich des Mont Ventoux, zur Durance hin, erstreckt sich die Montagne de Lure, ein nur dünn besiedelter, bis auf über 1800 m ansteigender Höhenrücken, zu dessen Füßen sich weite Lavendelebenen ausdehnen. Hier beginnt die Haute Provence, eine herb-einsame Region, die in ihrer Abgeschiedenheit und Strenge nur wenig dem gängigen Provencebild entspricht. Zur Haute-Provence gehören auch die Voralpen östlich des Durancebogens, eine eigenwillige Landschaft steiler Felskanten, karger Kalkplateaus, aber auch dichter Laub- und Nadelwälder. Die gegeneinander wirkenden Auffaltungsprozeße von Pyrenäen und Alpen bewirkten hier die Entstehung eines ausgesprochen bewegten Landschaftsreliefs. Die zum Mittelmeer abfließenden Flüsse haben zusätzlich tiefe Klüfte in den Kalk gegraben, darunter die Gorges du Verdon, die größte und wohl eindrucksvollste Schlucht Europas.

Nach Osten, zwischen Nizza und Menton, reichen die Bergzüge der Voralpen bis unmittelbar ans Mittelmeer. Weiter westlich schiebt sich das Hügelland des Haut-Var mit seinen ausgedehnten Weinbergen und Wäldern zwischen Meer und Alpenbogen. Fast der gesamte Küstenbereich zwischen Marseille und der italienischen Grenze, die berühmt-berüchtigte Côte d'Azur, ist inzwischen weiträumig und meist auch ästhetisch unerfreulich verbaut. Im westlichen Teil erstreckt sich mit Ausnahme der Großstadt Toulon eine reine Ferienlandschaft, mit fast vollständig auf den Tourismus ausgerichteten Orten. Weiter östlich, von Cannes über Nizza bis Menton, hat sich in den vergangenen Jahrzehnten ein immer mehr zusammenwachsender urbaner Ballungsraum entwickelt. Eine facettenreiche Stadtlandschaft ist hier entstanden. Wer Stille und unzerstörte Landschaften sucht, muß ins gebirgige Hinterland ausweichen, das von unerwarteter Einsamkeit und Unversehrtheit ist.

Klima, Vegetation und Tierwelt

Die Provence gilt als das Sonnenland Frankreichs. Klimatisch steht sie fast ganz unter dem mildernden Einfluß des Mittelmeeres. Ein Gebirgsbogen aus Cevennen, Zentralmassiv und westlichen Alpenausläufern schirmt sie nach Norden hin ab, so daß sich die atlantischen Witterungseinflüsse nur abgeschwächt bemerkbar machen. Das mediterrane Klima ist durch lange Sonnenscheindauer und milde Winter gekennzeichnet, nicht aber durch besonders niedrige Niederschlagsmengen. Der Regen fällt allerdings selten lang anhaltend, sondern meist in heftigen Schauern. Die Niederschläge sind zudem sehr ungleich über das Jahr verteilt. Sie fallen vor allem im Frühjahr und im Herbst. In vergangenen Zeiten traten die Flüsse dann regelmäßig über die Ufer. Die zerstörerische Kraft von Rhône, Durance und Var, die der Provence immer wieder verheerende Überschwemmungen brachten, konnte durch Flußregulierung und die Anlage von Staustufen erst in jüngster Zeit gebändigt werden. Die Sommer sind bis hinauf in die provenzalischen Voralpen trocken und heiß. Im Winter hingegen sind die klimatischen Unterschiede zwischen Küste und Gebirge ausgeprägter. An der Côte d'Azur sinken auch zwischen Dezember und Februar die Durchschnittstemperaturen nicht unter 13 °C, wohingegen in der Haute-Provence längere winterliche Frostperioden mit Schneefällen häufig sind. Eine Besonderheit des provenzalischen Klimas ist der Mistral, ein heftiger, kalter Fallwind, der vom Zentralmassiv manchmal mit Sturmstärke das Rhônetal hinunterfegt. Er läßt die Temperaturen in kürzester Zeit um bis zu 10 °C sinken, bringt aber auch einen strah-

In den Alpilles bei Eygalières. Macchia und karge Garrigue bedecken vielerorts die Hänge der provenzalischen Kalkgebirge.

lend blauen Himmel mit sich. Besonders häufig weht er im zeitigen Frühjahr.

Das mediterrane Klima und die unterschiedlichen Landschaftstypen begünstigen die Entstehung einer ausgesprochen artenreichen Vegetation. Allerdings sind einige der Pflanzen, die wir mit dem Bild des provenzalischen Südens verbinden, nicht ursprünglich hier beheimatet. Im 19. Jh. wurden u. a. Palmen und Zedern aus Afrika, Kakteen und Agaven aus Südamerika, der Eukalyptusbaum aus Australien in die Provence eingeführt. Reiche europäische Aristokraten, die die milde Côte d'Azur als ihr neues Winterrefugium entdeckt hatten, nutzten sie als exotische Zierde für ihr Parks und Gärten. Weinrebe und Ölbaum hatten schon die ersten griechischen Kolonisten vor 2500 Jahren nach Südfrankreich gebracht. Der Mandelbaum kam im 16. Jh. aus Vorderasien in die Provence.

Typische provenzalische Pflanzengemeinschaften sind Macchia und Garrigue, Anpassungsformen an eine durch menschliche Eingriffe veränderte Umwelt. Ursprünglich war die ganze Provence von dichten Eichen- und Kiefernwäldern bedeckt. Durch den schon seit der Antike betriebenen zügellosen Holzeinschlag und die Nutzung als Schaf- und Ziegenweide (Verbiß) wurden diese nach und nach vernichtet. Mit der dadurch einsetzenden Bodenerosion gingen geeignete Standorte für das Nachwachsen von Hochwäldern immer mehr verloren. Vielerorts breitete sich ein lockerer Bestand niedriger Buschwälder und -heiden aus.

Die Macchia (frz. maquis) ist ein Niederwald aus immergrünen Hartlaubgewächsen, die oft ein unwegsames Dickicht bilden. (Die Kämpfer der französischen Resistance nutzten die Macchia, um sich vor ihren Verfolgern zu verbergen, und wurden deshalb als »Maquisarden« bezeichnet.) Die Garrigue stellt eine Macchia ärmeren Typs dar, die nur noch aus niedrigen Sträuchern und oft stacheligem Gestrüpp besteht.

Die Pflanzen von Macchia und Garrigue sind besonders an ihre trockenen Standorte angepaßt. So mindern harte, gewachste, filzige oder durch Einrollen und Stachelbildung verkleinerte Blattoberflächen die Verdunstung. In der Macchia häufig anzutreffen ist die meist kleinwüchsige, immergrüne Steineiche. Der mit kleinen ledrig-dunkelgrünen Blättern belaubte Baum erinnert nur durch seine Früchte an die bei uns heimischen Eichenarten. Daneben findet sich in Macchia und Garrigue das ganze Spektrum der intensiv duftenden provenzalischen Kräuter: Thymian, Rosmarin, Oregano, Salbei, wilder Lavendel, Bohnenkraut usw. Häufig anzutreffen sind auch Zistrosen, Buchs- und Lorbeerbäume, Wacholder, Erdbeerbaum, Baumheide und Pistaziensträucher sowie vor allem verschiedene Unterarten des Ginsters, der im Juni große Flächen in seine gelbe Blütenpracht taucht. Nicht nur in der Macchia sind diverse Kiefernarten, wie Aleppokiefer, Sternkiefer und Schirmpinie, anzutreffen. Größere Bestände finden sich vor allem in Küstennähe, wo sie oft Opfer verheerender Waldbrände werden.

Auf den Hochebenen der östlichen Provence erstrecken sich weitflächig Lavendelkulturen. Im Hochsommer sind hier ganze Landstriche mir einem duftenden blauvioletten Teppich überzogen. Aus den Anfang August geernteten Pflanzen wird ein ätherisches Öl extrahiert, das als Grundstoff in der Parfumindustrie Verwendung findet. Eine Besonderheit der Provence sind die hohen und dichten Schilfrohr- und Zypressenhecken, die die Felder und Obstkulturen in den Ebenen eingrenzen, um die Abtragung der Bodenkrume durch den Mistral zu verhindern.

Da dichte Wälder in der Provence selten sind, ist die Fauna arm an größeren Formen. Um so reichhaltiger ist dafür die Welt der Vögel, Reptilien und Insekten. Für Ornithologen bieten vor allem die Naturschutzgebiete Camargue mit der letzten europäischen Brutkolonie des Flamingos sowie Lubéron mit seltenen Greifvogelarten (u. a. Schmutzgeier, Schlangenadler) lohnendes Beobachtungsterrain. Vor allem in der Hügelprovence sonnen sich zahlreiche Eidechsen an Felsen und Legesteinmauern, am häufigsten die unscheinbar braun gefärbte Mauereidechse. Auffälliger ist die gar nicht so seltene, größere, leuchtend grün gefärbte Smaragdeidechse. Aber auch diverse Schlangenarten sind in der Provence heimisch, wie die recht große, bis 1,50 m lange, harmlose Montpelliernatter. Die kleine giftige Aspisviper, deren Biß auch dem Menschen gefährlich werden kann, ist vor allem im Lubéron und in der Hochprovence anzutreffen.

Daß mit dem in Serignan bei Orange geborenen Jean Henri Fabre (1823–1915) der bedeutendste Insektenforscher Frankreichs aus der Provence stammt, ist vielleicht kein Zufall. Die heimatliche Umgebung bot dem autodidaktischen Gelehrten von frühester Kindheit an Studienobjekte in außergewöhnlicher Vielfalt. Die auffälligste Vertreterin der provenzalischen Insektenwelt ist allerdings fast nur akustisch wahrzunehmen. Die durch eine braune Tarnfarbe kaum auszumachende Singzikade erzeugt durch Aneinanderreiben der hinteren Gliedmaßen ein lautes Gezirpe, das an warmen Sommertagen ganze Landstriche erfüllt.

Geschichte

Das Gebiet der heutigen Provence zählt zu den am frühesten besiedelten Regionen

Die halbwilden Pferde im Sumpfland der Camargue gelten als Nachfahren einer prähistorischen Pferderasse.

Europas. Fast eine Million Jahre alte Steinwerkzeuge wurden bei Roquebrune an der Côte d'Azur gefunden, die von frühen Vorläufern des modernen Menschen, dem Homo erectus, angefertigt wurden. Vor etwa 150 000 bis 40 000 Jahren sind an zahlreichen Orten Siedlungsplätze des Homo sapiens vom Typus des Neandertalers nachgewiesen. Die Menschen lebten zu dieser Zeit als Sammler und Jäger. Ihr bevorzugter Aufenthaltsort waren Höhlen und Felsüberhänge, wie sie in den provenzalischen Kalkgebirgen häufig sind. Diese natürlichen Gegebenheiten begünstigten nach dem rätselhaften Aussterben des Neandertalers zu Beginn der letzten Eiszeit auch das Auftreten des Cromagnonmenschen vor etwa 40 000 Jahren, des ersten modernen Menschen. Mit Höhlenmalereien, kleinen Skulpturen und Ketten aus Muscheln und Tierzähnen zeigten sich erstmalig Ausformungen einer magisch-religiös geprägten Kunst.

Um 4500 v. Chr. vollzog sich die sog. Neolithische Revolution. Die Kultur der Jäger und Sammler wandelte sich zur Bauern- und Hirtenkultur der Jungsteinzeit. Die Menschen lernten, das Land mit Werkzeugen zu bearbeiten, Vorräte anzulegen, wildlebende Tiere zu ihrem Nutzen zu domestizieren und einfache Tongefäße für die Zubereitung und Aufbewahrung von Nahrungsmitteln herzustellen. Erstmalig wurden feste Steinbauten errichtet. Die eigentümlichen Bories der Provence (s. S. 96) spiegeln wahrscheinlich in ihrer Konstruktionsweise die einfachen Bauformen dieser Epoche wider.

Ab dem 6. Jh. v. Chr. vermischten sich die in der Provence ansässigen ligurischen Stämme mit den von Norden einwandernden Kelten. Die so entstehende Bevölkerungsgruppe der Keltoligurier bildete voneinander unabhängige Stammesverbände, die sich bei kriegerischen Auseinandersetzungen in befestigte Höhensiedlungen zurückzogen. Zahlreiche dieser »Oppida« sind in der Provence nachgewiesen. Fast zeitgleich mit der Bildung der keltoligurischen Bevölkerung ließen sich aus Kleinasien ausgewanderte Griechen an der Küste des Mittelmeers nieder. Die besonders wagemutigen ionischen Seefahrer aus Phokäa gründeten um 600 v. Chr. die Stadt Massalia, das heutige Marseille. Von hier aus wurden Handelswege und weitere Siedlungen angelegt, u. a. Nika (Nizza) und Olbia (Hyères). Der Herrschaftsbereich der griechischen Kolonisten reichte nicht weit ins Hinterland. Wie zuvor in ihrer kleinasiatischen Heimat beschränkten sie sich auf die Kontrolle eines schmalen Küstenstreifens. Mit den ansässigen Keltoliguriern lebten sie meist in friedlicher Koexistenz. Diese erkannten die kulturelle Überlegenheit der Einwanderer an. Von den Griechen übernahmen sie den Weinbau und die Ölbaumkultivierung.

Um 125 v. Chr. kam es aber dann doch zu kriegerischen Auseinandersetzungen zwischen den Bewohnern Massalias und einzelnen keltoligurischen Gruppierungen. Die Griechen riefen die Römer zu Hilfe, die die Gelegenheit nutzten, um ihren Machtbereich weiter auszudehnen. Das spätere Gebiet der Provence war für sie als abzusichernde Landbrücke nach Spanien von besonderer Bedeutung. In mehreren erbarmungslosen Eroberungsfeldzügen unterwarfen sie die keltoligurischen Stämme und zerstörten ihre Oppida. Das Gebiet, das sie nach blutigen Schlachten in ihr expandierendes Imperium eingliederten, nannten sie »provincia«, wovon sich der Name Provence ableitet. Die Römer gründeten neue Städte nach heimatlichem Vorbild (Aix, Apt, Frejus), bauten bestehende Siedlungen nach ihren Vorstellungen aus und legten großzügige Straßenverbindungen an. Während einer langen Friedensperiode (pax romana) wurden in einem aufwendigen Bauprogramm Theater, Arenen, Siegesmonumente und Aquädukte errichtet, die sich teilweise bis in unsere Zeit erhalten haben.

Durch die verheerenden Einfälle germanischer Völker ging die äußerlich glanzvolle römische Kultur Ende des 5. Jh.s auch in der Provence unter. Gleichzeitig gewann die neue christliche Religion hier rasch zahlreiche Anhänger. In Marseille und auf den Lerins-Inseln bei Cannes wurden Anfang des 5. Jh.s die ersten christlichen Klöster Europas gegründet. In diesen unsicheren Zeiten waren es vor allem die neu entstandenen Bischofssitze, die die politische Ordnung einigermaßen aufrechterhiel-

Das römische Theater von Orange ist eine der am besten erhaltenen Anlagen ihrer Art überhaupt.

ten und der bedrängten Bevölkerung Schutz und Zuversicht gaben. In der Zeit der Völkerwanderung geriet die Provence nacheinander in den Einflußbereich von Westgoten, Burgundern und Ostgoten, bis 535 die Franken das Gebiet in ihr Reich eingliederten, die allerdings ihren Herrschaftsanspruch faktisch nie durchsetzen konnten. In den kriegerischen Auseinandersetzungen zwischen den Sarazenen und dem fränkischen Abendland kämpften die Provenzalen sogar zeitweise auf der Seite der Araber. Zur Strafe ließ der fränkische König Karl Martell 730 die Städte Arles, Marseille und Avignon zerstören. Die Sarazenen konnten erst 973 endgültig aus der Provence vertrieben werden.

Rechtlich gehörte die Provence ab 1032 zum Herrschaftsbereich des deutschen Kaisers, dem das Gebiet durch Erbfolge zugefallen war. Die Rhône bildete fortan die Grenze zwischen Frankreich und dem deutschen Kaiserreich. Die Macht lag jedoch real in den Händen verschiedener untereinander konkurrierender Grafengeschlechter und Feudalherren, da die deutsche Krone ihre Besitzansprüche nicht durchsetzen konnte. Von 1125 bis 1246 beherrschten die katalanischen Grafen von Barcelona den größten Teil der Provence. Kleinere Teile fielen an die Grafen von Toulouse und Forcalquier. Ab 1229 waren auch die römischen Päpste Herren über einen Teil der Provence. Nach dem Vernichtungsfeldzug gegen die ketzerischen Albigenser im Languedoc wurde ihnen das Comtat Venaissin, das Land um Carpentras, zugesprochen. Ab 1309 wurde die Provence sogar für fast 100 Jahre Sitz der Päpste, die von Rom ins Exil nach Avignon gezogen waren. Das Comtat Venaissin blieb bis zur Französischen Revolution Besitz der Päpste. Eine Sonderrolle in der provenzalischen Geschichte spielte auch die Region östlich von Nizza, die von 1388 bis 1860 zu Savoyen mit der Hauptstadt Turin gehörte.

Im Mittelalter erlebte die Provence ihre zweite große Blütezeit. Begünstigt durch die Verbesserung der landwirtschaftlichen Produktionstechniken und die Ausweitung des Mittelmeerhandels erfuhr sie einen enormen wirtschaftlichen Aufschwung. Die Anlage zahlreicher provenzalischer Städte und Dörfer geht auf diese Epoche zurück. Der Lebensstandard der Bevölkerung stieg. In den Städten bildete sich eine Schicht wohlhabender Bürger und Kaufleute, die sich erste Formen kommunaler Selbstverwaltung erkämpften. An den Adelshöfen entfaltete sich ein reges, von Italien und dem maurischen Spanien beeinflußtes Kunst- und Kulturleben, das in der Liebeslyrik der südfranzösischen Troubadoure seinen höchsten Ausdruck fand. Überall in der Provence wurden romanische Kirchen und Klöster errichtet. Die einer strengen Arbeitsethik unterworfenen Zisterziensermönche errichteten ihre Abteien, von denen wesentliche Entwicklungsimpulse vor allem für die Landwirtschaft ausgingen. Große Gebiete bis dahin unfruchtbaren Landes wurden von ihnen urbar gemacht.

Im Mittelalter waren die französischen Könige noch zu schwach, um ihre Herrschaftsansprüche nach Osten über die Rhône hinaus auszudehnen. Auch nachdem 1246 die mit dem französischen König verbundene Dynastie der Anjou die Provence ererbt hatte, blieb deren relative Unabhängigkeit weiter bestehen. Die Familie der Anjou stellte für fast 250 Jahre die Herrscher der Region. Von ihnen ist der »gute König René« (1434–1480) besonders in das Andenken der Provenzalen eingegangen, ein eifriger Förderer von Wissenschaft und Kunst, der auf der politischen Ebene jedoch meist Fehlschläge erlitt.

1481 fiel die Provence dann doch endgültig an Frankreich. Der kinderlos gebliebene letzte Herrscher der Anjou-Dynastie vermachte sein Reich per Testament dem französischen König, in jener Zeit kein ungewöhnlicher Vorgang. Die Provence behielt eine Reihe von Sonderrechten, u. a. ein eigenes Parlament in Aix. Auch blieb das Provenzalische weiterhin nicht nur Umgangs-, sondern auch Amtssprache. Dennoch wurde der Anschluß der Provence an Frankreich von vielen als Beginn einer Fremdherrschaft empfunden. Die Sonderrechte der Provence wurden im Rahmen der fortschreitenden Zentralisierung Frankreichs immer weiter eingeschränkt. Die hiergegen gerichteten Proteste wurden zum Teil mit Waffengewalt unterdrückt. Nach der Blütezeit des Mittelalters geriet die Provence nun in eine politische und ökonomische Randposition. Handel und Landwirtschaft stagnierten. Das Land wurde im wörtlichen Sinne zur Provinz. Allein das Verwaltungszentrum Aix mit seinen Verbindungen zum Königshof in Paris nahm an den Kunstströmungen der Zeit teil und schmückte sich mit schönen Barockbauten.

Auf der Place Richelme in Aix-en-Provence.
Obst- und Gemüsemärkte spielen im Alltag der Provence eine wichtige Rolle.

In Aix-en-Provence.

Auch nach der Französischen Revolution blieb die Provence im Abseits. Das Provenzalische, eine der Hochsprachen des Mittelalters, das schon 1539 als Amtssprache abgelöst worden war, wurde nun auch als Umgangssprache unterdrückt. Die einsetzende industrielle Revolution wirkte sich nur in der Region um Marseille aus. Alle übrigen Gebiete blieben durch die Landwirtschaft geprägt, die wegen der schlechten natürlichen Gegebenheiten (steinige Böden, Wasserknappheit) vor allem in der Haute-Provence oft nur eine kärgliche Existenzgrundlage bot.

Im 20. Jh. setzte ein tiefgreifender Wandel der ökonomischen und sozialen Strukturen der Provence ein. Die Region wurde nun rasch von einer Industrialisierungswelle erfaßt, die sich aber regional sehr unterschiedlich auswirkte. Gleichzeitig lösten sich die traditionellen Strukturen der Agrargesellschaft mit ihren kleinbäuerlichen Produktionsformen weitgehend auf. Große Gebiete der Hochprovence und der provenzalischen Voralpen wurden durch Landflucht entvölkert. Die Côte d'Azur wurde zum ersten Massenreiseziel des modernen Tourismus. Die Provence verlor nach und nach ihre Randposition und entwickelte sich zu einer Region, die kulturell und wirtschaftlich inzwischen zu den dynamischsten Frankreichs zählt. Die damit einhergehenden Veränderungen der Umwelt machen sich jedoch noch nicht überall bemerkbar. Nach wie vor findet man in der Provence weite Gebiete einsamer und unversehrter Landschaften.

Wirtschaft, Politik und Verwaltung

Die Wirtschaftsstruktur der Provence ist durch ausgeprägte regionale Unterschiede gekennzeichnet. Stark industrialisierte Gebiete mit hoher Besiedlungsdichte wechseln mit weiten Landstrichen nur noch extensiv bearbeiteten Agrarlandes. Fast die gesamte Industrie, die Dienstleistungs- und Verwaltungszentren, die technisierte Intensivlandwirtschaft und die Schwerpunkte des Tourismus drängen sich in dem Bogen, der vom Rhônetal über Avignon, Aix, Marseille die Küste entlang nach Nizza führt. Entsprechend unterschiedlich stellt sich die Bevölkerungsdichte dar. Im Departement Bouches-du-Rhône (Hauptstadt Marseille) liegt sie bei 346 Einwohner / km^2, im Departement Alpes-de-Haute-Provence (Hauptstadt Digne) bei nur 19 Einwohner / km^2.

Die größte Ballung industrieller Anlagen findet sich um den Lagunensee Étang de Berre und den Golf von Fos westlich von Marseille. Wegen der günstigen Transportmöglichkeiten auf dem Wasser – der tiefe

Golf von Fos ist auch für Großtanker zugänglich – waren gute Voraussetzungen für die Ansiedlung von Schwerindustrie gegeben. Um 1970 plante deshalb die französische Regierung, hier einen gigantischen Industriekomplex aufzubauen. Vor allem die Ansiedlung von Ölraffinerien und Stahlwerken wurde durch massive Subventionen gefördert. Das ehrgeizige Projekt gilt heute als gescheitert. Es setzte zu sehr auf krisenanfällige Industriezweige der Vergangenheit und blieb in seinen Anfängen stecken. Was gebaut wurde, reicht jedoch aus, um die Umwelt nachhaltig zu schädigen. Das Gebiet um den Étang de Berre ist durch Industrieanlagen weitflächig zersiedelt und von einer schon beinahe faszinierenden Häßlichkeit.

Die zukunftsträchtigen neuen Soft-Technologien (Informatik, Elektronik, Umwelttechnik) sind kaum noch an natürliche Standortvoraussetzungen gebunden. Mit ihren qualifizierten, einkommensstarken Mitarbeiterstäben siedeln sie sich bevorzugt in kulturell und landschaftlich attraktiven Regionen an. So verwundert es nicht, daß die Provence innerhalb Frankreichs zu einem bevorzugten Standort der modernen Wachstumsbranchen geworden ist. Als regionale Zentren der neuen Industriestrukturen scheinen sich Avignon, Aix und vor allem die östliche Côte d'Azur zu entwickeln. Als besonders erfolgreiches Ansiedlungsprojekt in diesem Bereich gilt die Retortenstadt Sophia Antiopolis bei Cannes, ein Forschungs-, Technologie- und Verwaltungszentrum, bei deren Anlage Umweltgesichtspunkten bewußt ein hoher Stellenwert beigemessen wurde.

Die Landwirtschaft der Provence litt über Jahrhunderte unter extremer Wasserknappheit. »Ici l'aigo es d'or« – hier ist Wasser wie Gold – lautet ein provenzalisches Sprichwort. Großangelegte Bewässerungsprojekte, wie der Canal de Provence und die Stauseen am Verdon, haben die Situation nachhaltig verbessert. Allerdings profitieren davon vor allem die landwirtschaftlichen Großbetriebe in den Ebenen, die einfacher zu bewässern sind und über fruchtbare Böden verfügen. Die Höfe sind hier hochtechnisiert und durchrationalisiert. Auch nicht zuletzt wegen des vielerorts intensiven Chemieeinsatzes sind die Erträge hoch. Angebaut werden vor allem Frühgemüse, Obst (Äpfel, Kirschen, Pfirsiche, Tafeltrauben, Melonen) sowie Wein, in der Camargue auch Reis. Die üblichen EG-Mechanismen führen zur Konzentration auf Überschüsse produzierende, agrarindustrielle Betriebe.

Die traditionellen Höfe im Hügel- und Bergland können hingegen oft noch nicht einmal das Existenzminimum erwirtschaften. Viele Bauern sind gezwungen, einem Nebenerwerb nachzugehen. Einige tausend Landwirte müssen jährlich ihren Betrieb aufgeben, immer mehr Kulturland wird von der Macchia überwuchert. Diese Entwicklung ist sicherlich nicht auf die Provence beschränkt, macht sich aber hier besonders einschneidend bemerkbar. In der Hügelprovence bietet allerdings der Weinbau vielerorts noch eine ausreichende Existenzgrundlage. Als Folge des gewachsenen Umweltbewußtseins können hier auch kleinere Betriebe mit der Produktion von hochwertigen Naturprodukten (Honig, Olivenöl, Ziegenkäse usw.) überleben, die auf den zahlreichen lokalen Bauernmärkten direkt vermarktet werden. Am problematischsten ist die Situation in der Haute-Provence. Hier ist vor allem die Viehzucht (Schafe) noch lohnend. Der Lavendelanbau, der lange Jahre forciert wurde, ist wegen der Entwicklung synthetischer Duftstoffe rückläufig.

Der größte Teil der provenzalischen Bevölkerung ist allerdings weder in Industrie noch Landwirtschaft, sondern im tertiären Sektor tätig. Rund 70 Prozent der Erwerbsbevölkerung arbeitet im Dienstleistungsbereich, in Verwaltung, Bildungswesen, bei Post, Bahn und Banken. Eine wichtige Rolle spielt dabei auch der Tourismus, der an der Küste fast 30 Prozent des Sozialproduktes erwirtschaftet. Er bietet inzwischen auch über 100 000 Kunsthandwerkern ein Auskommen, die sich vor allem in Kleinstädten und Dörfern der Hügelprovence niedergelassen haben.

Politisch stand die Provence traditionell links. Bei Wahlen erzielten meist Sozialisten und Kommunisten deutliche Mehrheiten, obwohl eine gewerkschaftlich organisierte

Arbeiterschaft weitgehend fehlte. Hierfür war vermutlich eine ausgeprägte Protesthaltung gegen die Pariser Zentralregierung ursächlich, wo meist Politiker des rechten Lagers das Sagen hatten. In der Provence, die einst nur gegen ihren Willen in den französischen Staat eingegliedert worden war, gab es immer starke oppositionelle Bewegungen gegen Paris.

Deshalb verwundert es auch nicht, daß sich die Provence politisch nach rechts bewegte, als in Paris die Sozialisten die Regierung übernahmen. Dabei bekam auch der Rechtsaußen Le Pen mit seiner fremdenfeindlichen »Nationalen Front« immer mehr Zulauf. Seine Wahlerfolge liegen in der Provence noch über dem Landesdurchschnitt. Bei den Regionalwahlen 1992 erhielt er 14 Prozent der Stimmen. Ihre Anhängerschaft findet die Partei Le Pens vor allem in den trist-modernen, oft geradezu verwahrlosten Wohnvierteln an den Stadträndern, wo die Arbeitslosigkeit hoch ist und viele Ausländer, vor allem Nordafrikaner, leben.

Zuwanderungsprobleme und Überfremdungsängste gab es in der Provence auch schon in den sechziger Jahren, als sich nach dem Ende des Unabhängigkeitskrieges viele in Algerien geborene Franzosen in Südfrankreich ansiedelten. Die »pieds noirs« (Schwarzfüße) – so werden die Zuwanderer noch heute genannt – brachten fremde Sitten mit und waren, auch aufgrund staatlicher Förderung, wirtschaftlich oft schnell erfolgreich. Von vielen Einheimischen wurden sie ungern gesehen. Dies gilt in noch stärkerem Maße im Hinblick auf den angewachsenen arabischen Bevölkerungsanteil. Dabei treffen Ressentiments und Rassenhaß unverständlicherweise auch die mehrere hunderttausend »harkis«, zugewanderte Nordafrikaner, die im Algerienkrieg auf seiten Frankreichs gekämpft hatten und deshalb nach der Unabhängigkeitserklärung das Land verlassen mußten.

In weiten Teilen der ländlichen Provence ist von diesem Konfliktpotential jedoch nichts zu spüren. Überfremdet fühlen sich hier jedoch manche Einheimische durch die verstärkte Zuwanderung wohlhabender Bürger aus den Großstädten Frankreichs und aus dem Ausland, die sich vor allem in der

»Wasser, wertvoll wie Gold.« Verzierter Brunnen in Pernes-les-Fontaines.

Hügelprovence bemerkbar macht. Von den finanziell meist gutgestellten und oft einflußreichen Zuzüglern mit ihrem aufwendigen Lebensstil fühlt sich die in bescheidenen Verhältnissen lebende alteingesessene Bevölkerung manchmal an den Rand gedrängt. Vielerorts hat sich ein diffuses Unbehagen entwickelt. Im Lubéron kam es zu ernsten Konflikten zwischen Kleinbauern und Neusiedlern, weil letztere durch übermäßige Wasserentnahme für Swimmingpools und Ziergärten die Wasserversorgung gefährdeten.

Verwaltungsmäßig setzt sich die Provence seit den siebziger Jahren aus den Departements Vaucluse (Hauptort Avignon), Bouches-du-Rhône (Marseille), Var (Toulon), Alpes-Maritimes (Nizza), Alpes-de-Haute-Provence (Digne) und Hautes-Alpes (Gap) zusammen. Diese wurden unter Berücksichtigung der historisch begründeten Bindungen als »Provence – Alpes – Côte d'Azur« politisch zu einer der 22 Regionen Frankreichs zusammengefaßt. Die Kompetenzen der Regionen sind geringer als z. B. die der deutschen Länder. Viele wichtige, unmittelbar die Provence betreffende Entscheidungen werden nach wie vor in Paris getroffen, insbesondere, wenn es um die Realisierung prestigeträchtiger Großprojekte geht, wie z. B. die Errichtung von mehreren Atomkraftwerken im Rhônetal oder die Schaffung des Industriegebietes um Fos. Neue Pläne aus Paris sehen den Bau einer TGV-Trasse Avignon – Aix – Nizza sowie einer zweiten Küstenautobahn vor. In den betroffenen Gebieten hat sich vor allem gegen die Strecke für den Hochgeschwindigkeitszug, die ruhige, landschaftlich unversehrte Gebiete durchschneiden würde, ein weitflächiger, in seiner Heftigkeit bisher nicht bekannter Protest erhoben, der vielleicht auch das gewachsene Selbstbewußtsein der Provenzalen widerspiegelt.

Hinweise zu den Touren

Die vorgestellten Routen erschließen so gut wie alle kulturellen und landschaftlichen Höhepunkte der Provence, sieht man einmal von der Côte d'Azur ab. Überwiegend handelt es sich um zu einem Netz verknüpfte Streckentouren, aus dem man sich seine eigene kleine Fahrradreise durch die Provence zusammenstellen kann. Dabei wurde versucht, allzu lange oder steile Anstiege auszusparen, was jedoch nicht immer möglich war. Zusätzlich zu den Streckentouren sind 10 Rundtouren beschrieben, die zum Teil höhere Anforderungen an die Kondition stellen. Die Streckenführung ist allgemein so gewählt, daß stark befahrenen Straßen möglichst ausgewichen wird und dabei auch viele der kleinen, manchmal unbekannten Sehenswürdigkeiten angefahren werden, an denen gerade die Provence so reich ist. Dadurch folgen die Touren nicht immer der kürzesten sich anbietenden Verbindung zwischen zwei Etappenorten.

Bei einem Start in Avignon, der kulturellen Hauptstadt der Provence, bietet die Kombination der Touren 6, 7, 8, 11, 24 und 5 eine einfach zu fahrende sechstägige Rundreise auf ebenen oder nur wenig ansteigenden Straßen, die mit Pont du Gard, Nîmes, Arles, St-Rémy, Vaison-la-Romaine und Orange die Höhepunkte der römischen und romanischen Provence berührt und die mit Camargue, Alpilles und Dentelles de Montmirail auch markante Landschaften einschließt. Erweitert um die Touren 12, 14, 17 und 18 ergibt sich eine ca. zehntägige Unternehmung, auf der man auch die Universitätsstadt Aix und mit Lubéron und Vauclusehöhen die abwechslungsreichsten Gebiete der Hügelprovence kennenlernt. Naturgemäß sind dabei einige zusätzliche, aber auch für den Durchschnittsfahrer nicht unüberwindliche Anstiege zu bewältigen. Schließt man von Aix aus noch den Abstecher zur wilden Calanque-Küste bei Cassis an (Touren 15 und 16 plus Rückfahrt über Marseille nach Aix mit der Bahn), so hat man sich so gut wie alle landschaftlichen und kulturellen Höhepunkte der klassischen Provence erradelt.

Vom verkehrsmäßig günstig gelegenen Valence im Rhônetal (Autobahn, TGV-Station) aus verbinden sich die Etappen 1 und 3 zu einer nicht allzu schweren Anfahrtsroute in die Provence, die von Norden her langsam auf die Zielregion einstimmt. Zur berühmten Gorges du Verdon in den provenzalischen Voralpen gelangt man von Vaison-la-Romaine aus über Lavendelhochebenen und durch einsame Täler auf den Touren 25, 27, 30 und 31, die weniger kräftige Anstiege aufweisen, als man man beim flüchtigen Blick auf die Karte erwarten würde. Auch die durch einsame Regionen, nördlich über Sisteron verlaufende Parallelverbindung (Touren 28 und 29) führt ohne die ganz harten Anstiege nach Osten.

Östlich an die Gorges du Verdon schließen sich die Touren 33 und 34 an, die durch die gebirgigen Schluchtlandschaften der Voralpen im Hinterland der Côte d'Azur nach Nizza leiten. Ebenso wie im Bereich der Gorges du Verdon sind hier einige lange Anstiege zu bewältigen. Man sollte also eine gute Kondition mitbringen, zusätzlich eine Vorliebe für wild-einsame Landschaften ohne Städte und Sehenswürdigkeiten. Von Vence führt die Routenverbindung 36, 37, 39 und 40 durch das sanftere Hügelland des Haut-Var nach Südwesten zur Mittelmeerküste bei den Hyerischen Inseln, einem der wenigen landschaftlich unversehrten Abschnitte der Côte d'Azur.

1 Von Valence nach Süden

Valence – Crest – Saou – Pont-de-Barret – La Bégude-de-Mazenc

Tourencharakter: Mittelschwere Tour durch das freundliche Hügelland zwischen Rhône und Alpen am Nordrand der Provence. Ein langer, kräftiger Anstieg im zweiten Teil. Einiger Verkehr im Einflußbereich von Valence. Danach meist ruhige, kaum befahrene Landstraßen.

Länge der Tour: 67 km.

»C'est à Valence, que le Midi commence« sagt ein französisches Sprichwort. Der Midi, das ist Frankreichs sonniger Süden, und in der Tat bemerkt man auf dem Weg das Rhônetal hinab hinter Valence eine langsame Veränderung in Vegetation und dörflicher Architektur. Erste Vertreterinnen der Mittelmeerflora wie Steineichen, Mandelbäume und vereinzelte Zypressen lassen sich ausmachen. Die Dörfer sind aus unverputzten Bruchsteinhäusern gebaut und lehnen sich an burgbekrönte Hügelflanken. Mit ihren engen, verwinkelten Gassen, dicht aneinanderstehenden Häusern, Stadttoren und Brunnenplätzen erscheinen sie schon provenzalisch, d. h. weniger als bäuerliche Siedlungen, denn als urbane Agglomerationen, auch wenn sie nur wenige Einwohner zählen.

Bei La Bégude-de-Mazenc.
Riesige Sonnenblumenfelder erstrecken sich rechts und links der Landstraßen.

Wie viele Dörfer des Südens besitzt das verwinkelte Pont-de-Barret noch seine mittelalterliche Ortsanlage.

Valence (120 000 Einwohner) im Rhônetal eignet sich wegen der günstigen Verkehrsanbindung gut als Ausgangspunkt für eine Radreise in die Provence. Von Paris aus erreicht man es mit dem TGV (Hochgeschwindigkeitszug) in nur 2½ Stunden. Das schon in römischer Zeit gegründete Valence hat als Hauptstadt des Departements Drôme in den letzten Jahrzehnten einen kräftigen wirtschaftlichen Aufschwung genommen. Die Stadt ist nicht gerade besonders aufregend. Im hübschen Altstadtviertel erhebt sich die *Kathedrale St-Apollinaire,* die im 17. Jh. zusammengestürzt war und ungewöhnlicherweise im unzeitgemäßen mittelalterlichen Stil wiedererrichtet wurde. Sie zeigt aber nicht die schlichten Bauformen und die klare Raumwirkung der romanischen Kirchen weiter südlich. Das im neben St-Apollinaire gelegenen bischöflichen Stadtpalais untergebrachte *Musée de Valence* beherbergt unterschiedlichste Exponate, u. a. römische Mosaiken und Skulpturen sowie Gemälde des 16.–20. Jh.s.

Auf unserer Route von Valence nach Süden folgen wir nicht dem Rhôneufer. Verkehrsreiche Straßen, Industrieanlagen, Autobahn und Fernbahntrasse würden uns hier das Radeln verleiden. Wir weichen deshalb in das ländliche Hügelland östlich des Flusses aus, was natürlich mit einigen Anstiegen verbunden ist. Durch die hübschen alten Dörfer Beaumont-les-Valence und Upie gelangen wir, durch weite Sonnenblumenfelder radelnd, in die Kleinstadt **Crest** (8000

Einwohner), die von einem wuchtigen mittelalterlichen Donjon (Wohn- und Wehrturm) mit bis zu 4 m dicken Mauern überragt wird.

Nachdem wir bei Aouste die Drôme überquert haben, heißt es eine kräftige Steigung zu überwinden. Unsere schmale Straße führt durch eine ausgesprochen einsame Landschaft über einen der letzten Alpenausläufer hinweg. Mit ihren schroffen Steilwänden erinnern die bis auf nur gut 1000 m ansteigenden Berge hier wenig an deutsche Mittelgebirge. Eine herrliche Abfahrt durch ein von hohen Felsen eingerahmtes Tal bringt uns ins abseits gelegene **Saou**, einem baulich unversehrten alten Dorf. Durch wieder lieblichere Landschaft erreichen wir dann über das verwinkelte **Pont-de-Barret** ohne harte Steigungen unser Etappenziel, das kleine **La Bégude-de-Mazenc**, das aus zwei Teilen besteht. Über dem auch nicht mehr so neuen, an einer Straßenkreuzung gelegenen La Bégude erhebt sich auf einem Hügel »Le Vieux Village« *Châteauneuf-de-Mazenc*. Die einst verfallene mittelalterliche Ansiedlung ist wie so viele provenzalische Orte inzwischen restauriert und wiederbelebt worden.

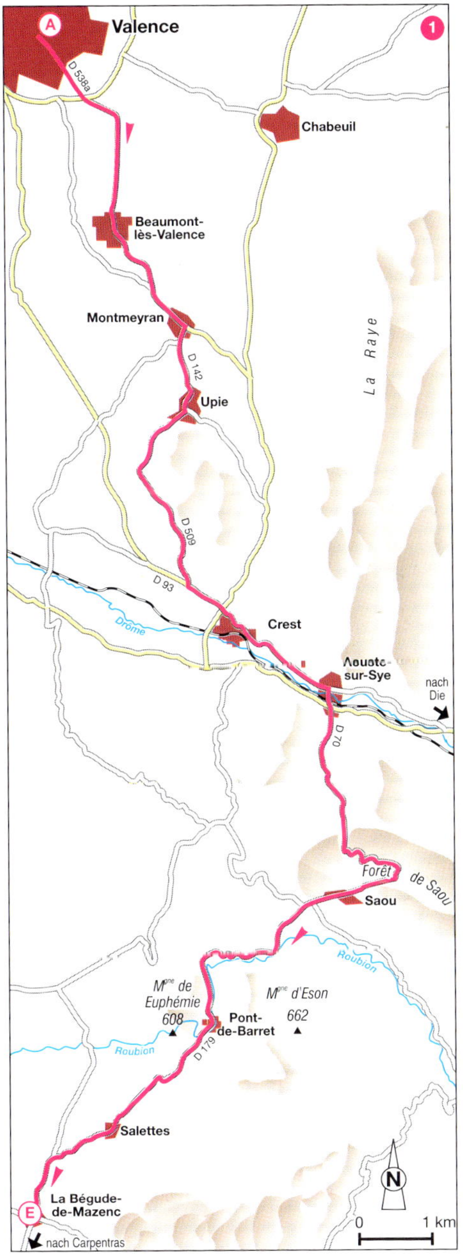

Streckenbeschreibung

Vom Bahnhof in **Valence** folgen wir der Bahnstrecke nach Norden, die wir auf der ersten Brücke nach rechts überqueren. Wir sind auf der Rue des Alpes, die bald in die Rue Faventines einmündet, die als D 538a Richtung Beaumont aus der Stadt hinausführt. Auf der ebenen Straße erreichen wir zügig *Beaumont-lès-Valence*, wo wir vor dem mittelalterlichen Stadttor nach links biegen. Mit leichtem Auf und Ab radeln wir weiter auf der D 538a bis kurz hinter *Montmeyran*. Hier biegen wir nach rechts in die D 125, die dann als D 142 nach *Upie* führt. Am Ortsrand halten wir uns links Richtung Crest. Nach 200 m kräftigen Anstiegs folgen wir dann nach rechts der Beschilderung nach Eurre. Wir radeln jetzt auf der ruhigen D 509, die uns in einem weiten Linksbogen durch hügeligeres Gelände weiter nach Süden bringt. Nach einer flotten Abfahrt treffen wir unterhalb von *Eurre* auf eine Querstraße, auf die wir nach rechts einbiegen. Bei der Gabelung 200 m weiter halten wir uns links, überqueren einen Bach und stoßen dann auf eine von Eurre kommende Straße, die zur breiten D 93 führt. Dieser folgen wir ins 3 km entfernte **Crest** mit seinem imposanten Donjon.

Wir bleiben nördlich der Drôme auf der D 93 bis *Aouste-sur-Sye*, wo wir ins Dorfzentrum hineinfahren. Wir orientieren uns hier an der Beschilderung nach Saou, überqueren die Drôme, Eisenbahn und die breite D 104. Auf der schmalen, kaum befahrenen D 70 geht es jetzt kräftig bergan. Wir passieren eine Felsklamm und erreichen 1 km weiter den *Pas de Lauzens*, den höchsten Punkt der Straße. Die folgende Abfahrt ist nur anfangs recht steil. Danach rollen wir gemütlich durch die malerische Berglandschaft des Forêt de Saou bergab. Ab *Saou* folgen wir etwa 1 km der D 538 Richtung Crest, zweigen dann nach links auf die D 136. Diese bringt uns über die anschließende D 128 mit einer bequemen Fahrt an einem Bachlauf entlang ins schön gelegene **Pont-de-Barret.** 500 m hinter dem Dorf biegen wir von der D 310 nach links auf die schmale D 179, die uns mit zwei kurzen Anstiegen in das nur aus wenigen Häusern bestehende *Salettes* führt. Bei der nicht beschilderten Gabelung gleich nach dem Weiler biegen wir nach rechts, fahren 50 m weiter wieder rechts, kurz bergab durch eine Senke. Auf der schmalen Straße stoßen wir auf die D 9 und erreichen 1 km weiter **La Bégude-de-Mazenc.**

Nützliche Informationen

Entfernung: Valence – Crest 30 km; Crest – Saou 17 km; Saou – La Bégude-de-Mazenc 19 km.

Unterkunft: *Valence:* zahlreiche Hotels aller Kategorien. *Crest:* 6 Hotels (1 oder 2 Sterne). *Aouste-sur-Sye:* Hôtel de la Gare, 2 Sterne, Tel. 75 25 14 12. *Pont-de-Barret:* Le Savena, 1 Stern, Tel. 75 90 17 77. *La Bégude-de-Mazenc:* Hôtel du Jabron, 2 Sterne, Tel. 75 46 28 85 (Dienstag / Mittwoch geschlossen).

Camping: *Crest:* Clorinthe, 15. 3.–15. 10., Tel. 75 25 05 28. *Saou*: La Grauille, 1. 3.–15. 11., Tel. 75 76 00 43. *La Bégude-de-Mazenc:* Camping E. Loubet, ganzjährig, Tel. 75 46 28 35.

Touristeninformation: *Valence:* Place du Général Leclerc, Tel. 75 43 04 88. *Saou:* Place du Village, Tel. 75 76 01 72

2 Schlösser und Kirchen des Tricastin

St-Paul-Trois-Châteaux – St-Restitut – Suze-la-Rousse – Grignan – La Garde-Adhémar – St-Paul-Trois-Châteaux

Tourencharakter: Rundtour auf wenig befahrenen Nebenstraßen durch das anmutige tricastinische Hügelland. Im Westteil der Tour diverse Anstiege, die alle nicht sehr lang oder übermäßig steil sind.

Länge der Tour: 58 km.

Der ruhige Provinzort **St-Paul-Troix-Châteaux** ist so etwas wie die Hauptstadt des Tricastin, eines vielleicht 30 Quadratkilometer großen Landstriches östlich des geschäftigen Rhônetals, den die meisten Reisenden auf dem Weg in den Süden links liegenlassen. Mit seinen freundlichen Dörfern, den romanischen Kirchen und der unzersiedelten sanfthügeligen Landschaft ist das Tricastin jedoch bestens dazu geeignet, sich atmosphärisch auf die Provence einzustimmen.

Der Name des Gebietes leitet sich von den Tricastini ab, einem keltischen Volksstamm, der vor der Ankunft der Römer hier siedelte. Mittelalterliche Gelehrte übersetzten Tricastin fälschlich lateinisch mit »drei Schlösser«, weswegen St-Paul seinen Beinamen erhielt, obwohl es ein Schloß hier nie gab. Vom 4. Jh. bis zu den Wirren der Revolution war St-Paul Bischofssitz. Im alten Zentrum des Ortes mit seinen ruhigen, verwinkelten Gassen erhebt sich die im 12. Jh. errichtete *Kathedrale,* die als eines der gelungensten Beispiele der sich durch Schlichtheit und klare Formensprache auszeichnenden provenzalischen Romanik gesehen wird. Als meisterliche Steinmetzarbeiten gelten die antikisierenden Ornamentierungen im dunklen Innenraum der Kirche.

Ein weiteres Kleinod romanischer Kirchenbaukunst findet man im schön gelege-

Die Häuser des idyllischen St-Restitut scharen sich um die Dorfkirche, die in den schlichten Formen der provenzalischen Romanik errichtet wurde.

nen alten Dorf **St-Restitut.** Auch hier zeigt der Baudekor der im 11. und 12. Jh. errichteten *Dorfkirche,* daß sich die romanischen Baumeister von antiken Vorbildern inspirieren ließen, die in der Provence ja überall studiert werden konnten. In den seltsamen Darstellungen von Tierköpfen und Fabelwesen, die sich u. a. am Turm, dem ältesten Teil der Kirche, finden, vermuten manche Kunsthistoriker aber auch orientalischen Einfluß. Nördlich außerhalb des Dorfzentrums liegt am Rande eines Felsrückens die *Kapelle St-Sépulcre,* ein kleiner, sechseckiger Zentralbau aus dem beginnenden 16. Jh. Von hier eröffnet sich ein schöner Blick über die Hügelwellen des Tricastin.

Hinter St-Restitut rollen wir mit einer herrlichen Abfahrt in die Rhône-Ebene hinab. Ein flaches Teersträßchen leitet schließlich nach **Suze-la-Rousse**. Die Häuser des Dorfes ducken sich unter einer burgartigen *Schloßanlage,* die düster-abweisend über dem Land steht. Nach den trutzigen Außenmauern überrascht der freundliche Innenhof mit seiner vornehmen Architektur. Das in den wehrhaften Bauformen des Spätmittelalters errichtete Schloß wurde im 17. Jh. den Vorstellungen der Zeit entsprechend im italienisch beeinflußten Renaissancestil umgestaltet. Ein Teil der Innenräume mit ihrer großzügigen Möblierung kann besichtigt werden (täglich 9.30–11.30, 14.00–17.00 Uhr geöffnet). Der für die Allgemeinheit nicht zugängliche Schloßteil beherbergt der Welt bisher einzige Fachhochschule für Weinbau.

In Suze-la-Rousse wendet sich die Route nach Norden. Auf ruhigen, allenfalls wenig ansteigenden Straßen durchradelt man eine ländliche Region mit kleinen Wiesen, Weiden, Rebflächen und einzelnen Gehöften, passiert dabei die etwas verschlafen wirkenden Dörfer La-Baume-de-Transit und **Richerenches.** Letzteres lohnt einen kurzen Rundgang. Das kleine alte Ortszentrum ist noch von der mittelalterlichen Stadtbefestigung mit ihren vier Rundtürmen umschlossen. Richerenches wurde im 12. Jh. als befestigte Komturei des Templerordens angelegt. Immer wieder findet man in der Provence Baulichkeiten, die auf diese mysteriöse, im Mittelalter zeitweise einflußreiche Gemeinschaft weisen, deren Wirken durch das päpstliche Verbot im Konzil von Vienne 1312 und die vom französischen König 1314 befohlene öffentliche Hinrichtung der Großmeister ein abruptes Ende fand.

Das auf einem Felshügel gelegene, hoch über dem Land aufragende **Château Grignan** kündigt sich schon frühzeitig an. Mit seinen wuchtigen Substruktionsbauten scheint es das bescheidene Grignan mit seiner mittelalterlichen Ortsanlage zu erdrücken – ein zu Stein gewordener Ausdruck feudalen Herrschaftswillens. Auch die im 16. Jh. errichtete Hauptkirche von Grignan mußte sich diesem beugen. Auf dem Kirchendach legten die Schloßherren ihre Aussichtsterrasse an. Von hier oben eröffnet sich ein weites Panorama über die Bergketten der nördlichen Provence. An klaren Tagen kann man die Alpilles südlich von Avignon ausmachen.

Auch das Innere des zwischen 1545 und 1558 im Renaissancestil erbauten Schlosses lohnt eine Besichtigung (täglich 9.30–11.30, 14.00–17.30 Uhr geöffnet). Zu sehen sind die mit alten Möbeln und wertvollen Wandteppichen ausgestatteten gräflichen Gemächer. Seine besondere Bekanntheit verdankt das Schloß allerdings der Marquise de Sévigné (1626–1696), die von Versailles aus mehr als 1500 Briefe an ihre mit dem Grafen von Grignan verheiratete Tochter schrieb, zu der sie eine tiefe Bindung hatte. Die detailgenauen Schilderungen des aristokratischen Lebens des 17. Jh.s, aber auch der leichte, ungekünstelte Schreibstil haben der umfangreichen Briefsammlung der Marquise de Sévigné bleibende literarische Anerkennung verschafft.

Von Grignan, das sich über einer fruchtbaren Talebene erhebt, geht es wieder hinauf auf den Hügelzug, der den Lauf der Rhône nach Osten begrenzt. Zwei kräftigere Anstiege belohnen mit weiten Aussichten. Kurz vor La Garde-Adhémar versteckt sich linker Hand die Ruine der **Chapelle du Val des Nymphes** im Wald. Das Dachgewölbe des einschiffigen mittelalterlichen Kirchleins ist zusammengestürzt, so daß das Tageslicht ungehindert in den Kirchenraum einströmen kann. Nahebei sprudelt das Wasser einer Quelle unter einem Felsen hervor. Ein Ort meditativer Stille, dessen Name (Nymphental) darauf hinweist, daß sich wahrscheinlich an gleicher Stelle schon in galloromischer Zeit ein kultisches Quellheiligtum (Nymphäum) befand.

La Garde-Adhémar wurde im 11. Jh. als befestigte Wachbastion über dem Rhônetal angelegt. Das geschickt restaurierte alte Dorf wird weithin sichtbar vom Turm der Michaelskirche überragt, ein weiterer Sakralbau im Tricastin, der der Bautradition der provenzalischen Romanik folgt. Auch hier ist das Innere nur wenig durch Fenster erhellt, fehlen Querschiff sowie die figürliche Ausschmückung, die durch eine sparsame Ornamentik ersetzt ist. Aber gerade durch seine einfachen Bauformen vermittelt der Kirchenbau Erhabenheit und Würde.

Vom Kirchplatz am Rande der Anhöhe genießt man einen der schönsten Ausblicke des Tricastin. Das harmonische Landschaftsbild wird allerdings nach Süden von den massigen, dampfenden Kühltürmen des Atomkraftwerkes bei Pierrelatte beeinträchtigt. Wenig beruhigend ist die Vorstellung, daß hier vor allem Energie für den Prozeß der Urananreicherung in benachbarten Kernbrennstoffabriken erzeugt wird.

Streckenbeschreibung

Wir verlassen **St-Paul-Trois-Châteaux** auf der D 6 (in der Michelin-Karte als D 59 bezeichnet) Richtung Suze-la-Rousse. Nach 2 km ebener Fahrt auf der breiten, aber nicht sehr verkehrsreichen Straße zweigen wir nach rechts auf die kleine D 859, die mit einem aussichtsreichen Anstieg von 3 km nach St-Restitut führt.

Bei der Gabelung gleich hinter **St-Restitut** halten wir uns rechts, bleiben auf der D 859, die Richtung Bollène nochmals kurz bergan führt, um dann mit prächtiger Aussicht in die Rhônesenke abzufallen. An der Departementsgrenze zum Vaucluse, 4 km ab St-Resti-

Das Schloß von Grignan mit seinen massigen Substruktionsmauern erhebt sich weithin sichtbar über dem Land.

tut, wird die D 859 zur D 160. Danach heißt es aufzupassen, um den nicht beschilderten Abzweig nach Suze-la-Rousse zu finden. Dazu rollt man ganz zu Tal, wo man rechter Hand in 50 m Entfernung die Kapelle St-Ferréol passiert. Die Straße beschreibt danach eine Links- und 200 m weiter eine deutliche Rechtskurve, in der wir nach links auf den Asphaltweg Richtung Suze-la-Rousse einbiegen. Auf dem gemütlichen Sträßchen ohne Steigungen und Verkehr geht es durch Wiesen und Felder zur D 6, auf der wir nach **Suze-la-Rousse** hineinfahren.

Wir verlassen Suze auf der Straße, auf der wir gekommen sind, also auf der D 6, welche Richtung St-Paul leicht ansteigt. 2 km ab Suze nehmen wir die nach rechts abzweigende, nach Grignan ausgeschilderte kleinere D 117, auf der wir 5 km bleiben, bis rechts der Burgrest von *La Baume-de-Transit* ins Blickfeld rückt. Hier nach rechts in die D 341 einbiegen, die gleich den kleinen Fluß Lez überquert. Beim folgenden Kreisverkehr hält man sich links Richtung Richerenches, fährt auf der D 142 östlich am Burghügel von La Baume vorbei. Am Ortsrand, bei Kilometerstein 5 linker Hand, nehmen wir einen nach links abzweigenden, nicht beschilderten schmalen Teerweg. Auf dem ebenen Sträßchen radeln wir durch freundliches Bauernland, bis wir auf die D 20 stoßen, der wir nach links durch den Ort *Richerenches* folgen.

Am Ortsrand schwenkt die D 20 etwas nach rechts. Wir nehmen hier die Richtung Colonzelle / Chamaret ausgeschilderte Ne-

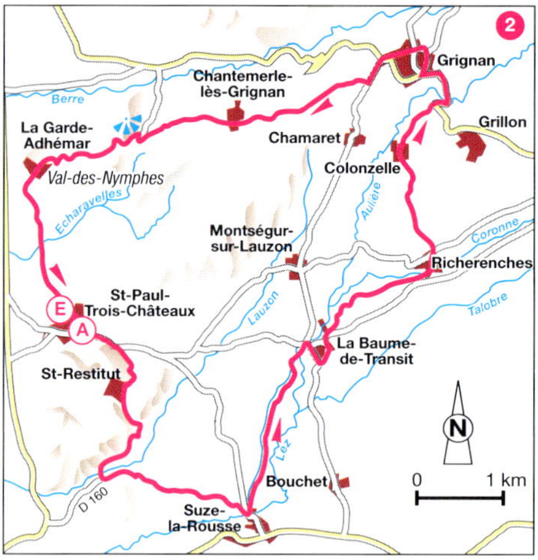

benstraße geradeaus. Auch bei der Kreuzung ca. 2 km weiter fährt man geradeaus, folgt der schmaleren Straße. Auf einem ruhigen Asphaltweg ohne Verkehr umfahren wir einen Bauernhof, gelangen bald darauf nach *Colonzelle*. Bei der breiteren Querstraße am Ortsrand 100 m nach rechts fahren, dann nach links auf eine schmale Straße einbiegen. Das Schloß von Grignan wird sichtbar. Wenig später treffen wir auf die D 541, die uns mit kurzer Abfahrt und leichtem Anstieg nach **Grignan** führt.

Wir verlassen Grignan auf der Hauptstraße Richtung Montélimar, die etwas ansteigt und auf eine neue Umgehungsstraße trifft, der wir kurz nach rechts folgen. Ca. 1 km hinter Grignan biegen wir nach links in die kleinere D 71 Richtung Chamaret. Auf der schnurgeraden Straße fahren wir leicht bergab, biegen dann bei Kilometerstein 1 linker Hand nach rechts auf eine nicht beschilderte schmalere Straße. Nach einem ebenen Straßenstück folgt ein Anstieg in niedrigem Eichenwald zur von Chamaret kommenden D 471. Nochmals geht es ein Stück bergan zum weltabgeschiedenen Dorf *Chantemerle-lès-Grignan.*

Ca. 200 m hinter dem Ort folgen wir nicht der rechts abwärts führenden D 549, sondern nehmen die Nebenstraße geradeaus. Von der ruhigen, fast eben am Hang verlaufenden Route eröffnen sich immer wieder weite Ausblicke über freundliches Hügelland nach Norden. Nach kurzer Abfahrt stoßen wir bei einem Golfplatz auf die breitere D 153. Hier kurz nach rechts biegen und gleich wieder nach links auf die D 472 Richtung La Garde-Adhémar abzweigen. Es folgt ein gut 1 km langer kräftiger Anstieg, dessen Mühen mit einem weiten Ausblick und einer bequemen Abfahrt auf ruhiger Straße belohnt werden. Kurz nachdem der Kirchturm von La Garde-Adhémar sichtbar geworden ist, durchqueren wir ein Wäldchen. Hier zweigt nach links ein Weg ab, der nach 50 m zur Quelle und Kirchenruine im *Val-des-Nymphes* führt. 2 km weiter erreicht man nach kurzem Anstieg das malerisch auf einem Höhenrücken gelegene **La Garde-Adhémar.**

Nun folgt eine recht steile Abfahrt hinab in das Rhônetal. Am Fuße des Hügelzuges biegen wir nach links in die D 158. Mit zwei kurzen An- und Abstiegen führt uns diese durch weite Talauen zurück nach **St-Paul-Trois-Châteaux.**

Nützliche Informationen

Entfernung: St-Paul-Trois-Châteaux – Suze-la-Rousse 17 km; Suze-la-Rousse – Grignan 19 km; Grignan – St-Paul-Trois-Châteaux 22 km.

Unterkunft: *St-Paul-Trois-Châteaux:* L'Esplan, Place de l' Esplan, 3 Sterne, Tel. 75 96 64 64; Pisani, Rue St. Jean, einfach und freundlich, Tel. 75 04 54 50; Le Provence, 11 Avenue de Gaulle, ohne Stern, Tel. 75 04 72 48. *St-Restitut:* Auberge des 4 Saisons, 3 Sterne, Tel. 75 04 71 88. *Suze-la-Rousse:* Relais du Château, 2 Sterne, Tel. 75 04 87 07; Hôtel du Conte, 2 Sterne, Tel. 75 04 85 38. *Grignan:* Sévigné, 2 Sterne, Tel. 75 46 50 97.

Camping: *St-Paul-Trois-Châteaux:* Terrain municipal, geöffnet 15. 5.–30. 9., Tel. 75 04 90 13. *Suze-la-Rousse:* Camping du Lez, terrain municipal, geöffnet Ostern bis 30. 9., Tel. 75 98 82 82. *Grignan:* Les Truffières, ganzjährig, Tel. 75 46 93 62.

Touristeninformation: *St-Paul-Trois-Châteaux:* Rue de la Republique 26/30, Tel. 75 96 61 29. *Suze-la-Rousse:* Avenue des Côtes du Rhône, Tel. 75 04 81 41. *Grignan:* Musée Ancien Grande Rue, Tel. 75 46 56 75.

3 Ankunft im Midi

La Bégude-de-Mazenc – Taulignan – Grignan – Visan – Vaison-la-Romaine

Tourencharakter: Mittelschwere Tour mit einer kräftezehrenden Steigung am Anfang. Im weiteren ohne harte Anstiege. Ganz überwiegend auf ruhigen Landstraßen.

Länge der Tour: 54 km.

Vom kleinen La Bégude-de-Mazenc aus setzen wir unsere mit Tour 1 begonne Fahrt nach Süden in die Provence fort. Zunächst ist eine bewaldete, kaum besiedelte Bergkette zu erklimmen, von der wir in das sanfthügelige Tricastin hinabrollen. Die Landschaft ändert sich merklich. Die Wälder werden trockener und lichter. Karger Felsgrund schimmert hell durch dunkelgrünes Hartlaub. Die ausdörrende Kraft von Sonne und Mistral macht sich überall bemerkbar. Wir sind im Midi.

Das kleine **Taulignan** bietet noch ganz das Bild eines mittelalterlichen Wehrdorfes. Ein weitgehend intakter Befestigungsring, in den einzelne Wohnhäuser einbezogen sind, umschließt den alten Ortskern. Über **Grignan** mit seinem sehenswerten Renaissanceschloß (s. S. 26), das kleine **Grillon** mit dem mittelalterlich geprägten Ortsteil Vialle sowie **Richerenches**, ehemalige provenzalische Komturei des Templerordens (s. S. 25), radeln wir auf bequemen Straßen Richtung Vaison-la-Romaine weiter. Um **Visan** ist die Landschaft fast ausschließlich durch den Weinbau geprägt. Der Ort gehört zu den Weinbaugemeinden, die sich unter der »Appellation Côtes du Rhône Villages« besonders strengen Qualitätsanforderungen unterworfen haben. Die hier erzeugten gehobenen Rotweine finden zunehmend Liebhaber.

Vaison-la-Romaine (10 000 Einwohner), am Nordfuß der Dentelles de Montmirail gelegen, ist der größte Ort dieser Region. Die ruhige und freundliche Kleinstadt wird vor allem am Dienstag, dem Markttag, lebendig. Der Fluß Ouvèze teilt Vaison in die nördliche Unterstadt, das heutige Stadtzentrum, und die südliche Oberstadt,

Durch die Tore der mittelalterlichen Stadtbefestigung gelangt man in den verwinkelten alten Ortskern des kleinen Richerenches.

Siedlungsschwerpunkt im Mittelalter. Der meist ruhig dahinfließenden Ouvèze sieht man es kaum an, daß sie sich nach Unwettern urplötzlich in einen reißenden Strom verwandeln kann. Im September 1992 rissen ihre Flutwellen über 50 Menschen, überwiegend Camper, in den Tod.

Vaison, das römische Vasio, kann auf eine lange, wechselvolle Geschichte zurückblicken. In vorrömischer Zeit war es das Machtzentrum des keltischen Stammes der Vocontier. Unter den römischen Eroberern entwickelte es sich zu einer wohlhabenden Provinzstadt. Reiche Pensionäre und Landbesitzer ließen sich bevorzugt hier nieder und erbauten an der Stelle der heutigen Unterstadt großzügige Villen und Thermalanlagen. In der Frühzeit des Christentums und im Mittelalter behielt Vaison als Bischofssitz seine besondere Bedeutung. In diesen unsicheren Zeiten verließen die Bewohner nach und nach die Unterstadt. Im Schutze der Burg der Grafen von Toulouse, die das Gebiet im 12. Jh. in ihren Herrschaftsbereich eingegliedert hatten, bauten sie eine neue, besser zu schützende Ansiedlung auf dem Hügel jenseits der Ouvèze. Erst im 19. Jh. wurde die enge mittelalterliche Haute Ville zugunsten der Unterstadt wieder aufgegeben.

Wegen seiner Ausgrabungen aus römischer Zeit ist die Stadt ein beliebtes Ziel des Kulturtourismus. Mindestens genauso interessant ist jedoch der Besuch der *Haute Ville* südlich der Ouvèze, die man nach wie vor über die 2000 Jahre alte Römerbrücke erreicht. Die zeitweise völlig verlassene Oberstadt wurde in den letzten Jahrzehnten nach und nach instand gesetzt und wieder besiedelt. Es lohnt, die stillen Gassen mit ihren Brunnenplätzen, restaurierten Bruchsteinhäusern, alten Toren und Türmen zu durchstreifen. Zur Burgruine der Grafen von Toulouse führt ein etwas beschwerlicher Pfad hinauf.

Die *römischen Ausgrabungen* zeigen vor allem Grundmauern von Häusern und Thermen, Straßenpflaster und Mosaikreste sowie das rekonstruierte Theater, das 7000 Zuschauer aufnehmen konnte. Die unübersichtlichen Baureste und die untypisch unregelmäßige Stadtanlage machen es dem mit der römischen Architektur nicht vertrauten Betrachter schwer, sich ein anschauliches Bild vom römischen Vasio zu machen. Einen besseren Überblick über die gallorömische Zivilisation gewinnt man vielleicht im Museum, das die besten Fundstücke der Ausgrabungen beherbergt, darunter als auffälliges Exponat die überlebensgroße Statue Kaiser Hadrians.

Beim Anstieg hinter La Bégude eröffnet sich ein weiter Ausblick über die einsamen Bergketten der westlichen Alpenausläufer.

Nicht weit entfernt vom Ausgrabungsgelände erhebt sich die im 11. Jh. begonnene romanische Bischofskirche *Notre-Dame-de-Nazareth,* die auf den Grundmauern einer frühchristlichen Basilika errichtet wurde. Auch vor Ort aufgefundene römische Baufragmente, wie die Säulenteile eines Tempels (sog. Spolien), wurden in die Grundmauern verbaut. Durch eine Pforte im nördlichen Seitenschiff gelangt man zu einem stimmungsvollen Kreuzgang. Für den Liebhaber romanischer Kirchen lohnt der kurze Weg zur nahgelegenen *Kapelle St-Quentin,* ein merkwürdiger Bau des 12. Jh.s, mit einer untypischen, dreieckig umbauten Apsis.

Streckenbeschreibung

Wir verlassen **La Bégude-de-Mazenc** nach Süden auf der nach Grignan ausgeschilderten D 9. Für die folgenden 6 km geht es nun teilweise kräftig bergan. Insgesamt sind 250 Höhenmeter bis zum Scheitelpunkt zu überwinden. Auf der Höhe zweigen wir nach links auf die schmale D 809, folgen dem Hinweis »Le Prieuré«. (Dieser bezieht sich auf die Ruine der über eine Quelle gebauten romanischen Kirche *Notre-Dame-de-la-Brune,* zu der man, etwa 500 m weiter, auf einem kurzen Abstecher nach rechts gelangen kann.) Unsere kaum befahrene D 809 verläuft ein Stück eben auf der Höhe, senkt sich dann mit einigen steilen Serpentinen ins Tricastin. Bei der Gabelung am Bergfuß hält man sich links. Lavendelfelder und Steineichenbuschwald zeigen uns, daß wir in der Provence angekommen sind. Eine bequeme Fahrt bringt uns dann nach **Taulignan.**

Hier fahren wir rechts um den Ortskern herum, kurz Richtung Grignan, biegen dann nach links ein, der Beschilderung nach Valreas folgend. Gleich darauf, unterhalb des alten Ortskerns, zweigen wir nach rechts in eine Nebenstraße, die u. a. mit einem Hinweis zum Friedhof (Cimetière) versehen ist. Am Friedhof vorbei erreichen wir eine Gabelung nach einer Lavendeldestille linker Hand, wo wir uns rechts Richtung »Domaine de Bramarel« halten. Auf dem ebenen, asphaltierten Landwirtschaftsweg geht es geradeaus bis zum Ufer des Baches Lez. Laut Michelin-Karte sind wir auf der

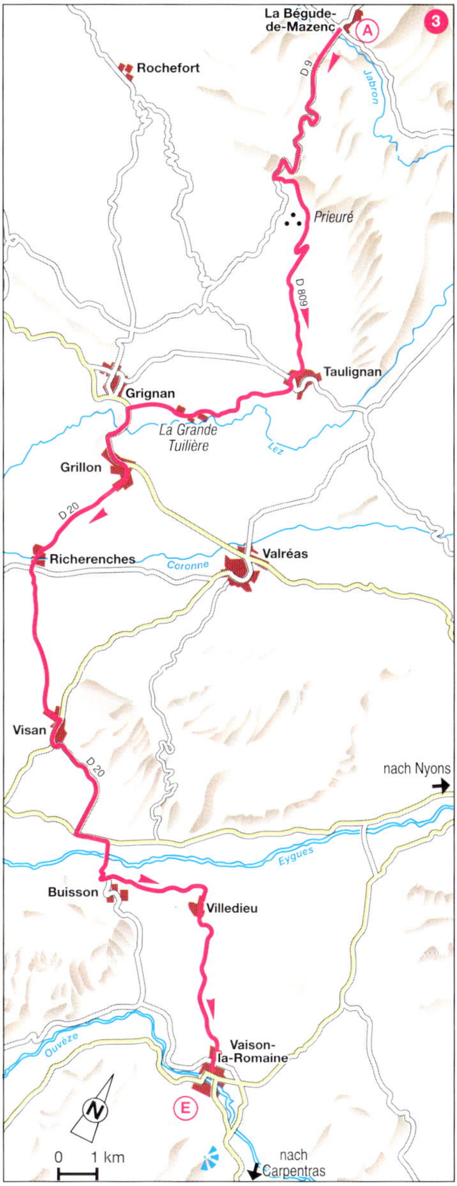

D 64, die hier, ohne Brücke, den Bach kreuzt. Wir wenden uns allerdings auf den Teerweg nach rechts. Bei der folgenden Gabelung fahren wir links, auf dem ebenen Weg, der uns bald zum Weiler *La Grande Tuilière* bringt. Von hier führt eine etwas breitere Straße nach Westen weg, die auf die breite D 541 trifft. Nach rechts erreichen wir auf dieser nach gut 1 km **Grignan,** nach links nach etwa 3 km *Grillon,* wo wir bis zum Dorfplatz bei der Kirche fahren.

Ab hier folgen wir der D 20, auf der wir durch ebenes Gelände zügig nach *Richerenches* gelangen. Hinter dem Dorf halten wir uns leicht links, kreuzen die D 142, fahren weiter auf der D 20 bis **Visan,** wo wir vor und nach dem Dorf einen längeren, aber nicht übermäßig steilen Anstieg zu bewältigen haben. Ab Visan orientieren wir uns an den Hinweisen Richtung Vaison. Mit einer schönen Abfahrt bringt uns dann die D 20 zur D 576 im Tal der Aigues (Eygues). Wir folgen der Hauptstraße etwa 1 km nach links, um dann nach rechts wieder auf die D 20 abzuzweigen, die gleich die Aigues überquert. Unterhalb des Dorfes *Buisson* zweigen wir nach links auf die D 75, die 4 km eben über dem Tal der Aigues nach Osten führt, um dann, nach rechts biegend, mit ordentlichem Anstieg zum Dorf *Villedieu* hinaufzuführen. Beim schattigen Dorfplatz mit dem altmodischen Straßencafé nehmen wir die D 94, die am Friedhof vorbei noch etwas ansteigt, dann mit weiter Sicht auf Mont Ventoux und Dentelles de Montmirail zur D 51 und nach Vaison-la-Romaine hinabführt.

Nützliche Informationen

Entfernung: La Bégude-de-Mazenc – Taulignan 15 km; Taulignan – Grignan 8 km; Grignan – Visan 15 km; Visan – Vaison-la-Romaine 16 km.

Unterkunft: *Grignan:* Siehe Tour 2, S. 24. Mehrere Hotels in *Vaison-la-Romaine,* darunter das renommierte, in einem historischen Gebäude des 16. Jh.s untergebrachte Le Beffroi in der Oberstadt, 3 Sterne, Tel. 90 36 04 71.

Camping: *Grignan:* Siehe Tour 2, S. 24. *Vaison-la-Romaine:* Schattiger Platz am Ufer der Ouvèze, 1 km außerhalb, an der D 151 Richtung St-Marcellin.

Touristeninformation: *Grignan:* Siehe Tour 2, S. 28. *Vaison-la-Romaine:* Place du Chanoine Sautel, Tel. 90 36 02 11, neben dem Grabungsgelände.

Tourenhinweis: Tour 5 führt weiter nach Avignon. Über die Touren 26 oder 29 gelangt man in die Hochprovence.

4 Kalkspitzen über mediterranem Hügelland

Vaison-la-Romaine – Malaucène – Le Barroux – Beaumes-de-Venise – Gigondas – Séguret – Vaison-la-Romaine

Tourencharakter: Abwechslungsreiche, nicht übermäßig anstrengende Rundfahrt in den Dentelles de Montmirail. Ein kurzer harter Anstieg hinter Malaucène. Schwierigere Varianten mit zusätzlichen kräftezehrenden Steigungen.

Länge der Tour: 49 km.

Die **Dentelles de Montmirail** sind ein eigenwilliges Gebirge. Über sanften Rebhängen und freundlichen Obstbaumwiesen ragen plötzlich gezackte Kalkfelsen auf. Das unerwartete Nebeneinander von steilen Felsformationen und mediterranem Hügelland machen den besonderen Reiz dieses Gebietes aus. Aber die stellenweise schon alpin wirkende Felsszenerie täuscht: die Zähnchen (Dentelles) steigen gerade mal auf maximal 734 m an.

Das kleine Gebirge und die umgebenden Senken und Ebenen bilden so etwas wie eine Provence en miniature. Am Rande der Höhen wird das Land intensiv bearbeitet. Mandel-, Aprikosen- und Kirschbaumkulturen lockern ausgedehnte Weinbauflächen auf, die einen der besten Weine der Provence hervorbringen. Verwinkelte alte Bruchsteindörfer schauen von den Hügelflanken weit über das Land. Auf den einsamen, oft windumtobten Höhen bestimmen helle Kalkfelsen, immergrüne Macchiaheiden und duftender Pinienwald das Bild. Von hier oben bieten sich weite Ausblicke über die Rhône-Ebene und zum landschaftsbeherrschenden Mont Ventoux.

Am Fuße der Dentelles de Montmirail bei Beaumes-de-Venise erhebt sich die Kapelle Notre-Dame-d'Aubune, ein Kleinod provenzalischer Romanik.

Von Vaison-la-Romaine führt die Tour mit leichtem Auf und Ab durch das sanfte Hügelland am Fuße der Dentelles de Montmirail nach Malaucène. Vorher können Fahrer mit guter Kondition auf einem lohnenden Abstecher zum malerischen **Crestet** hinauffahren. Das einst verfallene, behutsam restaurierte Dorf mit seinen engen, gepflasterten Gassen und der schlichten romanischen Kirche liegt hoch über der Ebene der Ouvèze. Den schönsten Ausblick genießt man vom Platz bei der Ruine der Burg der Bischöfe von Vaison, die im 12. Jh. vom Grafen von Toulouse hierhin vertrieben wurden.

Malaucène (2100 Einwohner) ist eine typische Provinzkleinstadt des Südens. Eine Platanenallee mit Cafés und Restaurants umringt den kleinen Ortskern mit engen Gassen, Brunnen, alten Häusern und Torbögen und der obligatorischen Burgruine auf einer Anhöhe. Im 14. Jh. war Malaucène zeitweise sommerlicher Rückzugsort der Päpste von Avignon. Diesen verdankt der Ort seine wehrhafte, etwas überdimensionierte Kirche beim südlichen Ortsausgang. An ihren Zinnen über der Fassade kann man erkennen, daß sie auch Teil der mittelalterlichen Stadtbefestigung war.

Zwischen Malaucène und Le Barroux ist eine ordentliche, mit 2 km Länge aber nicht unüberwindliche Steigung zu bewältigen. Erheblich anstrengender zu fahren ist die längere, über das winzige Suzette führende Variante, die aber auch noch eindrucksvollere Landschaftsbilder bietet. Das baulich unversehrte **Le Barroux** (450 Einwohner) wird von der markanten Silhouette eines kleinen Renaissanceschloßes überragt. Von seiner grasüberwachsenen Terrasse blickt man über rote Ziegeldächer weit ins Land.

Eine herrliche Abfahrt mit Blick auf die Felsspitzen Dentelles Sarrasines (Sarazenenzähnchen) leiten nach **Beaumes-de-Venise** am Südfuß des Gebirges. Der Bezug auf die Sarazenen in den Ortsnamen weist darauf hin, daß das Gebiet der Dentelles im 8. Jh. Schauplatz kriegerischer Auseinandersetzungen zwischen Arabern und Franken war. Beaumes-de-Venise (1720 Einwohner) ist nicht so durchrestauriert wie die anderen Orte der Dentelles de Montmirail. Renommiert ist der hier produzierte Muscat de Beaumes-de-Venise, ein aromatischer, natürlicher Süßwein, der in ganz Frankreich gern als Aperitiv getrunken wird und den man unbedingt einmal probieren sollte. Am besten allerdings erst nach der Radtour; er hat oft über 20 % Alkoholgehalt.

Über das schön gelegene, sehenswerte romanische Kirchlein **Notre-Dame-d'Aubune** und das untouristische Vacqueyras gelangt man nach Gigondas und weiter nach Sablet und Séguret, allesamt Gemeinden, die mit wachsendem Erfolg ihre ökonomische Existenz auf den Weinbau gründen. Vacqueyras gehört, wie Sablet und Séguret, zu den 17 Winzergemeinden der »Appellation Côtes du Rhône Villages«, die die Einhaltung besonderer Qualitätsstandards fordert, wie z. B. die Begrenzung der Produktionsmenge pro Hektar. Die Weinlagen von Gigondas, die eine eigene »Appellation contrôlée« bilden, bringen einen seit jeher geschätzten kräftigen, alkoholreichen Rotwein hervor.

Gigondas ist auch der Ausgangspunkt für Wander- und Klettertouren in den Dentelles de Montmirail. Vom Ort führt eine steile Stichstraße an der einsam gelegenen romanischen Kapelle Ste-Cosme-et-Damien vorbei zum Col du Cayron. Von hier kann man auf nicht ganz einfachem Pfad den Dent du Turc (Türkenzahn), die markanteste Kalkspitze des Gebirges erklimmen. **Séguret** ist einmal mehr ein gut erhaltenes, mittelalterliches Provencedorf mit Türmen, Brunnen und kopfsteingepflasterten Gassen, dessen Natursteinhäuser sich unter einem Felshügel zusammendrängen, der, wie so oft, von einem Burgrest bekrönt ist.

Streckenbeschreibung

Wir beginnen die Tour in **Vaison-la Romaine** bei der alten Römerbrücke, die auch den Belastungen des modernen Straßenverkehrs problemlos standhält. Wir bleiben zunächst nördlich der Ouvèze, folgen der D 151 Richtung St-Marcellin. Bei einer breiten Querstraße nach 1,5 km halten wir uns rechts, kreuzen die Ouvèze und stoßen auf die D 938. Auf der nicht ganz ruhigen Straße bleiben wir ca. 400 m, biegen dann nach rechts auf eine parallel zur D 938 verlaufende Nebenstraße, die bei der Mairie von Crestet wieder auf die Hauptstraße nach Malaucène trifft. 50 m weiter zweigt rechts die steile Stichstraße nach *Crestet* ab.

Richtung Malaucène kreuzen wir die Hauptstraße, überqueren kurz darauf einen Bach und stoßen dann auf eine von der D 54 kommende Nebenstraße. Wir biegen nach rechts, fahren bei der Gabelung kurz darauf erneut rechts. Auf der kaum befahrenen Verbindung radeln wir durch sanfthügeliges Gelände mit ausgedehnten Weinkulturen. Die D 13 (Entrechaux – Malaucène) wird gekreuzt. Ca. 1,5 km weiter überqueren wir nach rechts einen Bach und erreichen nach kurzem Anstieg die kleine D 242, die uns ins 3 km entfernte **Malaucène** bringt.

Wir biegen hier nach links auf die Hauptstraße (D 938) mit ihren Restaurants und Bars, auf der wir den alten Ortskern östlich umfahren. Wir bleiben auf der D 938 Richtung Carpentras, die uns kurzzeitig ordentlich ins Schwitzen bringt (2 km Anstieg), dann aber mit einer schönen Abfahrt auf glattem Asphalt belohnt. Nach **Le Barroux** mit seinem weithin sichtbaren Château geht es dann wieder bergauf. Bei den ersten Häusern hier biegen wir auf die D 90a Richtung *La Roque-Alric,* von der auch gleich der Zufahrtsweg zum Schloß abzweigt.

Wir bleiben auf der kleinen D 90a, die hinter Le Barroux noch etwas ansteigt, um dann mit Blick auf die wilde Felslandschaft im Herzen der Dentelles de Montmirail über *La Roque-Alric* nach *Lafare* hinabzuführen. Von Lafare läßt es sich dann gemütlich im Tal auf der D 90 zum nächsten Etappenort **Beaumes-de-Venise** rollen.

Im Ortszentrum biegt man nach rechts auf die D 21, fährt gleich darauf rechts auf den Kirchplatz hoch, wo man sich auf das leicht ansteigende Sträßchen nach links wendet, das an der Touristeninformation (Syndicat d'Initiative) vorbeiführt. Beim folgenden Quersträßchen nach links und sofort darauf nach rechts biegen. Auf holprigem Teersträßchen gelangen wir zum Kirchlein *Notre-Dame-d'Aubune* mit seinem weithin sichtbaren romanischen Glockenturm. Von hier rollen wir zur breiten D 7 hinab, der

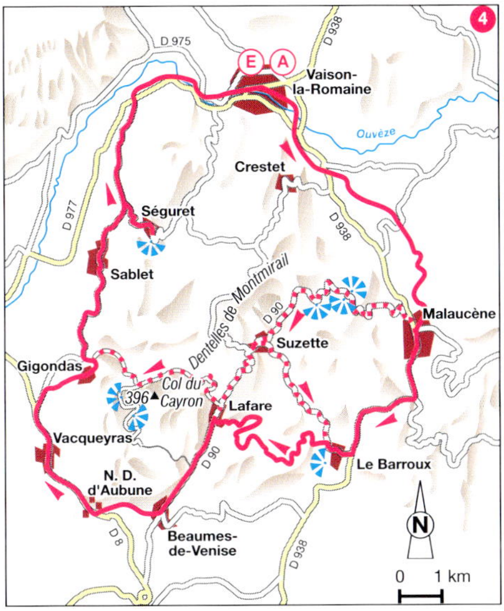

wir mit leichtem Anstieg nach *Vacqueyras* folgen, dessen Ortszentrum wir östlich umfahren. Bei der Gabelung D 7 / D 8 halten wir uns rechts. Für etwa 1 km folgen wir der D 7, biegen dann nach rechts in eine Nebenstraße. Jetzt heißt es nochmals kräftig in die Pedale zu treten, bis wir auf den Dorfplatz von **Gigondas** mit seinen Weinprobierstuben rollen können.

Wir verlassen den Dorfplatz auf dem nach Norden wegführenden Sträßchen, das nach 500 m auf die D 229 stößt. (Diese führt mit steilem Anstieg nach rechts zum *Col du Cayron.*) Wir aber biegen nach links abwärts, halten uns bei der Kreuzung danach rechts und erreichen über die D 79 und die D 7 nach geruhsamer Fahrt das untouristische, auf einem Hügel gelegene Dorf *Sablet.* Das alte Ortszentrum wird östlich umfahren. Bei der Kreuzung am nördlichen Ortsrand nehmen wir rechts die kleine D 23 Richtung **Séguret.** Der malerische alte Ort ist einen Abstecher wert, auch wenn dieser einen zusätzlichen Anstieg bedeutet.

Von hier zurück nach Vaison ist der Weg dann mühelos zu fahren. Auf der D 88 geht es zunächst mit weitem Blick über sanfte Rebhänge und stolze Weingüter steiler bergab. In einer Linkskurve, gut 500 m vor Erreichen der breiteren D 977, zweigt man nach rechts in einen Teerweg, der nach 2 km zur D 977 führt. Etwa 500 m folgen

Die Kalkzacken der Dentelles Sarrasines (Sarazenenzähnchen) bei Gigondas sind der landschaftlich markanteste Punkt der Dentelles de Montmirail.

wir der Hauptstraße, um dann nach links auf eine schmale Nebenstraße abzuzweigen. Bei einer Kreuzung 50 m weiter biegen wir nach rechts. Auf ebenem Teersträßchen fast ohne Verkehr, einer ehemaligen Eisenbahntrasse, erreichen wir **Vaison-la-Romaine.**

Variante Malaucène – Le Barroux über Suzette: Dazu verläßt man *Malaucène* auf der D 938 nach Norden Richtung Vaison, biegt am Ortsrand nach links auf die kleine D 90 Richtung Suzette. Zunächst wird eine Senke durchfahren, ehe der kräftige Anstieg zum *Col de la Chaine* beginnt (165 Höhenmeter auf 2,5 km). Danach folgt eine herrliche Abfahrt in den Felskessel *Cirque de St-Amand.* Von hier bis zum einsam gelegenen Dorf *Suzette* mit seinen im zeitigen Frühjahr üppig blühenden Mandelkulturen sind nochmals einige Höhenmeter zu überwinden. Von *Suzette* kann man auf der D 90 ohne weitere Steigungen nach *Beaumes-de-Venise* durchfahren. Reizvoller, aber mit zusätzlichen Steigungen (180 Höhenmeter) verbunden ist der Schlenker über *Le Barroux.* Dazu nehmen wir auf der Höhe von Suzette die nach links am Ort vorbei zu Tal führende schmale Straße, die 500 m vor Le Barroux auf die D 90a und damit auf die Hauptvariante stößt.

Variante Lafare – Gigondas über den Col du Cayron: Diese anstrengende Variante führt auf einer streckenweise nicht asphaltierten Straße durch das Herz der Dentelles de Montmirail. In *Lafare* zweigt nach Norden eine Richtung Gigondas ausgeschilderte schmale Teerstraße von der D 90 ab. Diese führt kurz zu einem Bach hinab, dann ansteigend zu einer Felsklamm linker Hand (die man auf schmalem, zu einem kleinen Wasserfall leitendem Pfad erkunden kann). Danach geht es in Serpentinen steil bergauf. Die Umgebung ist ausgesprochen abwechslungsreich, so daß es auch beim Schieben nicht langweilig wird. Nach dem Anwesen Cassan mit seiner Wildschweinzucht hält man sich links und erreicht auf einem weiter aufwärts führenden Fahrweg einen Paß, den unterhalb der steilen Dentelles Sarrasines gelegenen *Col du Cayron* (396 m). Richtung Gigondas geht es von hier auf einer Erdstraße, der D 229, steil bergab, vorbei am Hôtel Les Florets – ab hier Asphalt – und der rechts oberhalb der Straße gelegenen romanischen Kapelle *Ste-Cosme-et-Damien*. Danach zweigt man nach links zum Dorfplatz von *Gigondas*.

Nützliche Informationen

Entfernung: Vaison – Malaucène 13 km; Malaucène – Beaumes-de-Venise 16 km (Variante über Suzette 20 km); Beaumes-de-Venise – Gigondas 10 km; Gigondas – Vaison 17 km.
Unterkunft: *Vaison-la-Romaine:* Mehrere Hotels, darunter das renommierte, in einem historischen Gebäude des 16. Jh.s untergebrachte Le Beffroi in der Oberstadt, 3 Sterne, Tel. 90 36 04 71. *Malaucène:* Hôtel l'Origan, Cours des Isnards, 2 Sterne, Tel. 90 65 27 08. In *Le Barroux* das angenehme Familienhotel Les Geraniums, 1 Stern, Tel. 90 62 41 08. *Beaumes-de-Venise:* Auberge St-Roch, 1 Stern, Tel. 90 62 94 29, mit ganz vorzüglichem Restaurant; gleich gegenüber Le Relais des Dentelles, ohne Stern, Tel. 90 62 95 27. *Gigondas:* Les Florets, 2 Sterne, 2 km außerhalb an der D 299, Tel. 90 65 85 01.
Angenehme **Gîte d'Etape** unterhalb von *Séguret* an der Straße nach Sablet, Voranmeldung ratsam, Tel. 90 46 93 31.
Camping: *Vaison-la-Romaine:* Schattiger Platz am Ufer der Ouvèze, 1 km außerhalb, an der D 151 Richtung St-Marcellin. Weitere Campingplätze in *Malaucène, Beaumes-de-Venise, Vacqueyras* und *Sablet*.
Fahrradverleih: *Vaison-la-Romaine:* Cycles Lacombe, 17 Avenue Jules Ferry, und Sport 2000, 19 Place Montfort. *Malaucène,* Verleih und Reparatur, an der Hauptstraße (D 938) beim Abzweig der D 974, Tel. 90 65 14 10.
Touristeninformation: *Vaison-la-Romaine:* Place du Chanoine Sautel, Tel. 90 36 02 11, neben dem Grabungsgelände. *Malaucène:* Place de la Mairie, Tel. 90 65 22 59. *Beaumes-de-Venise:* Cours Jean Jaurès, Tel. 90 62 94 39.

5 Zur Stadt der Päpste

Vaison-la-Romaine – Orange – Caderousse – Villeneuve-lès-Avignon – Avignon

Tourencharakter: Leichte Tour ohne nennenswerte Anstiege. Ganz überwiegend auf wenig befahrenen Nebenstraßen.
Länge der Tour: 64 km.

Von Vaison-la-Romaine fahren wir auf Nebenstraßen durch die landwirtschaftlich genutzte Rhône-Ebene zunächst nach Orange. Die flache Landschaft mit ihren ausgedehnten Obst-, Wein- und Gemüsekulturen ist natürlich nicht so aufregend wie in den Dentelles de Montmirail. Dafür läßt es sich aber auf den meist ebenen Wegen hier ohne große Anstrengungen gemütlich dahinradeln.

Orange ist eine angenehme provenzalische Kleinstadt von ca. 28 000 Einwohnern, über die es nicht viel zu berichten gäbe, wäre da nicht das *römische Theater*. Dieses zählt wegen seines guten Erhaltungszustandes zu den eindrucksvollsten historischen Bauwerken der Provence. Als einziger Theaterbau aus römischer Zeit in Europa weist es noch die monumentale Bühnenwand auf. Auch heute noch kann man sich hier gut in die Atmosphäre einer römischen Theateraufführung einfühlen.

Die Zuschauer waren streng nach ihrer sozialen Herkunft geschieden. In der Orchestra, dem Halbrund vor der Bühnenwand, waren bequeme Sessel aufgestellt, die Senatoren und der örtlichen Prominenz vorbehalten waren. Auf den Rängen darüber nahm das übrige Publikum, gestaffelt nach seiner sozialen Stellung, Platz, wobei das einfache Volk mit den Sitzen weiter oben vorliebnehmen mußte. Zur Aufführung kamen nicht nur die Klassiker der römischen Komödie, sondern auch Lustspiele, Akrobatikvorführungen und allerlei Darbietungen, die man heute als Revue oder Show bezeichnen würde. Die

immer aufwendiger gestalteten Theaterspektakel zogen Zuschauermassen von nah und fern an. Dabei war das Theater nicht vorrangig ein Ort der Pflege der hohen Kultur, sondern vor allem sozialer Treffpunkt, wo während der Aufführungen fröhlich miteinander kommuniziert wurde.

Das Theater von Orange, das wahrscheinlich während der Herrschaft des Kaisers Augustus (27 v. Chr.–14 n. Chr.) errichtet wurde, faßte 10 000 Zuschauer. Die Bühnenwand war ursprünglich mit Statuen, Säulen und Marmorreliefs geschmückt. Eine überlebensgroße Augustusstatue konnte aus Bruchstücken rekonstruiert und an altem Platz wieder aufgestellt werden. Bei den Aufführungen war der Zuschauerraum, vor allem zur Verbesserung der Akustik, von einem großen Segeltuch überspannt. Daß diese ganz ausgezeichnet war, kann man heute noch während der jährlich zwischen Mitte Juli und Anfang August im Theater von Orange stattfindenden Konzerte und Opernaufführungen feststellen.

Auch das *römische Monumentaltor* von Orange, das etwa gleichzeitig mit dem Theater entstand, ist noch in gutem Erhaltungszustand. Es steht von Blechschlangen eingezwängt nördlich des Zentrums an der N 7. Der Triumphbogen hatte keinen praktischen Zweck. Er diente allein der politischen Propaganda. Den kurz zuvor endgültig besiegten Galliern sollte die Überlegenheit der römischen Eroberer noch einmal plastisch vor Augen geführt werden. Die Reliefs des Triumphbogens zeigen gallische Gefangene, Kampfszenen, eine Siegesgöttin mit der römischen Wölfin, Waffen und Gegenstände der Seefahrt, letztere wohl als Symbol römischer Herrschaft auch zur See.

Von Orange nach Avignon nehmen wir nicht eine der allesamt verkehrsreichen Routen östlich der Rhône, sondern weichen auf die weniger befahrene Straße am Westufer aus. Dabei passieren wir das 2000-Seelen-Dorf **Caderousse,** das sich hinter einem 3 m hohen steinernen Wall verschanzt.

Das von mittelalterlichen Türmen flankierte Stadttor von Camaret-sur-Aigues.

Caderousse wurde immer wieder von verheerenden Rhôneüberschwemmungen heimgesucht, wie man noch an den Hochwassermarken an der Rathausfassade ablesen kann. Die Bewohner waren dies leid und umgaben sich 1856 mit einem lückenlosen Schutzdeich, den sie 1951 mit einer regelrechten Befestigungsmauer nochmals verstärkten. Zumindest letztere Aktion erscheint rückblickend ziemlich sinnlos. Durch die 1934 in Angriff genommene Rhôneregulierung besteht keine Gefahr mehr, daß Caderousse nochmals überflutet wird.

Hinter Caderousse radeln wir ein Stück an einem der letzten Rhônealtarme entlang, ehe wir den Fluß nach Westen überqueren, um uns nach Süden Richtung Avignon zu wenden. Bevor wir in die kulturelle und wirtschaftliche Metropole dieser Region einfahren, lohnt ein kurzer Zwischenstopp im auf der anderen Rhôneseite gelegenen **Villeneuve-lès-Avignon** (9500 Einwohner). Villeneuve war im Mittelalter die Grenzbastion der französischen Könige gegen die damals noch selbständige Provence. An diese Funktion erinnern noch einige Befestigungsbauten, wie der *Turm Philipps des Schönen* gegenüber der alten Rhônebrücke sowie das *Fort St-André* beim höchsten Punkt des Ortes, das mit seinem von mächtigen Rundtürmen flankierten Tor ausgesprochen wehrhaft wirkt. Von hier oben bietet sich eine prächtige Aussicht über die Rhône nach Avignon. Die untergehende Sonne läßt sogar die abweisenden Mauern des Papstpalastes in einem freundlichen Farbton erstrahlen. Am Fuß des Festungshügels liegt die *Chartreuse du Val de Bénédiction,* einst Frankreichs größtes Kartäuserkloster, dessen älteste Teile aus dem 14. Jh. stammen. Die Kartäuser sind ein Mönchsorden besonders strenger Observanz. Die Ordensbrüder mußten ihre Tage schweigend in strenger Abgeschiedenheit mit Gebeten, Studien und handwerklichen Arbeiten verbringen. Nur beim gemeinsamen Mahl am Sonntag war ein kurzes Gespräch erlaubt. Heute beherbergt die Kartause von Villeneuve mit ihren zwei stimmungsvollen Kreuzgängen und einigen wiederhergerichteten Mönchsbehausungen ein internationales Kulturzentrum. Kunstinteressierten sei ein Besuch des

Für fast 100 Jahre Zentrum der westlichen Christenheit: der Papstpalast von Avignon.

Stadtmuseums von Villeneuve empfohlen. Die hier ausgestellte,1453 von Enguerrand Charonton geschaffene Marienkrönung gilt als ein Meisterwerk der Malerei am Übergang vom Mittelalter zur Renaissance.

Das 92 000 Einwohner zählende **Avignon,** Hauptstadt des Departements Vaucluse, ist ein dynamisches Zentrum, an dessen Peripherie sich ausgedehnte Industriezonen entwickelt haben. Die Stadt lebt überwiegend von der Verarbeitung und Vermarktung der in der Umgebung großflächig erzeugten landwirtschaftlichen Produkte und zieht entsprechende LKW-Transportströme an. Vor allem die von Norden und Osten in die Stadt führenden Straßen sind meist weiträumig mit Blechkolonnen verstopft. Als Radfahrer sollte man Avignon möglichst von Süden oder Westen ansteuern.

Im ausgehenden Mittelalter rückte Avignon für gut einhundert Jahre in den Mittelpunkt des Weltgeschehens. Um machtpolitischen Auseinandersetzungen in Rom zu entgehen, verlegte der aus Frankreich stammende Clemens V. 1305 die Papstresidenz nach Carpentras, in die damalige Hauptstadt des zum Kirchenstaat gehörenden Comtat Venaissin. Sein Nachfolger Papst Johannes XXII. machte dann 1316 das zentraler gelegene Avignon zur Hauptstadt der Christenheit. Der päpstliche Hof entwickelte sich hier zu einer der prunkvollsten Residenzen seiner Zeit. Aus der Provinzstadt Avignon wurde eine kulturelle Metropole. Aus ganz Europa, vor allem aus Italien, und aus allen Gesellschaftsschichten kamen neue Bewohner: Kardinäle, Mönche und Nonnen, Diplomaten, Juristen und Kaufleute, aber auch allerlei zwielichtiges Volk. Der Papsthof, der seinen Wohlstand auch mit einem florierenden Ablaßhandel finanzierte, zog berühmte Künstler an, wie den italienischen Maler Matteo Giovanetti und den großen Dichter Francesco Petrarca. Letzterer war allerdings über die Verhältnisse in der päpstlichen Residenz mehr als entsetzt und zog sich bald in die ländliche Idylle von Fontaine-de-Vaucluse zurück.

»Avignon ist eine Abfallgrube, in der sich aller Unrat der Welt ansammelt. Alles, was es auf Erden an Hinterhältigkeit, Gottlosigkeit und verabscheuungswürdigen Sitten gibt, findet sich dort angehäuft. Man verachtet Gott und betet statt dessen das Geld an [...]«, lautete sein vernichtendes Urteil.

Das historische Zentrum von Avignon ist noch vollständig von der Stadtmauer des 14. Jh.s umgeben. Das Altstadtviertel durchzieht vom Bahnhof zum Rathaus die breite Touristenmeile Cours Jean Jaurès / Rue de la République, die nach Norden in die zentrale Place de l'Horloge (Rathausplatz) und die sich anschließende Place du Palais einmündet. Hier schlägt das touristische Herz Avignons. Auf der lebendigen Place de l'Horloge, wo der Autoverkehr ausgesperrt bleibt, sitzt man in gemütlichen Straßencafés unter hohen Platanen, und an der Place du Palais erhebt sich die Hauptsehenswürdigkeit Avignons, der Papstpalast.

Der *Palais des Papes* wirkt mit seinen hohen, wuchtigen Außenmauern wie ein mittelalterliches Festungsbauwerk und kaum wie eine feudale Palastanlage. Eine strenge Architektur der Macht, ohne Leichtigkeit und Verspieltheit, zeigt sich dem Betrachter. Auch im Innern sind die hohen Räume heute meist kahl und wenig anheimelnd. Das war nicht immer so. Der den Luxus liebende Papst Clemens VI. hatte Mitte des 14. Jh.s einen prachtvoll ausgestatteten Erweiterungsbau, den Palais Neuf, errichten lassen, der allerdings nach der Französischen Revolution ausgeplündert wurde. Erhalten geblieben sind einige Freskendekorationen italienischer Künstler des 14. Jh.s. Die farbenfrohen Wandgemälde lassen das nüchterne Palastambiente vergessen. Sehenswert sind u. a. in der Kapelle St-Jean die von Matteo Giovanetti gemalten Fresken mit Szenen aus dem Leben Johannes' des Täufers und Johannes' des Evangelisten und im Hirschzimmer (Chambre du Cerf) die abwechslungsreichen Darstellungen von Jagdmotiven, die in ihrer realistischen Naturabbildung schon die beginnende Renaissance widerspiegeln.

Oberhalb des Papstpalastes erhebt sich die *Kathedrale Notre-Dame-des-Doms,* ein romanischer Bau, der aber im Laufe der Jahrhunderte durch Umbauten seine ursprüngliche Gestalt weitgehend verloren hat. Lohnend ist von hier ein kurzer Spaziergang in den nördlich gelegenen Park des *Rocher des Doms.* Vom Hügelrücken über der Rhône genießt man eine schöne Aussicht auf den Fluß mit der berühmten *Pont d'Avignon (Pont St-Bénézet)* und das gegenüberliegende Villeneuve. Die in einem bekannten Kinderlied besungene Brücke wurde im Mittelalter errichtet, brach dann aber unter der Wucht der Strömung im 17. Jh. zusammen.

Für Kunstliebhaber lohnt das gleich neben dem Papstpalast gelegene *Petit Palais* einen Besuch. Das Renaissancegebäude, die ehemalige Residenz der Bischöfe von Avignon, beherbergt heute ein Museum mit romanischen und gotischen Skulpturen sowie einer reichen Sammlung italienischer Malerei des Mittelalters und der Renaissance. Hervorragende Werke italienischer Künstler sind auch im Kirchenraum von *St-Didier* ausgestellt. Die im Stil der provenzalischen Gotik im 14. Jh. erbaute Kirche gilt allgemein als der harmonischste Sakralbau Avignons.

Das Alltagsleben Avignons findet allerdings weniger auf der großen Hauptachse als vielmehr in den verwinkelten Vierteln rechts und links von ihr statt. Beim Herumstreifen durch die Gassen läßt sich eine abwechslungsreiche Stadtlandschaft entdecken: stille Winkel und belebte Marktplätze, noble Bürgerhausfassaden und leicht verkommene Häuserfluchten, elegante Läden und altmodische Epicerien, zahlreiche Restaurants, Bistros und Cafés, mal vornehmer, mal einfacher. Am reizvollsten ist dabei der Ostteil der Altstadt, insbesondere das Viertel zwischen Place Pie, Rue Thiers und Portail Magnanen. Entlang der kopfsteingepflasterten *Rue des Teinturiers* (Straße der Färber), die von einem Flußarm der Sorgue gesäumt wird, lagen vor 200 Jahren die Werkstätten der Baumwollmanufakturen. Die Stoffe wurden aus Indien eingeführt, hier gefärbt und weiterverarbeitet – damals wichtigste Quelle städtischen Wohlstands. An der *Place Pie* trifft man auf die Markthallen, Les Halles, wo sich außer an Montagen ein reger Marktbetrieb abspielt.

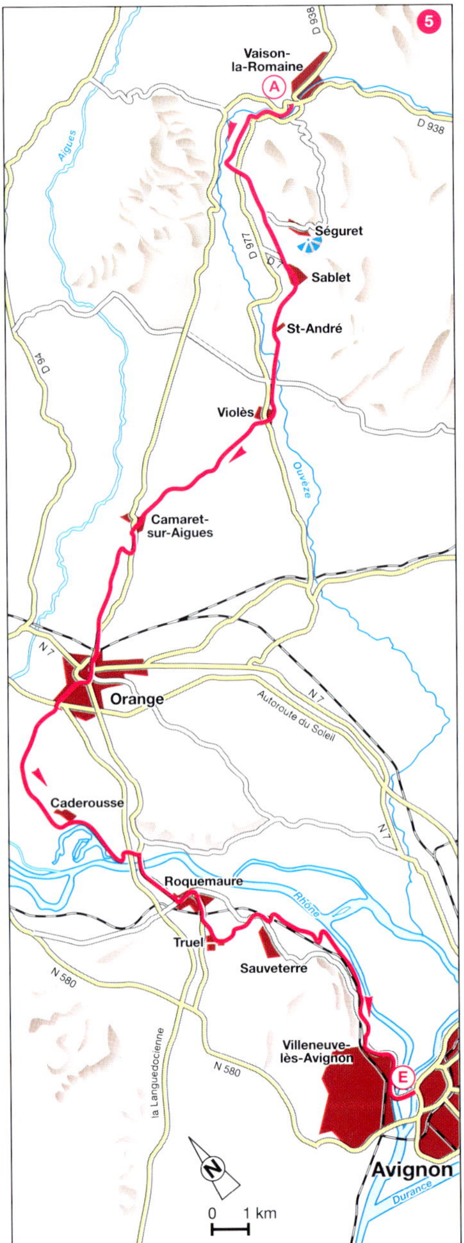

Streckenbeschreibung

Vom Stadtzentrum in **Vaison** folgen wir der nördlich der Ouvèze verlaufenden D 975 Richtung Orange. Schon beim Ortsausgang verlassen wir die Hauptstraße, um eine nach links abzweigende schmale Asphaltstraße einzuschlagen, die parallel zum Fluß auf dem Damm einer stillgelegten Bahnlinie verläuft. Wir kreuzen die Ouvèze und treffen 2 km weiter auf die D 7, der wir nach links zu einer Kreuzung folgen. Hier queren wir die breite D 977, nehmen die kleinere D 88 Richtung Séguret. In einer Linkskurve knapp 2 km weiter fahren wir geradeaus auf einer Nebenstraße weiter. Bei einer Querstraße kurz darauf biegen wir nach rechts, halten uns gleich darauf links. Auf ebenem Teerweg zwischen Weinfeldern radeln wir nach Süden. Kurz vor *Sablet* stoßen wir auf die D 7, der wir nach links zu einer Kreuzung beim nördlichen Ortsrand folgen.

Hier biegen wir nach rechts auf die D 23. Für 1 km geht es nun bergab zur Kreuzung mit der vielbefahrenen D 977, wo wir eine nach links abzweigende Nebenstraße einschlagen. Fernab des Durchgangsverkehrs durchqueren wir ausgedehnte Weinfelder. Am großen Weingut *Châteaux St-André* fahren wir westlich vorbei, kreuzen danach die Ouvèze und dann die breite D 8, zweigen gleich darauf nach links auf einen Teerweg, der zum alten Ortszentrum von *Violès* führt.

Wir durchqueren den alten Ortskern nach Westen, kreuzen die D 977, um der schmaleren D 67 Richtung Camaret / Orange zu folgen. In *Camaret-sur-Aigues* lassen wir das Zentrum mit dem mittelalterlichen Stadttor rechts liegen, um auf die D 975 Richtung Orange einzubiegen. Beim Kreisverkehr nach 1 km nehmen wir rechts die D 43 Richtung Sérignan, zweigen schon 100 m weiter nach links in die schmale C 8. Beim ersten Quersträßchen links und beim folgenden rechts fahrend, dann nach links biegend, stoßen wir vor Orange wieder auf die D 975, der wir geradeaus ins Ortszentrum folgen.

Wir verlassen **Orange** nach Westen, folgen der Beschilderung zur Autobahn A 7–A 9. Beim Kreisverkehr vor der Autobahnzahlstelle (Péage) biegen wir nach rechts in die D 17 nach *Caderousse.* Gleich nach Überqueren der A 7 verlassen wir diese, um geradeaus, dem Hinweis »Les Princes« folgend, auf der schmalen VC 9 weiterzufahren. Auf dem ruhigen Sträßchen, dem Chemin des Princes, geht es jetzt stur geradeaus durch Wiesen und Felder. Durch diverse Abzweige und zwei bevorrechtigte Querstraßen lassen wir uns nicht irritieren. Wir stoßen schließlich auf die parallel zum Rhônealtarm verlaufende D 237, auf die wir nach links einbiegen. An **Caderousse** vorbei radeln wir auf der breiten Uferstraße weiter, kreuzen mit der D 976 die Rhône und gelangen nach *Roquemaure.*

Wir folgen hier den Hinweisen nach Remoulins / Nîmes, zweigen etwa 1 km nach dem Ort von der D 976 nach links in den schmalen Chemin de Truel. Im Weiler *Truel* biegen wir nach links in den Chemin de Cadarache, der zur D 980 führt. Dieser folgen wir etwa 200 m nach rechts, nehmen dann den nach links abzweigenden, unter der Bahn durchführenden Chemin Saint-Marc. Kurz darauf fahren wir rechts auf dem Chemin de la Croix weiter, dann parallel zur Bahn immer geradeaus bis zu einer Querstraße, wo wir uns nach links auf den Chemin de la Bastide Neuve wenden. Wir folgen dem ruhigen Teersträßchen nach Osten, dann nach Süden, bis wir wieder auf die D 980 stoßen. Auf der nicht übermäßig verkehrsreichen Straße gelangen wir über **Villeneuve-lès-Avignon** und die nördlichen Rhônebrücken nach **Avignon.**

Nützliche Informationen

Entfernungen: Vaison-la-Romaine – Orange 33 km; Orange – Villeneuve-lès-Avignon 26 km; Villeneuve-lès-Avignon – Avignon 5 km.

Unterkunft: *Orange:* Hôtel Arène, Place de Langes, 3 Sterne, komfortabel und zentral, Tel. 90 34 10 95; Hôtel Le Glacier, 46 Cours A. Briand, 2 Sterne, gut geführt, Tel. 90 34 02 01; Hôtel Fréau, 3 Rue Ancien Collège, 1 Stern, altmodisch-freundlich, Tel. 90 34 06 26. *Villeneuve-lès-Avignon:* L'Atelier, 5 Rue de la Foire, 2 Sterne, Tel. 90 25 01 84. *Avignon:* Zahlreiche Hotels aller Kategorien, u. a. Hôtel Danieli, 17 Rue de la Republique, 2 Sterne, Tel. 90 86 46 82; Hôtel Magnan, 63 Rue du Portail Magnanen, 2 Sterne, Tel. 90 86 36 51, und das ausgesprochen preiswerte St. Roch, 9 Rue Paul-Mérindol, Tel. 90 82 18 63; ordentlich und preiswert auch das Mignon, 12 Rue Joseph Vernet, 1 Stern, Tel. 90 82 17 30. Während des berühmten sommerlichen Theaterfestivals (Mitte Juli – Mitte August) sind fast alle Hotels langfristig ausgebucht!

Camping: In *Avignon* mehrere Plätze auf der Rhôneinsel Île de Barthelasse nicht weit vom Stadtzentrum.

Fahrradverleih: *Avignon,* L. Dopieralski, 80 Rue Guillaume Puy, Tel. 90 86 32 49.

Touristeninformation: *Orange:* 5 Cours A. Briand, Tel. 90 34 70 88. *Villeneuve-lès-Avignon:* 1 Place Charles David, Tel. 90 25 61 33. *Avignon:* 41 Cours Jean Jaurès, Tel. 90 82 65 11.

6 Römische Ingenieurskunst

Avignon – Pont du Gard – Collias – Nîmes

Tourencharakter: Nicht sehr schwierige Tour zum berühmten römischen Aquädukt und weiter bis Nîmes; im zweiten Teil einige Anstiege.

Länge der Tour: 64 km.

Westlich von Avignon gelangen wir in eine Region, die eigentlich nicht zur Provence, sondern zum Languedoc gehört. Im Mittelalter war hier schon Frankreich, während weiter östlich die provenzalischen Grafen noch ihre Selbständigkeit behaupten konnten. Unter den Römern bildete allerdings ganz Südfrankreich als Provinz Gallia Narbonensis eine Einheit. Es sind auch die noch erhaltenen Baudenkmäler der Römer, weswegen das östliche Languedoc in fast jede Provencereise einbezogen wird.

Am **Pont du Gard** wird auch derjenige Gefallen finden, der kein besonderes Geschichtsinteresse mitbringt. Der römische Aquädukt ist nicht nur in technischer, sondern auch in ästhetischer Hinsicht ein meisterliches Bauwerk, das sich in die unzersie-

Der kühn gespannte Aquädukt Pont du Gard war das architektonisch aufwendigste Teilstück der fast 50 km langen Wasserleitung zur Römerstadt Nemausensis (Nîmes).

delte Landschaft des Gardon-Tals harmonisch einfügt. Unter seinen Bögen windet sich der ruhige Fluß dahin. Von der Brücke blickt man kilometerweit über die Hügelwellen des Languedoc mit ihren trockenen Buschwäldern.

Der 275 m lange und 49 m hohe Pont du Gard bildete das aufwendigste Teilstück einer Wasserleitung, die von der Eure-Quelle bei Uzès bis in die römische Stadt Augusta Nemausensis, das heutige Nîmes, führte. Der Wasserbedarf der wohlhabenden Römerstadt muß enorm gewesen sein, vor allem wegen der Speisung der großen Thermen und Brunnenanlagen. Der errechnete tägliche Wasserbedarf von 400 Litern pro Einwohner lag erheblich über dem privaten Wasserverbrauch moderner Städte des Westens. Obwohl die Entfernung zwischen der Eure-Quelle und Nîmes nur 20 km Luftlinie beträgt, war die Wasserleitung rund 50 km lang. Das hügelige Gelände zwang die Konstrukteure zu zahlreichen Umwegen. Die Höhendifferenz zwischen Ausgangs- und Endpunkt belief sich auf nur 17 m. Demnach betrug das durchschnittliche Gefälle gerade mal 34 cm. Es ist heute noch ein Rätsel, wie die römischen Ingenieure diese Maßarbeit zustande brachten.

Auch der Bau des Pont du Gard mit seinen mächtigen Bögen warf konstruktionstechnische Probleme auf. Das zur Verfügung stehende Baumaterial – der braungelbe Muschelkalk der Umgebung, der auch den schönen Farbeindruck der Brücke bewirkt – war ausgesprochen brüchig. Es mußten deshalb enorme Quader geschnitten und übereinandergeschichtet werden. Die bis zu sechs Tonnen schweren Blöcke stabilisierten mit ihrer austarierten Druckwirkung das gesamte Bauwerk. Sklaven mußten sich in zylinderförmigen Winden bewegen, um die enormen Gewichte anzuheben. Nur dank der genauen Bearbeitung und Schichtung des mörtellos gefügten Mauerwerks konnte der Pont du Gard 2000 Jahre ohne größere Schäden standhalten.

Den schönsten Blick auf den Aquädukt genießt man von einem der schattigen Rast- und Badeplätze flußaufwärts, wenn am späten Nachmittag die tiefstehende Sonne das Mauerwerk in warmen Farben aufleuchten läßt. Lohnend ist es auch, vom Südufer auf rot-weiß markiertem Pfad den Hang bis zum obersten Stockwerk des Aquäduktes hinaufzusteigen. Hier verlief die eigentliche Wasserleitung, die zum Schutz gegen Verdunstung und Verschmutzung mit Steinplatten abgedeckt war. Schwindelfreie können auf der ungesicherten Plattenabdeckung zum anderen Ufer hinüberwandern.

Östlich von **Collias** hat der Gardon eine malerische Kalkschlucht in die Hügel der Garrigue gegraben. Auf einem am Nordufer verlaufenden Pfad kann man ein langes Stück dem von steilen Felsen gesäumten, völlig unbesiedelten Flußlauf folgen. In Col-

lias ist es auch möglich, ein Kanu für eine Fahrt auf dem Fluß zu mieten.

Nordwestlich der Linie Avignon – Nîmes – Montpellier, zwischen Cevennen und Camargue, erstreckt sich ein dünn besiedeltes, von Sonne und Mistral ausgedörrtes Hügelland. Die **Garrigues** haben ihren Namen von den für diesen Landstrich charakteristischen Vegetationsformen. Kilometerweit bedecken niedrige Buschwälder und Strauchheiden aus Stein- und Kermeseichen, Buchs-, Wacholder-, Lorbeerbäumen sowie den intensiv duftenden Provencekräutern die steinigen Höhen. Nach der provenzalischen Bezeichnung für die nur strauchgroße Kermeseiche, »garoulio«, hat diese typisch mediterrane Pflanzengemeinschaft ihren botanischen Namen bekommen.

Auf unserem Weg von Collias nach Nîmes durchfahren wir diesen Landstrich von eher herbem Charakter. Dabei überqueren wir erneut den Gardon, diesmal auf einer mittelalterlichen Brücke. Der **Pont St-Nicolas** wurde im 13. Jh. von den Frères Pontifes, einer Bruderschaft der Brückenbauer, errichtet, die auch für den Bau der berühmten mittelalterlichen Brücke von Avignon (Pont St-Bénézet) verantwortlich ist. Beim Pont St-Nicolas durchfließt der Gardon ein Engtal, das von höhlendurchsetzten Kalkfelsen gesäumt ist. Kurz hinter der Brücke führt ein holpriges Sträßchen in das herrliche Flußtal hinab, das man je nach Wasserstand auch zu Fuß weiter erkunden kann.

Das expandierende, sich kosmopolitisch gebende **Nîmes** betreten wir von Norden durch die kargen Garrigues kommend quasi durch die Hintertür. Von den in die Landschaft wuchernden anonymen Hochhaussiedlungen, Industrie- und Verwaltungsbauten der auf 130 000 Einwohner angewach-

Mitten im Zentrum von Nîmes steht das Maison Carrée, ein hervorragend erhaltener Tempel aus römischer Zeit.

senen Stadt ist bei der Annäherung von dieser Seite noch wenig zu bemerken. Nîmes hat in den letzten Jahren alles darangesetzt, den Ruf einer beschaulichen Provinzstadt gegen den einer dynamischen Industrie- und Kulturmetropole einzutauschen. Eine treibende Kraft war dabei Bürgermeister Jean Bousquet, der vor seiner Amtsübernahme 1983 schon als Modedesigner bekanntgeworden war. International renommierte Architekten wurden in die Stadt geholt, um moderne Großbauten nach Pariser Vorbild zu entwerfen oder historische Bausubstanz zu restaurieren und modernen Zwecken nutzbar zu machen. Die Neuerungen fanden nicht immer die ungeteilte Zustimmung der Einwohner. So wurde eine Médiathèque, ein modernistisches Ausstellungszentrum nach Art des Centre Pompidou, mitten in die Altstadt gesetzt. Die berühmte römische Arena wandelte man mit Hilfe eines aufblasbaren Zeltdaches zu einer witterungsunabhängigen Multifunktionsstätte um, wo heute neben Stierkämpfen auch Opernvorführungen und internationale Tennisturniere stattfinden.

International war Nîmes auch schon in römischer Zeit. An der Stelle eines Quellheiligtums des keltischen Gottes Nemoz ließ Kaiser Augustus eine Veteranenkolonie für verdiente Kämpfer aus allen Teilen seines Reiches errichten. Die meisten kamen nach dem Sieg im ägyptischen Feldzug gegen Antonius und Kleopatra, weswegen heute noch ein Krokodil das Stadtwappen von Nîmes ziert. Die Blütezeit des römischen Nemausus lag im 2. Jh. n. Chr. Unter der Herrschaft der Kaiser Hadrian und Antonius Pius wurde die auf 25 000 Einwohner angewachsene Stadt mit aufwendigen Bauten ausgestattet. Nach dem Ende der Römerherrschaft mußte Nîmes immer wieder unter den christlichen Glaubenskämpfen leiden, wobei die Einwohnerschaft immer auf der »falschen«, d. h. der letztlich unterlegenen Seite stand. Anfang des 13. Jh.s schloß sich die Stadt der Albigenserbewegung an, die urchristlichen Idealen folgte und die Autorität von Papst und Krone in Frage stellte. Die Albigenser, auch Katharer genannt, wurden in einem brutalen Vernichtungsfeldzug im Auftrag des französischen Königs praktisch ausgelöscht. Auch die Lehren der Reformation fielen in Nîmes auf fruchtbaren Boden. Die Stadt entwickelte sich zu einer Calvinistenhochburg und hatte deshalb unter den Religionskriegen schwer zu leiden. Erst nach der Französischen Revolution ging es in Nîmes wieder bergauf, wo sich, weiter getragen vom Geist protestantischen Geschäftssinns, eine blühende Baumwoll- und Seidenverarbeitungsindustrie entwickelte. Ein hier erstmals gewebter, grober blauer Baumwollstoff machte, in die USA exportiert, als »Jeans« eine einzigartige Weltkarriere. Die heute noch gebräuchlichen Stoffbezeichnung Denim, von »de Nîmes« (aus Nîmes) abgeleitet, verrät noch diesen Ursprung.

Die gut erhaltenen Bauten der Römerzeit sind die Hauptsehenswürdigkeiten der Stadt. Der mitten im Zentrum gelegene kleine Römertempel *Maison Carrée* hat ohne nennenswerte Beschädigungen die 2000 Jahre seit seiner Errichtung überstanden. Zeitweise diente er als christliche Kirche, was u. a. seinen hervorragenden Erhaltungszustand erklärt, denn die heidnischen Römerbauten wurden ansonsten gerne als Steinbruch benutzt. Das Tempeldach wird von 30 kannelierten Säulen mit filigranen korinthischen Blattkapitellen getragen. Die hochgemauerte Cella im Innern, der in der Antike nur den Priestern zugängliche Kultraum, beherbergt heute das kleine Antikenmuseum von Nîmes.

Die aus dem 1. Jh. n. Chr. stammende *Arena* gilt als das besterhaltene Amphitheater aus römischer Zeit überhaupt. Die Westgoten bauten die Anlage mit ihren mächtigen Mauern im 5. Jh. zur Festung aus. Diesem Zweck diente sie auch den mittelalterlichen Grafen von Nîmes. Später nistete sich in der Arena mit ihren großen Arkadenbögen ein ganzes Stadtviertel mit mehreren hundert Bewohnern ein. Das Amphitheater von Nîmes entging so ebenfalls dem Schicksal, als bequemer Steinbruch dienen zu müssen. Heute finden hier in der Pfingstwoche die Stierkämpfe der »Corrida« statt, und zwar nicht nur nach der harmlosen provenzalischen Art, wobei dem Stier eine angeheftete Kokarde entwendet werden muß, sondern auch – in »schöner« römischer Tradition – nach der im 19. Jh. aus Spanien importierten blutigen Version.

Der Hektik des modernen Nîmes läßt sich leicht entfliehen, indem man den nordwestlich des Stadtzentrums gelegenen *Park Jardin de la Fontaine* aufsucht. Diese barocke Parkanlage wurde an der Stelle des keltischen Quellheiligtums im 18. Jh., in der wirtschaftlichen Blütezeit von Nîmes, angelegt. Im Park findet man zwei weitere Bauten der römischen Stadt. Der sogenannte *Dianatempel* war in Wirklichkeit wohl eine Bibliothek oder eine Prunkvilla. Auf der Hügelkuppe oberhalb des Parks erhebt sich die *Tour Magne,* eine Turmruine, die einst zur römischen Stadtbefestigung gehörte. Von der Spitze des achteckigen Wehrturms genießt man eine weite Aussicht auf Nîmes und die umgebenden Hügel und Ebenen.

Streckenbeschreibung

Wir verlassen die von Mauern umgebene Altstadt von **Avignon** nach Westen, überqueren auf dem Pont Edouard Daladier und einer weiteren Brücke die beiden Rhônearme und biegen dann mit einer Rechtsschleife auf die Uferstraße D 2 Richtung Aramon. Für ca. 5 km müssen wir jetzt auf der recht verkehrsreichen D 2 bleiben, bis wir nach rechts auf die ruhige D 2a Richtung St-Pierre-la-Vermède ausweichen können. Diese führt zurück zur D 2, der wir nochmals 1 km folgen, um dann nach rechts nach *Aramon* hineinzufahren.

Wir durchfahren das Zentrum der Kleinstadt auf der Hauptstraße, die im Ort rechts an der Burgmauer entlang kurz ansteigt, hinter dem Burghügel nach links biegt und aus der Stadt hinausführt. Beim Friedhof (Cimetière) rechter Hand, 50 m vor Erreichen der D 126 Richtung Montfrin, biegen wir nach rechts auf die Nebenstraße, die an der Friedhofsmauer rechter Hand entlangführt. Nach dem Friedhof folgen wir leicht rechts dem Chemin de la Croix de Dunan, einem schmalen, an Zypressenreihen entlangführenden Teerweg. Bei einer Querstraße wenden wir uns nach links und passieren gleich ein Deichtor. Auf schmaler Straße fahren wir durch Felder und Obstpflanzungen zu einer Bahnlinie, die wir unterqueren, um dann der D 19 nach links zu folgen, die leicht bergan nach *Théziers* führt.

Beim nördlichen Ortsrand biegen wir nach rechts Richtung Domazan / Avignon, nehmen gleich darauf die nach links abbiegende D 19 Richtung Fournès. Es folgen ein kurzer Anstieg und eine leichte Abfahrt. Bei der folgenden Gabelung fahren wir entweder links, östlich an *Fournès* vorbei, oder rechts mit kurzem zusätzlichem Anstieg durch das Dorf (Bar vorhanden), dann der Beschilderung nach Remoulins folgend. Kurz vor der Autobahn A 9 kommen die beiden Straßen wieder zusammen. Weiter der D 19 folgend, unterqueren wir die Autobahn, biegen beim folgenden Kreisverkehr links, stoßen auf die breite N 100, auf der wir nach *Remoulins* hineinrollen.

Wir bleiben auf der Hauptstraße Richtung Nîmes bis zum Fluß Gardon – auch als Gard bezeichnet –, den wir auf der alten Straßenbrücke kreuzen. Auf der ebenen D 981 gelangen wir 3 km weiter zum berühmten **Pont du Gard,** auf dessen unterstem Stockwerk man erneut den Fluß überquert.

Die D 981 trifft 1 km nach dem Pont du Gard auf eine breite Querstraße, der man nach links mit kurzem Anstieg und leichter Abfahrt Richtung Uzès folgt. Nach 3 km biegt man von der jetzt als D 981 bezeichneten Durchgangsstraße nach links auf die ruhige D 112, die nach weiteren 3 km auf die D 3 stößt, die uns zum am Ufer des Gardon gelegenen **Collias** bringt.

Wir verlassen Collias auf der kleinen D 112 nach Westen, die gleich im Ort anzusteigen beginnt. Über einen niedrigen Höhenrücken geht es zum Dorf *Sanilhac,* das wir rechts liegenlassen. Wir treffen auf die D 979, biegen nach links und überqueren wenig später den Gardon auf dem *Pont St-Nicolas.* Danach müssen wir einen etwas kräftigeren Anstieg bewältigen, der mit einem schönen Blick auf die Schlucht belohnt wird. Nach Überwindung der Garriguehügel, die teilweise als militärisches Übungsgelände genutzt werden, geht es mit einer längeren Abfahrt hinein nach **Nîmes.**

Nützliche Informationen

Entfernung: Avignon – Aramon 12 km; Aramon – Pont du Gard 19 km; Pont du Gard – Collias 8 km; Collias – Nîmes 25 km.

Unterkunft: *Collias:* Le Castellas, Grand Rue, 3 Sterne (recht teuer), Tel. 66 22 88 88; Le Gardon, am Gardon-Ufer, 2 Sterne, 15. 11.–1. 3. geschlossen, Tel. 66 22 80 54. *Nîmes:* U. a. Hôtel du Louvre, 2 Square de la Couronne, 3 Sterne, in einem Stadtpalais mit Innenhof, Tel. 66 67 22 75; Michel, 14 Boulevard Amiral Courbet, 2 Sterne, Tel. 66 67 26 23; L' Amphithéatre, 4 Rue des Arènes, 2 Sterne (preiswert, zentral), Tel. 66 67 28 51.

Camping: *Pont du Gard:* La Sousta, am Gardon-Ufer beim Aquädukt, Tel. 66 37 12 80; weiterer Campingplatz am Gardon-Ufer auf halbem Wege zwischen Pont du Gard und Collias. *Nîmes:* Domaine de la Bastide, an der D 13, 5 km Richtung Générac.

Touristeninformation: *Nîmes:* 6 Rue Auguste, beim Maison Carrée, Tel. 66 67 29 11.

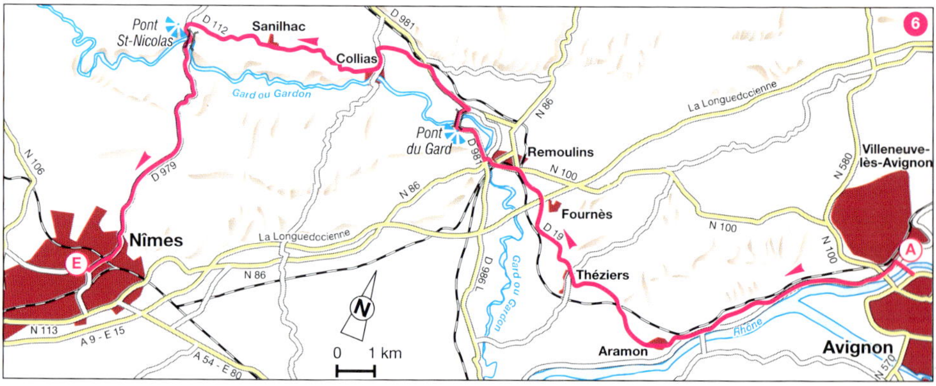

7 Entlang der kleinen Rhône

Nîmes – St-Gilles – Stes-Maries-de-la-Mer

Tourencharakter: Leichte Radtour mit zwei harmlosen Anstiegen im ersten Drittel. Danach ohne jegliche Steigungen. Völlig ebene Variante ab Arles.

Länge der Tour:
63 km; Variante ab Arles: 59 km.

Die Radtour führt uns von Nîmes über letzte niedrige Hügel hinweg in das topfebene Mündungsdelta der Rhône, die Camargue. Zunächst müssen wir den verkehrsreichen Straßen in und um Nîmes folgen. Aber nach 4 km ist das Schlimmste schon geschafft. Ab Cassargues geht es auf ruhigen Nebenstraßen weiter. Zwischen ausgedehnten Rebkulturen mit vornehmen Weingütern fahren wir über einen niedrigen Höhenrücken hinweg Richtung Camargue. Dabei kommen wir durch die nicht besonders einladende, vom Durchgangsverkehr gequälte Kleinstadt **St-Gilles** (11 000 Einwohner), die dennoch einen Zwischenstopp verdient. Die Fassade der ehemaligen *Abteikirche St-Gilles* gilt als eines der Hauptwerke der romanischen Bildhauerkunst in Frankreich. Die im 12. Jh. von verschiedenen Steinmetzhütten geschaffenen Skulpturen zeigen vor allem Szenen aus dem Leben Jesu, daneben aber auch Dämonen- und Tiergestalten, letztere vielleicht ein Ausdruck des im Mittelalter noch fortwirkenden heidnisch-mystischen Denkens. Das Kirchenportal mit seinem aufwendigen Figurenschmuck ist ein noch erhaltener Teil der einst großen Klosteranlage von St-Gilles, das im Mittelalter nach Jerusalem, Rom, Santiago de Compostela die vierte Stelle in der Rangfolge der christlichen Pilgerziele einnahm. Hier wurde der hl. Ägidius verehrt, dessen Gebeine in der *Krypta* begraben liegen. Ansonsten ist vom mittelalterlichen Kloster nur noch die *Vis de St-Gilles,* die präzise gefügte, 50stufige Wendeltreppe des nördlichen Glockenturms, erhalten geblieben. Die übrigen Klosterbauten wurden während der Religionskriege des 16. Jh.s von protestantischen Truppen zerstört.

Südlich von St-Gilles beginnt die **Camargue** mit ihren großen Brackwasserseen, ein Land, wo die Grenzen zwischen Meer und Land unscharf werden. Klischeehafte Vorstellungsbilder weckt dieser Name: Herden schwarzer Stiere durchfurchen einsames Sumpfland, grauweiße Wildpferde jagen mit wehenden Mähnen über weite Grasebenen, und in den Lagunenseen staksen Scharen rosafarbener Flamingos elegant durchs flache Wasser. Die Wirklichkeit wird diesem Bild nur noch stellenweise gerecht, und zwar vor allem da, wo der Tourist heute nicht mehr hinkommt. Die Kernzonen der Camargue, das Gebiet um den Étang de Vaccarès sowie die Küste westlich von Stes-Maries, sind ein unzugängliches Naturreservat, dessen Schutz auch durchgesetzt wird.

Die Camargue bot im Altertum ein völlig anderes Landschaftsbild als heute. Durch dichte Bruchwälder floß die Rhône dem Meer zu. Die Römer mit ihrem enormen Holzbedarf für Galeerenbau und Thermenbeheizung begannen mit dem Kahlschlag.

Stolzes Weingut südlich von Nîmes.

Nach und nach verschwand fast der gesamte Waldbestand, so daß sich Sumpfland und Steppe ausbreiten konnten.

Große Teile der Camargue sind heute landwirtschaftlich genutzt oder für den Tourismus aufbereitet. Wo sich Massen von Touristen auf der Suche nach unverfälschter Natur in einer kurzen Saison zusammendrängen und daneben eine Intensivlandwirtschaft noch ihre Monokulturen anlegt, hat es die Ursprünglichkeit schwer, sich zu behaupten. Man sei also nicht enttäuscht, wenn der Mythos Camargue über weite Strecken nicht den romantisch eingefärbten Erwartungen entspricht. Schöne Radtouren auf völlig ebenen Straßen lassen sich hier allemal unternehmen.

Insbesondere der Nordteil der Camargue, den wir hinter St-Gilles auf einer ruhigen Nebenstraße durchfahren, ist intensiv landwirtschaftlich genutzt. Vorherrschend sind Reiskulturen, daneben werden Wein, Getreide und Gemüse angebaut. Der Weinbau der Camargue erlebte seine große Stunde mit der Reblauskrise, der Ende des 19. Jhs. viele Weinlagen Frankreichs zum Opfer fielen. In der wasserreichen, völlig ebenen Camargue ließ sich der Schädling hingegen erfolgreich bekämpfen, indem man die Rebfläche jährlich für einen guten Monat flutete. Die Anbauflächen wurden enorm ausgeweitet. Der auf sandigen Böden hier massenhaft produzierte Vin du Sable hat allerdings unter Weinfreunden keinen besonderen Ruf.

Reis wird in der Camargue seit dem Zweiten Weltkrieg in großem Stil angebaut, nachdem mit dem Verlust der fernöstlichen Kolonien die Hauptbezugsquellen weggefallen waren. Die EG-Subventionsmechanismen führten später allerdings dazu, daß der Reisanbau vielerorts zugunsten der Getreideproduktion wieder aufgegeben wurde, was verheerende Folgen für das ökologische Gleichgewicht hatte. Der Salzspiegel des Bodens stieg bedrohlich an, da das Land nicht länger regelmäßig be- und entwässert wurde. Der natürliche Wasseraustausch kann diese Funktion nach der Anlage behindernder Deichbauten nicht mehr erfüllen. Auf den satten Marschwiesen begannen die Gräser zu verdörren. Die gesamte Landwirtschaft der Camargue fürchtete um die Existenz. Durch massive staatliche Subventionen wurde der Reisanbau revitalisiert. Heute bedecken die Wasserflächen der Reiskulturen wieder weite Bereiche der Camargue. Die Gefahr der Bodenversalzung ist gebannt. Dafür tauchen neue Probleme auf. Der arbeitsaufwendige Reisanbau wie er z. B. in Asien praktiziert wird, wo die Setzlinge einzeln von Hand gepflanzt werden, kann in der Camargue wirtschaftlich nicht betrieben werden. Die großflächigen modernen Anbaumethoden verlangen jedoch einen hohen Chemieeinsatz, der die Böden langfristig nachhaltig zu vergiften droht.

Das am Meer gelegene **Stes-Maries-de-la-Mer** (2000 Einwohner), der Hauptort der

Weitgehend unbehelligt durchstreifen die Camarguepferde die Sümpfe und Brackwasserlagunen des Rhônedeltas.

Camargue, war bis in die sechziger Jahre ein bescheidener Marktflecken, der nach seinem eigenen, von Landwirtschaft und Fischfang bestimmten Rhythmus lebte. Heute ist es fast ausschließlich auf den massenhaften Badetourismus ausgerichtet, der sich an kilometerlangen, schattenlosen Sandstränden austoben kann. In Folge hat sich Stes-Maries nicht gerade zu seinem Vorteil verändert. In der Ferienzeit erstickt der Ort unter dem Andrang der Besucher. Außerhalb der Saison kann man immerhin in der kleinen Altstadt bummeln oder am Meer entlangwandern. Die baumlose, unbebaute Küstenlandschaft der Umgebung mit ihren Wind- und Wolkenstimmungen, den Farbharmonien des Wassers, des Sandes und der Seegräser, den Geräuschen der Brandung ist von eigenem, herbem Reiz.

Ste-Maries hat in der christlichen Mythologie der Provence eine besondere Bedeutung. Der Legende nach gingen hier die drei Marien an Land: Maria Jakobäa, die Mutter der Jungfrau Maria, Maria Salome, die Mutter der Apostel Jakobus und Johannes, Maria Magdalena, die Büßerin. Mit ihnen kamen der von Jesus auferweckte Lazarus, seine Schwester Martha und Sarah, eine schwarze Dienerin. Sie alle waren von den Juden auf einem steuerlosen Schiff ohne Segel ausgesetzt worden. Die Legende weist der Provence einen besonderen Rang in der Geschichte der Christianisierung Europas zu, indem sie unmittelbare Gefährten Jesu zu den ersten Missionaren des Landes macht. In der Tat fand das Christentum sehr früh Anhänger in der Provence.

Die schwarze Sarah wurde im 19. Jh. zur Schutzheiligen der Zigeuner. Zweimal im Jahr finden große Zigeunerwallfahrten nach Stes-Maries statt: am 24./25. Mai und am Wochenende, das dem 22. Oktober am nächsten liegt. Die geschmückte Sarahstatue wird in einer feierlich-farbigen Prozession zum Meer getragen. Überall erklingt Zigeunermusik, wird ausgelassen nach Flamencorhythmen getanzt. Die Zigeunerfeste dieser Tage sind authentisch und keineswegs ein touristisches Spektakel. Aber der Zuschauerandrang und der unvermeidliche Folklore- und Souvenirbetrieb wirken doch eher befremdlich.

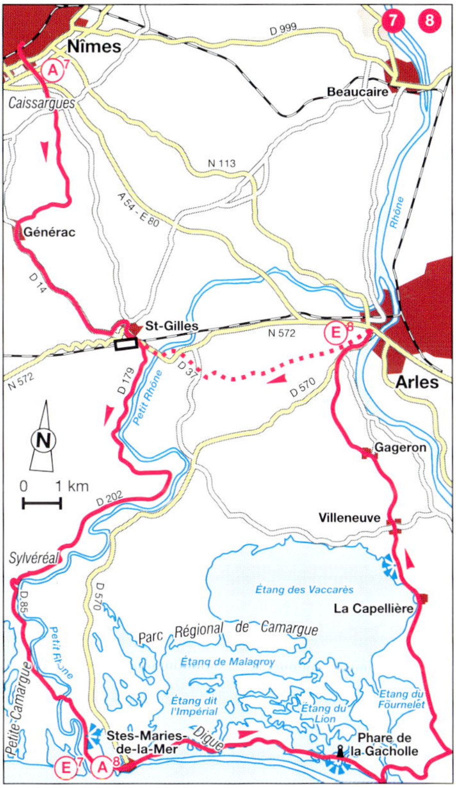

Die *romanische Wallfahrtskirche* im Zentrum von Stes-Maries ist eine typische Wehrkirche. Noch im 14. Jh. wurden ihre Mauern weiter verstärkt und die ganze Anlage zu einer kleinen Festung ausgebaut. Nachdem die Arabergefahr gebannt war, bedrohten nun Seeräuber und marodierende Söldnerhorden die Bevölkerung der schutzlos in der Ebene liegenden Stadt. Vom zinnenbewehrten Kirchendach genießt man einen schönen Blick über die endlosen Weiten der Camargue.

Streckenbeschreibung

Wir beginnen die Tour beim Bahnhof in **Nîmes**, folgen der Bahnbrücke auf der Hauptstraße nach Westen, um dann den zweiten, nach links unter der Bahn durchführenden Abzweig zu nehmen, die nach St-Gilles ausgeschilderte D 42. Uns geradeaus haltend, kreuzen wir die breite N 113, fahren danach über die A 9 hinweg, dann unter der A 54 (Nîmes – Arles) durch. Etwa 200 m nach der Autobahnunterführung biegen wir von der D 42 nach rechts in eine Nebenstraße, die in das kleine *Caissargues* hineinführt.

Wir bleiben auf der Straße geradeaus, die über den Dorfplatz führt und sich 200 m weiter bei einem Eisenkreuz gabelt. Hier halten wir uns leicht rechts auf dem Chemin des Costières, der nach 50 m die D 135 kreuzt. Auf einer ruhigen schmalen Straße geht es leicht bergan nach Süden. Zwischen den beiden schloßartigen Weingütern *Les Tuileries* und *Campagne* steigt die Straße kurz etwas steiler an. Bei der Kreuzung hier fahren wir geradeaus. Bei der Gabelung 2 km weiter folgen wir der Asphaltierung nach rechts, fahren an einer Zypressenreihe linker Hand entlang. Auf einem stellenweise etwas holprigen Sträßchen gelangen wir in das Dorf *Générac*.

Im Ort biegen wir nach links auf die D 13, nehmen dann gleich darauf die nach links abzweigende D 14 Richtung St-Gilles. Hinter Générac müssen wir die letzte Steigung dieser Etappe überwinden, die aber problemlos zu bewältigen ist. Dann geht es mit herrlicher Fahrt die letzten Garriguehügel hinab nach **St-Gilles** am Nordrand der Camargue.

St-Gilles verlassen wir auf der viel befahrenen N 572 Richtung Arles. Diese führt am Ortsrand über den Rhônekanal hinweg und dann unter einer Nebenbahnlinie durch. Kurz darauf biegen wir nach rechts auf die D 179, die nach ca. 3 km einen Verbindungskanal zwischen der kleinen Rhône und dem Rhônekanal überquert. Bei der Straßengabelung nach weiteren 3 km biegen wir nach links auf die D 202 Richtung Sylvéréal. Für 17 km folgen wir jetzt dieser ruhigen, völlig ebenen, zwischen Reisfeldern verlaufenden Straße, die den Schleifen des westlichen Mündungsarmes der Rhône, der gar nicht so kleinen Petit Rhône, folgt.

Beim Rhôneübergang *Pont de Sylvéréal* trifft die D 202 schließlich auf die verkehrsreiche D 58, der wir aber nur 100 m nach rechts folgen müssen, um nach links auf die wenig befahrene D 85 auszuweichen. Auf dem gemütlichen Sträßchen folgen wir weiter dem Lauf der Petit Rhône. Nach knapp 8 km endet die Straße dann am Fluß. Eine einfache Fähre bringt uns kostenlos ans andere Ufer, wo wir nach rechts auf die D 38 biegen. Nach weiteren 7 km bequemer Fahrt erreichen wir **Stes-Maries-de-la-Mer** mit seiner weithin sichtbaren Wehrkirche.

Variante ab Arles: Wir verlassen *Arles* über die nördlichen Rhônebrücke, halten uns auf der anderen Flußseite links Richtung *Salin-de-Giraud.* Beim Kreisverkehr am Stadtrand kreuzen wir die D 570 und fahren auf der nach Gimeaux beschilderten kleinen C 108 weiter. Beim Weiler *Gimeaux* schwenken wir kurz nach links und gleich wieder nach rechts, um der C 113 nach Westen zu folgen. An ersten Brackwasserseen, Stier- und Pferdeweiden vorbei gelangen wir auf dem ruhigen Sträßchen zur D 37 und über diese zur N 572, die wir kreuzen. Im Linksbogen geht es zurück zur Nationalstraße, die uns mit einer altmodischen Holzbohlenbrücke über die Petit Rhône hinweg und dann nach *St-Gilles* bringt.

Nützliche Informationen

Entfernung: Nîmes – St-Gilles 24 km; St-Gilles – Pont de Sylvéréal 24 km; Pont de Sylvéréal – Stes-Maries-de-la-Mer 15 km. Variante: Arles – St-Gilles 20 km.
Unterkunft: Zahlreiche Hotels in *Stes-Maries.* Während der Zigeunerwallfahrten ist alles langfristig ausgebucht.
Camping: *Stes-Maries:* Beim Strand, Camping de la Brise (2000 Plätze!), Tel. 90 97 84 67, sowie Camping Clos du Rhône (450 Plätze), nur April – September, Tel. 90 97 85 99. Im Sommer sind die Plätze laut und voll.
Restaurants: Bei vielen Touristenrestaurants in Stes-Maries stimmt das Preis-Leistungs-Verhältnis nicht; mäßiges Essen, überteuerter Wein und lieblose Bedienung sind leider nicht nur Ausnahmen.
Fahrradverleih: Camargue Vélos, 27 Avenue F. Mistral. Auch in der Jugendherberge Pioch-Badet sind Räder zu mieten (Tel. 90 97 91 72).
Touristeninformation: *Stes-Maries:* 5 Avenue Van Gogh, Tel. 90 97 82 55.

8 Zwischen Meer und Land

Stes-Maries-de-la-Mer – Phare de la Gacholle – La Capellière – Arles

Tourencharakter: Leichte, völlig ebene Tour durch das Herz der Camargue nach Arles. Anfangs auf einem nicht asphaltierten Deichweg. Kurze Wegstücke etwas holprig.

Länge der Tour: 54 km.

Von Stes-Maries führt ein Dammweg zwischen Meer und dem großen Lagunensee Étang des Vaccarès nach Osten. Der **Digue à la Mer** ist zwar nicht asphaltiert, meist aber gut zu fahren. Nur die letzten 2 km wird die Wegstrecke dann recht holprig. Die Verbindung eignet sich in idealer Weise, den Verkehrsstromen der Camargue-Straßen auszuweichen, denn der Autoverkehr bleibt ausgesperrt. Auf dem Weg hat man manchmal das Gefühl, mitten durchs Meer zu radeln. Links und rechts des Deiches dehnen sich weite Wasserflächen aus. Auf der gesamten Strecke bietet sich gute Gelegenheit, das Symboltier der Camargue, den rosafarbenen Flamingo, zu beobachten.

Die Zahl der Flamingos hier hat sich in den letzten Jahren dank konsequenter Schutzmaßnahmen wieder erhöht, so daß man heute kein besonderes Glück mehr braucht, um die grazilen Vögel zu Gesicht zu bekommen. Noch in den sechziger Jahren war die Population gefährdet. Man fand heraus, daß die extrem sensiblen Vögel ihre Bruttätigkeit einstellen, wenn das Maß der Störungen eine bestimmte Grenze überschreitet. Nach der Anlage von unzugänglichen Brutinseln in den Salzwasserlagunen von Salin-de-Giraud und dem Verzicht der französischen Luftwaffe auf Tiefflüge ging es mit dem Bestand wieder bergauf. Heute ziehen bis zu 20 000 Flamingopaare jährlich ihren Nachwuchs in der Camargue groß.

Nachdem wir den langen Deichweg hinter uns gelassen haben, fahren wir auf ruhigen Nebenstraßen östlich am Étang de Vaccarès entlang, wo sich nochmals Möglichkeiten zur Flamingobeobachtung ergeben. Am Wege liegt das Informationszentrum **La Capellière**. Schautafeln und ein instruktiver Lehrpfad geben Einblick in die Natur der Camargue. Über die kleinen Straßensiedlungen Villeneuve und Gageron gelangen wir zum Etappenziel Arles. Die Landschaft, die wir nach dem Étang de Vaccarès durchradeln, ist intensiv landwirtschaftlich genutzt. Wären da nicht die Reiskulturen, könnte man fast meinen, durch die norddeutsche Tiefebene zu fahren.

»Eine Stadt in Idealgröße, in sich geschlossen, mit einem großen Fluß, intensivem Leben und großartigen historischen Bauten, mit einem Himmel, berstend von Sonne und reingefegt vom Mistral«, schreibt der französische Romancier Michel Tournier über **Arles**. Die gut 50 000 Einwohner zählende Stadt besitzt nicht nur sehenswerte Bauwerke aus den verschiedensten Epochen, sondern vor allem ein entspannt-freundliches Ambiente. Wer die Stadt nur aufsucht, um die Sehenswürdigkeiten aus römischer und romanischer Zeit zu besichtigen, versäumt einiges.

Arles ist mit einem Folklore-Image behaftet. Vorstellungsbilder von Camargue-Cowboys und schwarzen Stieren, von den hier angeblich besonders schönen Frauen in ihren Trachten oder von Motiven der Van-Gogh-Gemälde stellen sich ein. Aber Vincent van Gogh, der sein vorletztes Lebensjahr in Arles verbrachte, hat keine Spuren in der Stadt hinterlassen, und auch die Folklore spielt nur bei den großen Festen eine Rolle. Auch ohne die allzuoft zitierten farbig-folkloristischen Zutaten ist Arles interessant genug, um sich hier auch für mehr als einen halben Tag aufzuhalten.

Die geschichtliche Bedeutung von Arles war immer von der verkehrsgünstigen Lage am Schiffahrtsweg Rhône und der Nähe des Mittelmeers geprägt. Nicht weit entfernt verliefen die Via Aurelia und die Via Domitia, wichtige Verbindungsrouten zwischen Italien und den römischen Provinzen in Spanien. Unter den Römern entwickelte sich die Stadt zu einem bedeutenden Handelszentrum am Schnittpunkt wichtiger Verkehrswege. Schon 104 v. Chr. war eine schiffbare Kanalverbindung zum Mittelmeer geschaffen worden, so daß Arles auch Zugang zum Seehandel bekam. Dadurch konnte es auch 49 v. Chr. Marseille als Zentrum der römischen Provence ablösen, das in den römischen Bürgerkriegen auf der Verliererseite gestanden hatte. Arles wurde zum Seehafen ausgebaut, Schiffswerften entstanden, Handel und Gewerbe blühten. Die Stadt schmückte sich mit aufwendigen Bauten.

Rund tausend Jahre später erlebte Arles seine zweite Blütezeit. Im 9. Jh. war es zur Hauptstadt des selbständigen Königreichs von Arles bestimmt worden, das Teile der Provence und das Burgund umfaßte und 1032 durch Erbfolge an den deutschen Kaiser fiel. Dieser regierte allerdings nur nominell. Die tatsächliche Macht lag in Händen der Bischöfe und regionaler Adelsgeschlechter. Durch seine verkehrsgünstige Lage gewann Arles in diesen Zeiten der politischen und wirtschaftlichen Konsolidierung als Handelszentrum erneut überregionale Bedeutung. Im 12. Jh. konnten die selbstbewußten Kaufleute der Stadt sogar eine von den Feudalherren unabhängige Selbstverwaltung nach italienischem Vorbild errichten. Mit dem Verlust der Selbständigkeit 1239 sank Arles zu einem ländlichen Handelszentrum herab, dessen Lebensader weiterhin der Schiffahrtsweg Rhône war. Der Bedeutungsverlust der Wassertransportwege durch die Entwicklung des Eisenbahnverkehrs im 19. Jh. bedeutete deshalb einen schweren Rückschlag. Arles lebt heute überwiegend von der Vermarktung der in den landwirtschaftlichen Großbetrieben der Umgebung erzeugten Produkte (insbesondere Camargue-Reis), einem sich ausweitenden Dienstleistungssektor und nicht zuletzt von den vielen Touristen, die alljährlich in die Stadt strömen.

Im Zentrum der Altstadt erhebt sich das Bogenrund des *römischen Amphitheaters* (Les Arènes), das in seiner Monumentalität in auffälligem Kontrast zur umgebenden mittelalterlichen Stadtstruktur steht. In römischer Zeit wurden hier Gladiatoren- und Tierkämpfe veranstaltet. Bis zu 20 000 Zuschauer konnten den blutrünstigen Spektakeln beiwohnen. Unter Kaiser Konstantin dem Großen, der kurzzeitig in Arelate (Arles) residierte und der sich dem Christentum zugewandt hatte, wurden im 4 Jh. derartige Kämpfe verboten. Im Mittelalter diente die Arena mit ihren dicken Mauern als Festung. Später baute man in die Arkaden und im Innenrund ein ganzes Stadtviertel mit 200 Häusern und zwei Kapellen ein. Erst im 19. Jh. wurden die Gebäude abgerissen und das Amphitheater in seinen ursprünglichen Zustand versetzt. Auch die römische Tradition der blutigen Spiele wurde wieder aufgegriffen. Aus Spanien importierte man Mitte des 19. Jh.s das Stierkampfritual mitsamt den dazugehörigen Toreros. Meist finden jedoch heute Stierkämpfe nach provenzalischer Tradition in der Arena statt. Dabei müssen die Kämpfer, die Razeteurs, dem Stier Fähnchen von den Hörnern reißen. Chef im Ring ist dabei der Stier. Während er mit Namen angekündigt wird, bleiben seine menschlichen Gegenspieler anonym.

Das *römische Theater* von Arles ist weniger gut erhalten als die Arena. Es bot einst 12 000 Zuschauern Platz. Opernhäuser und Theater heutiger Großstädte fassen gerade mal 2000 bis 3000 Personen. Im römischen Theater ging es auch erheblich lustiger zu als in den modernen Kulturtempeln. Das Publikum lärmte und schwatzte, so daß die Schauspieler oft Mühe hatten, sich Gehör zu verschaffen. Die Vorführungen entsprachen meist auch mehr Varieté- oder Operettendarbietungen als klassischem Theaterspiel. Als Ort heidnischer und unsittlicher Spiele wurde das Theater im 5. Jh. niedergebrannt, anschließend als Steinbruch benutzt und dann mit einem Kloster und Wohnhäusern überbaut. Im 19. Jh. wurden die baulichen Reste freigelegt und teilweise rekonstruiert.

Aus der Blütezeit des selbstverwalteten mittelalterlichen Arles stammt die *Kathedrale St-Trophime.* Bemerkenswert sind vor allem die Fassade mit ihrem aufwendigen Skulpturenschmuck sowie der Kreuzgang. Das Portal von St-Trophime gilt neben der

Vom Digue à la Mer, einem Deichweg durch die Flachseen der Camargue, bietet sich gute Gelegenheit zur Beobachtung der Flamingos.

ähnlichen Anlage von St-Gilles als das zweite Hauptwerk der romanischen Bildhauerkunst in der Provence. Die *Fassade* stammt aus der 2. Hälfte des 12. Jh.s. Über dem Portal schwebt Christus in der Glorie, umgeben von den Symbolen der vier Evangelisten. Im Türsturz darunter sind die zwölf Apostel dargestellt. Links davon sieht man, wie die Auserwählten von einem Engel empfangen werden, rechts zerren Teufel die Verdammten zu sich in die Hölle. Zwischen den Fassadenpfeilern sind neun Heiligenstatuen würdevoll aufgereiht. Auf der rechten Seite findet man dazwischen die Darstellung der Steinigung des hl. Stephanus. Zwei Engel ziehen die Seele des Sterbenden aus dem Körper, um sie ins Paradies zu tragen. Unter den Füßen der Heiligen winden sich allerlei Bestien – Sinnbild der Überwindung des Triebhaften und Niederen. Beim Betrachten lassen sich noch allerlei Details entdecken, wobei den Künstlern, wie so oft, die Darstellungen des Bösen besonders lebhaft gelungen sind.

Der *Kreuzgang* von St-Trophime empfängt den Besucher mit wohltuender Stille und angenehmer Kühle. Der nördliche und der östliche Bogengang stammen aus dem 12. Jh., die beiden anderen wurden im 14. Jh. im gotischen Stil angebaut. Die Eckpfeiler sowie die Säulenkapitelle beider Teile sind reich mit Szenen aus dem Alten und Neuen Testament geschmückt. Vom Dach des Kreuzgangs hat man einen schönen Blick auf Kathedrale und Klosteranlage.

Etwas außerhalb der Altstadt liegt die uralte Gräberstraße *Les Alyscamps.* Schon die gallischen und römischen Bewohner von Arles begruben hier ihre Toten. Im 4. Jh. wurde der Ort zu einem christlichen Friedhof, wo auch der hl. Trophimus seine letzte Ruhestätte fand. Von Wundern, die sich angeblich an seinem Grab ereigneten, wurde bald überall berichtet. Im Mittelalter wollte nun jedermann hier in der Nähe des wundertätigen Heiligen begraben werden. Der Überlieferung nach sandten die Bewohner des Rhônetals manchmal ihre Toten in Holzsärgen den Fluß hinunter. Die Bewohner von Arles fischten die Särge aus dem Fluß, entnahmen ihnen das Bestattungsgeld und begruben die Toten am gewünschten Platz auf den Alyscamps.

Die Gräberstraße war einst von kostbaren Sarkophagen und Grabmälern gesäumt. Heute bekommt man nur noch einen unzureichenden Eindruck von der einstigen Pracht. Viele Steinsärge aus frühchristlicher Zeit mit ihren abwechslungsreichen Reliefdarstellungen sind heute im *Musée d'Art Chretien* ausgestellt. Vom in der ehemaligen Jesuitenkapelle des 17. Jh.s untergebrachten Museum führt ein Gang zum Kryptoportikus, einem großen unterirdischen Bau aus römischer Zeit, der als Getreidespeicher genutzt wurde.

Streckenbeschreibung

Wir verlassen **Stes-Maries-de-la-Mer** auf der Uferstraße nach Osten. Beim Kreisverkehr an deren Ende biegen wir nach links und gleich wieder nach rechts, um dem nicht asphaltierten Uferweg zu folgen. Nur anfangs ist die Piste stellenweise sandig, so daß man kurz schieben muß. Danach geht es ein langes Stück auf dem bequem zu fahrenden Dammweg nach Osten. Mit Blick auf weitflächige Lagunenseen und leere Sandstrände radeln wir durch völlig einsame Landschaft. Nach 5 km passieren wir eine Absperrung. Mit dem Auto muß man spätestens hier umkehren. Nach weiteren 8 km gelangt man schließlich zum weithin sichtbaren Leuchtturm **Phare de la Gacholle.**

Hier bleibt man auf der zwischen zwei Étangs verlaufenden breiten Piste geradeaus, die für 2,5 km recht holprig wird. Bei einem Deichwarthaus (Maison de Garde-Digue) stoßen wir auf eine Erdstraße, der wir nach links folgen. Ca. 1,5 km weiter beginnt die Asphaltierung. Auf der ruhigen, zwischen Sümpfen und Stierweiden verlaufenden D 36b fahren wir Richtung Arles. Von rechts mündet die D 36c ein. Links taucht danach die große Wasserfläche des Étang de Vaccarès auf, dessem Ufer die Straße ein Stück folgt. Hier befindet sich rechter Hand das Informationszentrum **La Capellière.** Beim Anwesen *Villeneuve* kreuzen wir die breitere D 37 (50 m westlich der Kreuzung Bar-Imbiß).

4 km weiter führt die D 36b zu den wenigen Häusern von *Gageron,* wo wir nach

Detail des Portals von St-Trophime in Arles. Ein Meisterwerk mittelalterlicher Steinmetzkunst.

links auf die kleine C 130 Richtung Bouchaud abzweigen. Links und rechts der ruhigen Straße breiten sich Wiesen, Weiden und die im Frühsommer glitzernden Wasserflächen der Reiskulturen aus. Bei einer Querstraße (C 127) halten wir uns rechts. 4 km vor Arles treffen wir auf die verkehrsreiche D 570, die zum Glück mit einem Radstreifen versehen ist. Beim ersten Kreisverkehr am Stadtrand halten wir uns rechts Richtung Trinquetaille. Über die nördliche, die alte Rhônebrücke gelangen wir ins Stadtzentrum von **Arles.**

Nützliche Informationen

Kartenskizze: Siehe S. 51.
Entfernung: Stes-Maries-de-la-Mer – Phare de la Gacholle 13 km; Phare de la Gacholle – La Capellière 20 km; La Capellière – Arles 21 km.
Unterkunft: In *Arles* ca. 40 Hotels aller Kategorien. Während des Fotografie-Festivals in der ersten Julihälfte ist manchmal alles ausgebucht.
Camping: *Arles:* Camping City, 67 Route de Crau, etwas außerhalb an der N 453 Richtung Salon, schattig, mit Schwimmbad, Tel. 90 93 08 86; Les Rosiers, Pont de Crau, einfach und etwas laut, 3 km außerhalb, Tel. 90 96 02 12.
Fahrradverleih: *Arles:* Hugues Dall'Oppio, 10 Rue Portagnel.
Märkte: In Arles Samstagvormittag großer Wochenmarkt auf dem Boulevard des Lices / Boulevard Clemenceau.
Touristeninformation: *Arles:* 35 Place de la République, Tel. 90 18 41 20.

9 Miniaturgebirge und fruchtbare Ebenen

Avignon – St-Michel-de-Frigolet – Tarascon – Arles

Tourencharakter: Leichte Tour mit einem einzigen, harmlosen Anstieg. Bis auf den Anfang ruhige Nebenstraßen und Landwirtschaftswege.

Länge der Tour: 53 km.

Diese leichte Route verbindet die beiden Kulturmetropolen Avignon und Arles. Sie führt uns über die Montagnette, das kleinste der kleinen Gebirge der Provence, das gerade mal auf maximal 167 m ansteigt. Nachdem wir den verkehrsreichen Einflußbereich Avignons hinter uns gebracht haben, gelangen wir durch ausgedehnte Obst- und Gemüsekulturen nach **Barbentane** (3300 Einwohner), das ein hübsches Renaissanceschloß des 17. Jh.s besitzt. Die großzügige Innenausstattung mit elegantem Mobiliar, viel Stuck und Marmor zeigt die Vorliebe des Marquis de Barbentane für den italienischen Stil, den er als französischer Gesandter in der Toskana kennengelernt hatte. (Besichtigung im Rahmen geführter Rundgänge; außer mittwochs; im Winter nur sonntags zugänglich.) Die verwinkelte Altstadt von Barbentane wird von einem mächtigen Wehrturm des 14. Jh.s, dem Anglica-Turm, überragt.

Von Barbentane aus erklimmen wir die Montagnette, »das Berglein«, ein niedriges Kalkgebirge mit lichtem Pinienwald und nach Thymian und Rosmarin duftender Garrigue, wo wir auf das Kloster **St-Michel-de-Frigolet** treffen. Die Anlage geht auf eine Gründung der Benediktinermönche von Montmajour zurück. Schon im 10. Jh. pilgerte man zur Wallfahrtskapelle Notre-Dame-de-Bon-Remède (Unsere liebe Frau vom guten Heilmittel). Die Brüder des in der sumpfigen Ebene gelegenen Mutterklosters zogen sich hierhin zurück, um ihre Malaria auszuheilen. Dem heutigen Besucher stellt sich ein eigenartiges architektonisches Stilgemisch dar. Von der ursprünglichen Klosteranlage des 12. Jh.s stammt noch der stimmungsvolle Kreuzgang. Die übrigen Gebäude wurden überwiegend im 19. Jh. mit mittelalterlichen Stilanleihen neu errichtet, wobei allerdings die Schlichtheit der provenzalischen Romanik nicht Vorbild war. Die Abteikirche prunkt mit farbenfrohen bis leicht kitschigen Wandmalereien und vergoldeten Holzarbeiten. Das nach der Französischen Revolution verwaiste Kloster wurde später vom Orden der Prämonstratenser in Besitz genommen, die auch heute noch hier aktiv sind.

Vom Kloster bringt uns eine gemütliche Abfahrt zurück in den Gemüsegarten der Rhône-Ebene, den wir auf ruhigen Nebenstraßen bis **Tarascon** (11 000 Einwohner) durchradeln. Am Ufer der Rhône erheben sich hier die wuchtigen Mauern der mittelalterlichen Burganlage. Die Bedeutung von Tarascon beruhte immer auf seiner Lage an einem der wichtigsten Flußübergänge. Die römischen Fernstraßen Via Aurelia und die Via Domitia führten hier über die Rhône. Im Mittelalter wurde Tarascon als provenzalische Grenzbastion gegen Frankreich ausgebaut, dessen Herrschaftsgebiet am anderen Flußufer begann. Das von außen wehrhaft wirkende *Châteaux de Tarascon* wurde unter König René Mitte des 15. Jh.s fertiggestellt. Der »gute König«, der hier gern residierte, wußte sich einzurichten. Die großzügige und wohnliche Inneneinrichtung mit ihren Kaminsälen und bemalten Holzdecken steht in auffallendem Kontrast zum abweisenden Äußeren der Grenzfeste.

Der Name von Tarascon geht auf die legendäre Tarasque zurück. Dieses drachenartige Untier pflegte regelmäßig einige Bewohner der Stadt zu verspeisen, bis es von der hl. Martha, die als christliche Missionarin nach Tarascon gekommen war, bezwungen wurde. Die hl. Martha ist seitdem Schutzpatronin der Stadt und waltet nach Ansicht der Bewohner ausgesprochen erfolgreich ihres Amtes. Tarascon blieb von Rhôneüberschwemmungen und den Verwüstungen der Religionskriege weitgehend verschont, hatte in der Pestepi-

Das Renaissanceschlößchen von Barbentane. Ein Schmuckstück innen wie außen.

demie von 1720 nur 210 Tote zu beklagen, während im nahen Arles 7000 Menschen starben, und verlor auch bei heftigen Bombardements während des Zweiten Weltkriegs wundersamerweise nur fünf Menschenleben.

Die bunt bedruckten Souleiado-Stoffe sind heute ein Markenzeichen der Provence. Im *Souleiado-Museum* von Tarascon (39 Rue Proudhon) sind hölzerne Druckstöcke und 40 000 Stoffmuster im alten Stil ausgestellt. Die Souleiado-Produktion geht auf eine 300 Jahre alte Tradition zurück. Damals sollte die beliebte indische Importware ersetzt werden. Als »indiennes« kamen die provenzalischen Stoffes Ende des 17. Jh.s groß in Mode. Von den alten Handdruckwerkstätten der Provence überlebte nur der Betrieb in Tarascon den Beginn des Maschinenzeitalters.

Auch das gegenüber von Tarascon am anderen Rhôneufer gelegene **Beaucaire** (13 000 Einwohner) wird von einer mittelalterlichen Burg überragt, die sich allerdings nur als Ruine erhalten hat. Vom verwilderten Burgpark eröffnet sich ein schönes Panorama über die Rhône-Ebene. Vom Mittelalter bis ins 19. Jh. fand in Beaucaire jährlich eine der wichtigsten Handelsmessen Frankreichs statt. Außer einigen schönen Hausfassaden erinnert heute kaum noch etwas an die vergangenen glanzvollen Zeiten der Stadt.

Streckenbeschreibung

Beim Bahnhof von **Avignon** biegen wir in die unter den Gleisen durchführende Avenue Monclar. Wir fahren jetzt immer geradeaus, durch eine überwiegend von arabischen Zuwanderern bewohnte Vorortsiedlung, bis wir bei der Eisenbahnbrücke die Durance erreichen. Wir biegen nach links auf die Straße parallel zum Fluß und treffen auf die N 570, mit der wir die Durance überqueren. Ca. 500 m nach der Brücke nehmen wir rechts die D 35, die uns zu einem Kreisverkehr am Rand von *Barbentane* bringt. Nach links gelangen wir ansteigend ins Zentrum der kleinen Stadt. Durch die Altstadtgassen fahren wir zum sichtbaren Anglica-Turm hoch, biegen hinter diesem nach rechts auf eine schmale Straße, die bei einer Windmühle auf die D 35e trifft. Dieser folgen wir mit leichtem Anstieg nach links. Knapp 100 Höhenmeter haben

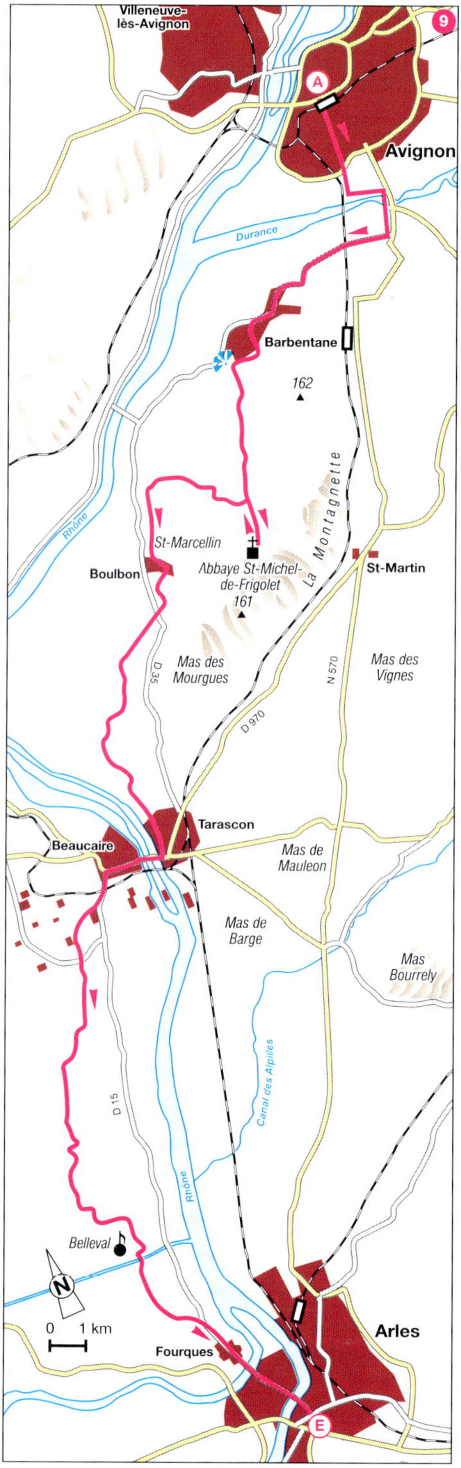

wir bis zum Kloster **St-Michel-de-Frigolet** zu überwinden.

Von hier fahren wir gut 500 m auf der D 35e zurück, biegen dann nach links in die D 81 Richtung *Boulbon*. Mit einer schönen Abfahrt geht es zurück in die Ebene. Bei der Gabelung hier halten wir uns ganz links, radeln am Fuße der Hügel auf schmaler Straße bis Boulbon, wo wir nach links den Ort ganz durchqueren. Auf der Avenue des Platanes, der D 81f, verlassen wir Boulbon Richtung Tarascon. Etwa 1,5 km hinter dem Ort, 300 m vor Erreichen der breiten D 35, biegen wir nach rechts in einen Teerweg, der 50 m weiter die D 35 kreuzt und dann an einer Baumreihe entlang führt. Hinter dem Anwesen Molières treffen wir auf die D 81, der wir nach links folgen. Auf dem ruhigen Sträßchen fahren wir nach Süden weiter bis zu einem Deich, wo wir nach rechts auf eine Nebenstraße abzweigen. Diese führt gleich nach links über den Deich hinweg, dann parallel zu diesem nach **Tarascon** hinein.

Von Tarascon fahren wir über die Rhônebrücke nach *Beaucaire*, wo wir am Ende des Kanalhafens nach links in die D 15 Richtung Fourques einbiegen. Nach Unterquerung des Eisenbahn zweigen wir bei einem gotischen Denkmal nach rechts auf eine nach Beauvoir beschilderte Nebenstraße. Bei der Gabelung nach der Kreuzung eines schmalen Kanals halten wir uns links, bleiben danach geradeaus auf der Hauptroute. Vor einem Steinkreuz verzweigt sich die Straße erneut. Wir halten uns links, passieren dann das Anwesen Mas de Petit Mylord und treffen auf eine Querstraße beim Bauernhof Le Vieux Mas. Wir biegen nach rechts und gleich wieder nach links, tun dies auch bei der Querstraße danach, um bei einem Kreuz auf Steinsockel in einen schmalen Teerweg einzubiegen. Dieser kreuzt einen Querweg, biegt nach links über einen Graben und stößt auf eine Querstraße. Wir halten uns links, radeln gut 500 m in nordöstliche Richtung, um uns dann beim nächsten Abzweig wieder nach Süden (rechts) zu wenden. Beim hinter Bäumen versteckten Château de Belleval halten wir uns kurz rechts, biegen gleich wieder nach links und kreuzen einen breiten Kanal. Bei der folgenden Gabelung fahren wir rechts und treffen dann auf die D 15, auf der wir nach *Fourques* hineinfahren.

Hier orientieren wir uns an den Hinweisen nach Trinquetaille. Auf der Avenue du Vieux Pont verlassen wir Fourques. Auf einer alten Brücke kreuzen wir die Petit Rhône und erreichen **Arles-Trinquetaille.** Über die nördliche Rhônebrücke gelangen wir ins Zentrum.

Nützliche Informationen

Entfernung: Avignon – St-Michel-de-Frigolet 16 km; St-Michel-de-Frigolet – Tarascon 19 km; Tarascon – Arles 21 km.

Unterkunft: *Tarascon:* Terminus beim Bahnhof, 2 Sterne, Tel. 90 91 18 95. *Arles:* Siehe Tour 8, S. 53.

Camping: *Arles:* Siehe Tour 8, S. 53.

Touristeninformation: *Tarascon:* 59 Rue des Halles, Tel. 90 91 03 52. *Arles:* Siehe Tour 8, S. 53

Das wehrhafte Schloß von Tarascon erinnert daran, daß die Rhône noch im 15. Jh. Grenzfluß zwischen Frankreich und der selbständigen Provence war.

10 In den kleinen Alpen

St-Rémy-de-Provence – Eyguières – Les-Baux-de-Provence – St-Rémy-de-Provence

Tourencharakter: Nicht ganz mühelose Rundtour durch die Alpilles mit drei kräftigen Anstiegen, aber auch herrlichen Abfahrten in wunderschöner Landschaft.

Länge der Tour: 66 km.

Die Alpilles, die »kleinen Alpen«, tragen ihren Namen nicht zu Unrecht. Die höchsten Gipfel dieses Gebirges sind zwar gerade mal 493 m bzw. 387 m hoch, aber die schroffen, in der Sonne gleißenden Kalkzacken des Höhenzuges wirken stellenweise durchaus alpin und lassen den Bergzug höher erscheinen, als er tatsächlich ist. Als »eine Mondlandschaft, eine Traumkulisse, grandios und wüst, von einer eisigen, alles verdrängenden Schönheit«, charakterisiert der Schriftsteller Rolf Schneider in seinem Reisetagebuch diese Region. Die Alpilles sind ein herber Landstrich. Ihre kargen Höhen werden von Sonne und Mistral ausgedörrt. Nur am Fuße der Berge findet man auch freundliche Landstriche mit Weinbergen und Olivenhainen.

Diese Tour erschließt auf wenig befahrenen Routen die landschaftlich schönsten Abschnitte dieses Miniaturhochgebirges. Ausgangspunkt ist die lebendige Kleinstadt **St-Rémy-de-Provence** (8500 Einwohner), die sich zu einem beliebten Aufenthaltsort auswärtiger Künstler entwickelt hat. Anders als in Gordes oder St-Paul-de-Vence hat hier das Eigenleben der Stadt nicht besonders darunter gelitten. Der örtliche Heimatverein weist stolz darauf hin, daß nicht weniger als 94 Schriftsteller zeitweise in St-Rémy gelebt haben. Der berühmteste war der Arzt und Astrologe Nostradamus, der 1503 in St-Rémy geboren wurde und der viele düstere Prophezeiungen in die Welt gesetzt hat, die auch heute noch bei passender Gelegenheit hervorgekramt werden. Ob Papst-Attentat oder Golfkrieg, Nostradamus hat alles schon gewußt. Auch Vincent van Gogh hielt sich zeitweise in St-Rémy auf. Viele seiner berühmten Gemälde zeigen Szenen aus der landschaftlichen Umgebung der Stadt.

Die Hauptsehenswürdigkeiten von St-Rémy liegen 2 km südlich des Stadtzentrums an der Straße nach Maussane. Als **Les Antiques** werden zwei römische Monumente bezeichnet. Das Julier-Denkmal ist ein Kenotaph (Scheingrab), das zu Ehren zweier Enkel des Augustus errichtet wurde. Es ist fast unbeschädigt erhalten und zeigt im untersten Geschoß große Reliefs mit Schlachtszenen. Die Spitze des Bauwerks bildet ein kleiner Rundtempel mit den Statuen der Verstorbenen. Der benachbarte Ehrenbogen zeigt in seinem Reliefschmuck neben Motiven aus der örtlichen Planzenwelt (Wein- und Eichenlaub, Granatäpfel, Olivenzweige) paarweise angeordnete gallische Gefangene. Beide Monumente waren vor allem Propagandabauten, die der Verherrlichung der römischen Macht und seines vergöttlichten Kaisertums dienten.

Nicht weit entfernt geben die Ausgrabungen von **Glanum** einen Überblick über die Entwicklung der Siedlungsstrukturen in der Antike. Die keltoligurische Urbevölkerung verehrte hier an einem Quellheiligtum ihren Gott Glan. Die Quelle und das über 2500 Jahre alte Mauerwerk sind beim Südende des Grabungsgeländes noch zu sehen. Im 3. Jh. v. Chr. siedelten sich hier eingewanderte Griechen an, die später den römischen Eroberern weichen mußten. In der frühen Kaiserzeit wurde die Stadt großzügig ausgebaut. 270 n. Chr. wurde Glanum dann von germanischen Stämmen zerstört. Zu sehen sind heute im wesentlichen nur noch Grundmauern und Säulenreste der Wohnhäuser und öffentlichen Gebäude, wodurch es für den Laien nicht gerade einfach ist, sich ein anschauliches Bild der wohlhabenden antiken Stadt zu machen. Die interessantesten Fundstücke der Ausgrabungen von Glanum sind in St-Rémy im Palais Hôtel de Sade ausgestellt.

Ganz in der Nähe von Glanum liegt das ehemalige Kloster **St-Paul-de-Mausole**, des-

Auf ruhigen Nebenstraßen geht es durch die herrliche Landschaft der Alpilles.

sen älteste Teile aus dem 12. Jh. stammen. Sehr schön ist der kleine romanische Kreuzgang, der auch heute noch Frieden und meditative Stille vermittelt. Bemerkenswert sind die fein gearbeiteten Säulenkapitelle mit Darstellungen von Masken, Tieren und Pflanzen. Das Kloster dient seit langem als Nervenheilanstalt. Sein berühmtester Patient war Vincent van Gogh, der sich im Mai 1889 von Arles aus freiwillig hierher begeben hatte, um sich von seiner schweren Depressivität zu lösen. Er blieb ein Jahr hier, siedelte dann nach Nordfrankreich über, wo er Selbstmord beging. In St-Paul-de-Mausole entstanden mehrere bedeutende Werke des Künstlers. Manche seiner berühmten Motive sind in der Umgebung des Klosters noch wiederzufinden.

Von St-Rémy fahren wir zunächst am Fuße der Alpilles entlang, um dann auf Nebenrouten die Höhen des kaum besiedelten Ostteils des Gebirges zu erklimmen. Dabei können wir mit einem kurzen Umweg das schön gelegene **Eygalières** (1400 Einwohner) in die Route einbeziehen. Viele der ehemals verlassenen Häuser hier sind inzwischen als Zweitwohnungssitz stadtmüder Bürger wiederhergerichtet worden. Die alten Steinhäuser des mittelalterlichen Ortsteils scharen sich unter einer Felskuppe. Eine holprige Pflastergasse führt ganz hinauf zu einem Aussichtspunkt bei der Burgruine. 2 km östlich von hier findet man, umgeben von Zypressen und Mandelbäumen, die einsam gelegene romanische **Kapelle St-Sixte**, ein beliebtes Fotomotiv.

Hinter Eygalières gelangen wir in die dünn besiedelte Landschaft der östlichen Alpilles. Der magere Kalkgrund hier bietet der Landwirtschaft keine günstigen Existenzbedingungen. Lichte Pinienwälder und karge Garrigue bedecken die Hänge. Mit einem längeren Anstieg und einer herrlichen Abfahrt überqueren wir den Kamm des Bergzuges. Die letzten 8 km bis Eyguières kann man einfach rollen lassen. Nach Osten blicken wir dabei auf die Ruinen des Castelas de Roquemartine, im 14. Jh. neben Les Baux Stützpunkt der räuberischen Banden des Raymund de Turenne.

Von Eyguières, einem typischen Provinzstädtchen des Südens, geht es dann durch lieblichere Landschaft am Südfuß der Alpilles entlang Richtung Les Baux. Silbrig schimmernde Olivenhaine begleiten unseren Weg. Das Olivenöl, das hier erzeugt wird, gilt als eine der besten Qualitäten der Provence. Wie in Südfrankreich üblich, werden hier überwiegend vollreife, schwarze Oliven verarbeitet, die ein kräftiges Öl hervorbringen. Das qualitativ beste Öl aus erster Pressung wird als »huile extra vierge«

In einer bizarr verworfenen Kalksteinlandschaft verstecken sich die Häuser des Felsnestes Les Baux.

verkauft. An mehreren Stellen kann man Ölpressen besichtigen und Öl probieren, u. a. in Maussane in der Cooperative Oléicole de la Vallée des Baux (Rue Charlton Rieu).

Bald nach Maussane rückt der Burgfelsen von Les Baux ins Blickfeld. Blühender Ginster taucht im Frühsommer das ganze Land in seine gelbe Farbenpracht. Vor Les Baux zeigen groß dimensionierte Parkplätze an, daß wir uns ins Zentrum des touristischen Hurricans begeben. Mehr als eine Million Besucher drängeln sich jährlich durch die engen Gassen des Dorfes, das gerade mal 430 Einwohner zählt. **Les Baux** ist ein Freilichtmuseum, das seine Seele verloren hat. Dabei wäre der Ort ohne den ständigen Besucherstrom durchaus faszinierend. Die alten Häuser des Ortes scheinen aus dem Fels hervorzuwachsen, am höchsten Punkt steht bedrohlich die zerbrochene Burgruine, und die umgebende Landschaft ist von wildem Reiz. Von der Spitze des Burgberges blickt man auf chaotisch verworfene, gigantische Kalkblöcke, zwischen denen sich dunkelgrüne Macchia ausbreitet.

Les Baux war im Mittelalter Sitz eines mächtigen Adelsgeschlechtes, das weite Teile der Provence beherrschte. Die Herren von Les Baux behaupteten, vom König Balthasar, einem der drei Weisen aus dem Morgenlande, abzustammen, und fühlten sich niemandem untertan. Les Baux war einer jener Fürstenhöfe, an denen im 13. Jh. der Minnegesang der Troubadours erklang. Der Niedergang begann 1372 mit der Herrschaft des grausamen Raymund von Turenne, dessen Banden die ganze Region terrorisierten. Eine Strafexpedition des französischen Königs beendete die Macht der stolzen Herren von Les Baux.

In der Renaissance erlebte Les Baux eine erneute kurze Blütezeit, nachdem sich hier einflußreiche protestantische Familien niedergelassen hatten. 1631 ließ Ludwig XIII. Mauern und Burg des Ortes, der sich immer wieder in Opposition zur französischen Krone gestellt hatte, zerstören. Heute gehört Les Baux mitsamt der Burg den Grimaldi, den Fürsten von Monaco. Diese sind natürlich nicht müßig, wenn es darum geht, Geld aus ihrem Besitz zu ziehen. Für den Besuch der Oberstadt muß man Eintritt bezahlen.

Les Baux hat einem Mineral den Namen gegeben, das den wichtigsten Grundstoff für die Aluminiumherstellung abgibt. 1822 wurde in der Nähe des Ortes das Bauxit entdeckt, das auch heute noch in geringen Mengen hier gefördert wird. Aus Gründen des Landschaftsschutzes werden jedoch keine offenen Steinbrüche mehr angelegt.

Streckenbeschreibung

Wir verlassen **St-Rémy** nach Süden auf der von der Ringstraße um den Stadtkern abzweigenden Avenue Durand-Maillane. Einen guten Kilometer folgen wir der Richtung Maussane ansteigenden D 5, bis rechts die römischen Monumente *Les Antiques* auftauchen. Kurz vorher zweigt nach links eine Nebenstraße zum Kloster *St-Paul-de-Mausole* ab. Wir fahren rechts um das Kloster herum. Auf einer Nebenstraße geht es in östlicher Richtung leicht bergab. Beim Ende des Asphalts fahren wir geradeaus auf einem Feldweg bis zu einem breiteren Querweg weiter. Hier halten wir uns links, stoßen bald auf das Sträßchen Ancienne Voie Aurelia, der wir nach rechts folgen. Auf der ruhigen Straße radeln wir durch ausgedehnte Weinberge.

Etwa 50 m vor einer deutlichen Linkskurve müssen wir nach rechts auf den Chemin du Trou des Bœufs abzweigen, um nach wenigen Metern gleich wieder nach links einzubiegen. Wir sind erneut auf der Ancienne Voie Aurelia. Bei einer Querstraße geht es nach links abwärts zur D 99. Für 3 km müssen wir dieser viel befahrenen Platanenallee folgen, um dann rechts die kleine D 24 Richtung Aureille zu nehmen. Bei der Gabelung 1 km weiter folgen wir nicht der Beschilderung nach Eygalières, sondern fahren links und bei der nächsten Querstraße, der D 74a, rechts. Am Luxusrestaurant Mas de la Brune vorbei geht es mit mäßigem Anstieg nach *Eygalières* hinauf. Nach Westen blickt man weit über große Olivenkulturen zu den Felskuppen im Herzen der Alpilles.

Bei der Kirche von Eygalières biegen wir nach rechts, folgen danach der D 24b Richtung Aureille. So treffen wir wieder auf die D 24, auf der wir zum Kamm der Alpilles ansteigen. Bei der Gabelung auf halber Höhe zweigen wir nach links auf die D 25. Auf dieser ausgesprochen ruhigen Straße bleiben wir nun bis Eyguières. Zunächst heißt es kräftig in die Pedale zu treten. Auf der Höhe umgibt uns eine karge und abweisende Landschaft, die man hier, ganz in der Nähe voll erschlossener Regionen, kaum erwarten würde. Eine herrliche Abfahrt durch wunderschöne Landschaft läßt uns ganz bis nach **Eyguières** hineinrollen.

Hier fahren wir Richtung Arles und erreichen beim Friedhof die D 17. Etwa 6 km folgen wir nun dieser nicht ganz ruhigen Straße nach Westen, um dann nach rechts in die kleine D 25b einzubiegen, die nach *Aureille* führt. Im Linksbogen fahren wir durch das Dorf, das wir auf der D 25a wieder verlassen. 500 m nach dem Ort biegen

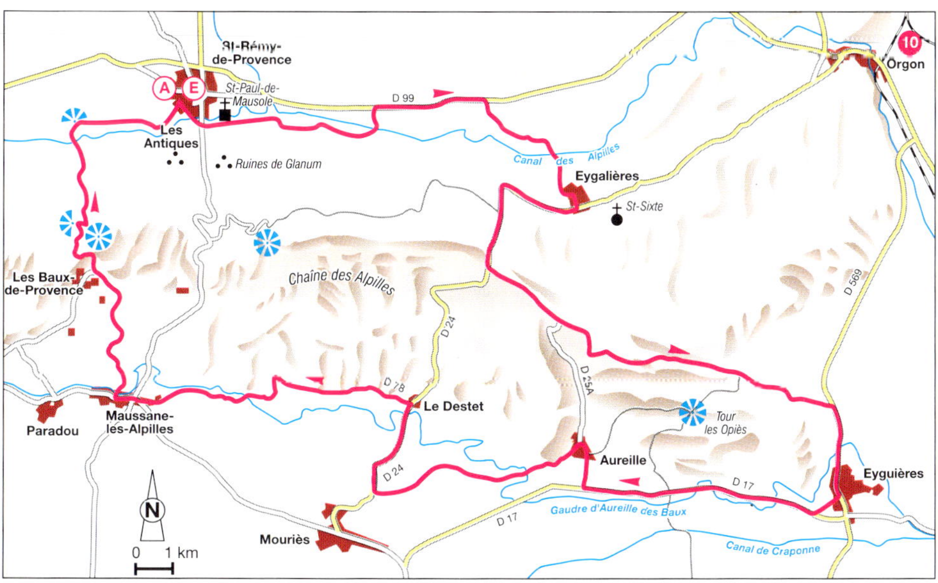

wir nach rechts in die kleine D 24a Richtung Mouriès. Durch eine freundliche Hügellandschaft geht es jetzt leicht bergab, bis wir nördlich von Mouriès auf die D 24 treffen, auf der wir jetzt knapp 3 km nach Norden auf die Alpilles zu ansteigen. Beim Anwesen *Le Destet* biegen wir nach links auf die D 78 ein. Durch abwechslungsreiches Hügelland fahren wir am Fuß der Berge entlang. Ein kräftiger Anstieg bringt uns kurz ins Schwitzen und belohnt mit einer schönen Abfahrt nach *Maussane*, wo wir wieder auf die D 17 stoßen.

Den Abzweig der breiten D 5 lassen wir rechts liegen, nehmen statt dessen die beim Ortsanfang abzweigende D 27 Richtung Les Baux (Avenue B. Blanc). Nach kurzem Anstieg unterqueren wir eine Brücke (Aquädukt), halten uns bei der Gabelung dahinter rechts. Durch eine provenzalische Bilderbuchlandschaft geht es nun Richtung Les Baux, dessen langgestreckter Burgfelsen westlich aus der Umgebung aufragt. Auf der breiteren D 27a müssen wir zuletzt einen guten Kilometer kräftig nach **Les Baux** ansteigen.

Beim Ort geht es kurz abwärts zur D 27, der wir nach rechts Richtung Maillane folgen. Durch das Felschaos des *Val d'Enfer* (Höllental) geht es nun 1,5 km zu einem Paß bergan, von wo sich ein weiter Blick nach Westen eröffnet. Hier heißt es die Bremsen zu prüfen, denn Richtung St-Rémy geht es ordentlich bergab. Bei der ersten Kreuzung am Fuße des Höhenzuges biegen wir nach rechts in den Vieux Chemin d'Arles. Dieses bequeme, kaum befahrene Sträßchen führt uns zurück nach **St-Rémy**.

Nützliche Informationen

Entfernung: St-Rémy – Eygalières 15 km; Eygalières – Eyguières 17 km; Eyguières – Les Baux 25 km; Les Baux – St-Rémy 9 km.
Unterkunft: *St-Rémy:* 18 Hotels, z. T. sehr teuer; beliebt ist das Hôtel des Arts, altmodisch – angenehmes Ambiente, mit urigem Café / Restaurant, 30 Boulevard Victor Hugo, 2 Sterne, Tel. 90 92 08 50; ruhige Zimmer im Hôtel Soleil, 35 Avenue Pasteur, 2 Sterne, Tel. 90 92 00 63; preiswert das Hôtel Ville Verte an der Place de la République, Avenue Fauconnet, 2 Sterne, Tel. 90 92 06 14. In *Les Baux* und *Eygalières* nur teure Hotels (3 und 4 Sterne). Preiswertere Unterkunft in *Maussane* und auch westlich von hier im angenehmen Ferienort *Fontvieille*.
Camping: *St-Rémy:* Mas de Nicolas an der D 31 nach Mollégès, Avenue Th. Aubanel, Tel. 90 92 27 05. *Maussane:* Municipal les Romarins, Tel. 90 54 33 60.
Fahrradverleih: *St-Rémy:* Florélia, 35 Avenue de la Liberation.
Touristeninformation: *St-Rémy-de-Provence:* Place Jean Jaurès, Tel. 90 92 05 22.

11 Durch den Gemüsegarten der kleinen Crau

Arles – St-Gabriel – St-Rémy-de-Provence – Noves – L'Isle-sur-la-Sorgue

Tourencharakter: Leichte, meist ebene Tour mit nur einem Anstieg. Überwiegend auf wenig befahrenen Nebenstraßen.
Länge der Tour: 56 km.

Von Arles radeln wir zunächst durch die Rhône-Ebene zum Westrand der Alpilles. Am Fuße der Hügel, zwischen Buschwerk und Olivenbäumen, liegt hier die **Kapelle St-Gabriel**. Das Mitte des 12. Jh.s errichtete Kirchlein ist ein weiteres schönes Beispiel der provenzalischen Romanik. Ihre reich gegliederte Westfassade gibt den Kunsthistorikern Rätsel auf. Während das an antike Vorbilder erinnernde Portal mit seinen Säulen und dem Giebeldreieck handwerklich perfekte Steinmetzarbeiten zeigt, wirkt der Figurenschmuck im Relieffeld fast unbeholfen, in seiner archaischen Würde aber dennoch eindrucksvoll. Schwer vorstellbar ist, daß hier die gleichen Künstler am Werk

Der Kreuzgang von St-Paul-de-Mausole. Ein Ort meditativer Stille.

waren. Als die Kirche erbaut wurde, durchzogen zahlreiche Wasserläufe die sumpfige Ebene am Fuß der Hügel, wo eine alte Handelsstraße verlief. Waren mußten von Fuhrwerken auf Flöße umgeladen werden, um dann mit größeren Schiffen auf der Hauptverkehrsader Rhône weitertransportiert zu werden. Mit der Kirche St-Gabriel schuf sich die Gemeinschaft der Fuhrleute, Flößer und Flußschiffer ihren geistigen Mittelpunkt.

Von St-Gabriel fahren wir am Höhenrücken der Alpilles entlang nach **St-Rémy-de-Provence**, lebendige Kleinstadt und beliebtes Reiseziel (s. S. 62). Von hier durchqueren wir die den Alpilles nördlich vorgelagerte **Petit Crau**, einen ebenen bis flachhügeligen Landstrich mit ausgesprochen fruchtbaren Böden. Mit Hilfe eines ausgeklügelten Bewässerungssystems können hier hohe Erträge erzielt werden. Vor allem Frühgemüse wird in großem Stil angebaut. In computerregulierten Gewächshäusern und unter dem Wärmestau von Plastikfolien werden Obst und Gemüse marktreif gemacht, bevor ihre optimale natürliche Reifezeit erreicht ist, was der Rendite, aber nicht unbedingt der Qualität zuträglich ist. Aber der Verbraucher will ja auch alles zu jeder Zeit kaufen können. Diese Produktions- und Konsumphilosophie zwingt geradezu zur Intensivlandwirtschaft mit kräftigen Chemiezugaben und hohem Energiebedarf. Um die hohen Investitionskosten auszugleichen, sparen manche der neuen Technobauern bei den Arbeitskräften. Zur Ernte werden illegal Ausländer, vor allem Nordafrikaner, angeheuert, die auch zu Billiglöhnen und ohne soziale Absicherung arbeiten.

Über **Noves**, einer Kleinstadt mit verwinkelten Gassen, zwei mittelalterlichen Stadttoren und der sehenswerten romanischen Kirche St-Baudile und die **Chartreuse de Bonpas**, einer im 13. Jh. vom Templerorden gegründeten, im 17. Jh. erweiterten Klosteranlage, erreichen wir die liebenswürdige Kleinstadt **L'Isle-sur-la-Sorgue** (13 000 Einwohner). Die kompakte Altstadt des Ortes wird ganz von den Armen der Sorgue einge-

Das Portal der romanischen Chapelle St-Gabriel folgt antiken Vorbildern.

schlossen. Mit seinen stillen Wasserflächen, in denen sich Platanen und kleine Häuser spiegeln, wirkt L'Isle ein wenig wie eine unter südliche Sonne versetzte holländische Kleinstadt. Bemooste Mühlräder erinnern an die Zeit, als L'Isle auf der Wasserkraft seinen Wohlstand gründete. Um die 70 Mühlenanlagen übertrugen die Energie des Wassers in die Papiermanufakturen, Korn- und Ölmühlen, Färbereien und Seidenwebereien an den Flußarmen der Sorgue. Richtig zu Leben erwacht L'Isle eigentlich nur an den Markttagen, Donnerstag und Sonntag. Vor allem der Sonntagsmarkt mit seinen über die Altstadt verteilten Trödel- und Antiquitätenständen lohnt den Besuch. Mittelpunkt des Marktgeschehens ist der zentrale Platz bei der Hauptkirche *Notre-Dame-des-Anges,* deren Innenraum einen in der Provence eher seltenen Anblick bietet: statt schlichter Romanik eine leicht angestaubte Barockpracht mit Gold und Glimmer.

Streckenbeschreibung

Wir verlassen **Arles** nach Norden auf der Avenue de Stalingrad, der N 570. Nach Unterquerung der Eisenbahn nehmen wir den zweiten Abzweig nach links, die Avenue de Hongrie. Bei einer Gabelung halten wir uns links, fahren durch ein Industriegebiet, dann über einen Kreisverkehr geradeaus Richtung Tarascon. Wir sind jetzt auf der ruhigen D 35. Diese verlassen wir in einer Rechtskurve etwa 5 km weiter, um geradeaus die für Autos gesperrte schmale

Straße zu nehmen. Wir fahren immer geradeaus, bis wir hinter dem Weingut Mas de Lansac, uns rechts haltend, wieder auf die D 35 treffen, die wir kreuzen. Auf der kleinen D 79c radeln wir durch den Weiler *Lansac* zur N 570 und zu einem Kreisverkehr, wo wir nach rechts biegen, um zur **Chapelle St-Gabriel** zu gelangen.

Richtung St-Rémy bleiben wir bis kurz vor *St-Etienne-du-Grès* auf der breiten D 32. Beim Friedhof biegen wir nach rechts auf eine schmale Straße, kreuzen eine Querstraße und treffen oberhalb von St-Etienne auf eine aus dem Ort kommende Querstraße. Wir folgen nun dieser ruhigen Straße am Fuße der Alpilles entlang bis nach **St-Rémy-de-Provence.**

Wir verlassen St-Rémy nach Nordwesten auf der D 5 Richtung Maillane, der wir einen guten Kilometer folgen, um dann nach rechts in die schmale D 5f Richtung Eyragues einzubiegen. Die D 34 kreuzend, fahren wir ganz nach *Eyragues* hinein, das wir Richtung Châteaurenard wieder verlassen. Am Ortsrand, kurz vor Beginn einer Platanenallee, biegen wir vor einem kleinen Kanal nach rechts in eine nicht beschilderte Nebenstraße, die gleich am Hospice Civil vorbeiführt. Danach folgen wir dem Schild nach Noves. Wir sind auf der kleinen D 30b, die auf einen niedrigen Höhenrücken hinaufführt und dann mit einer schönen Abfahrt nach **Noves** abfällt.

Wir fahren nach links durch den alten Ort, biegen dann hinter der romanischen Kirche nach rechts auf die D 28, die zur N 7 führt. Den Hinweisen nach Avignon und Caumont folgend, gelangen wir auf die große Durancebrücke. Diese verlassen wir mit einer Rechtsschleife, an deren Ende wir nach rechts in eine Nebenstraße biegen. Diese führt unter der Autobahn durch. Uns rechts haltend, passieren wir die *Chartreuse de Bonpas*, folgen dann 500 m der breiten D 973 nach links, die wir auf der ruhigeren Straße Richtung Caumont gleich wieder verlassen.

Durch *Caumont* folgen wir der Beschilderung nach Apt, zweigen am Ortsrand dann in die schmalere D 25 Richtung L'Isle. Etwa 2,5 km weiter, bei einer Einmündung von links, nehmen wir den dritten Abzweig nach

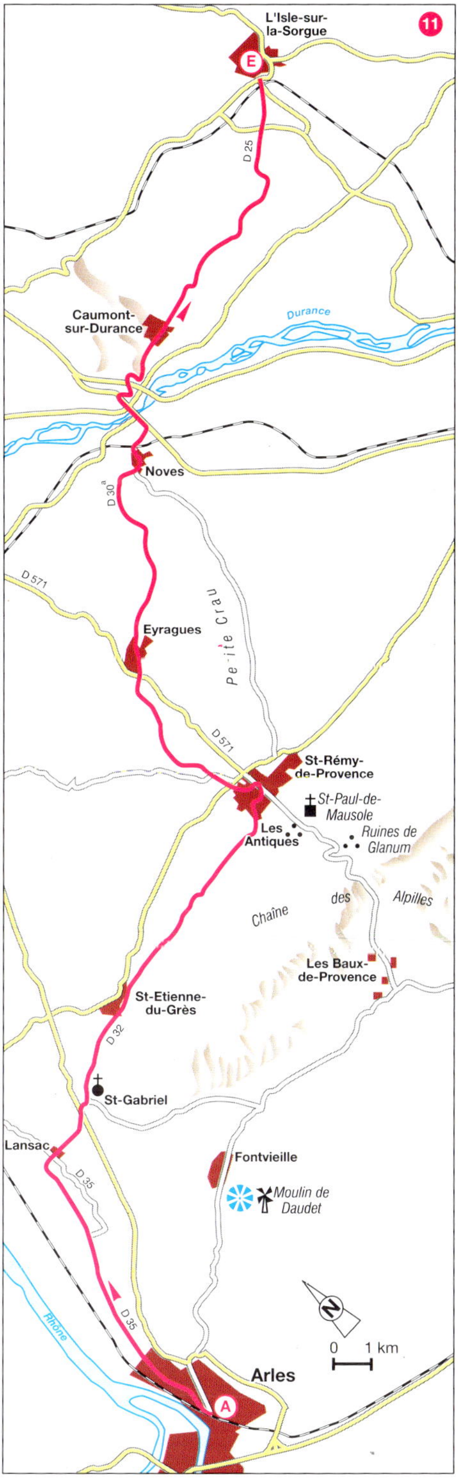

rechts. Auf der ruhigen Straße kreuzen wir eine Nebenstraße, danach auch die D 16, um dem Chemin du Petit Hôpital zu folgen. 200 m nach der D 16 biegen wir nach links, fahren dann immer geradeaus und erreichen über die D 25 **L'Isle-sur-la-Sorgue.**

Nützliche Informationen

Entfernung: Arles – St-Gabriel 14 km; St-Gabriel – St-Rémy 12 km; St-Rémy – Noves 15 km; Noves – L'Isle-sur-la-Sorgue 15 km.
Unterkunft: *St-Rémy:* Siehe Tour 10, S. 62. *L'Isle-sur-la-Sorgue:* Hostellerie St-Martin, 9 Place Gambetta, 3 Sterne, Tel. 90 20 77 11; Hôtel La Gueulardiäre, 1 Route d'Apt, 2 Sterne, Tel. 90 38 10 52; Hôtel Le Pescador, Le Partage d'Eau, 1 Stern, Tel. 90 38 09 69; Pension la Saladelle, 33 Rue Carnot, einfach-freundlich, Tel. 90 20 68 59, mit preiswertem, ordentlichem Restaurant.
Camping: *L'Isle-sur-la-Sorgue:* Municipal La Sorguette, an der Sorgue östlich der Stadt, Route d'Apt, Tel. 90 38 05 71.
Touristeninformation: *L'Isle-sur-la-Sorgue:* Place de l'Église, Tel. 90 38 04 78.

12 Am Fuße der Alpilles

Arles – Montmajour – Maussane-les-Alpilles – Mouriès – Salon-de-Provence

Tourencharakter: Leichte Tour mit einigen einfachen Anstiegen. Die ersten Kilometer viel Verkehr. Danach ruhige Nebenstraßen.
Länge der Tour: 51 km.

Diese Tour ist der Auftakt für eine Routenverbindung, die uns mit vier Etappen über Aix-en-Provence und die markanten Kalkgebirge Ste-Victoire und Ste-Baume an die wilde Felsküste der Calanques bei Cassis bringt. Direktere Verbindungen zum Mittelmeer ließen sich sicherlich weiter südlich finden. Allerdings führen diese alle über stark befahrene Straßen, durch die unansehnlichen Industriegebiete um den Étang de Berre und den weit ins Umland auswuchernden Ballungsraum Marseille. Das Radfahren bereitet hier wenig Freude. Mit Aix würden wir zudem eine der interessantesten Städte der Provence versäumen.

Vor den Toren von Arles treffen wir zunächst auf die mittelalterliche Klosterruine **Montmajour**. Der schlichte, aber dennoch imposante Bau erhebt sich inmitten von Reisfeldern auf einem felsigen Hügel. Die Anlage wurde im 10. Jh. von Benediktinermönchen auf dem einzig festen Baugrund in der damals noch sumpfigen Rhôneniederung errichtet. Die festungsartig wirkende romanische Klosterkirche des 12. Jh.s wurde nie ganz vollendet. Mit ihrer klar gegliederten, schmucklosen, aber nicht undifferenzierten Architektur zählt sie dennoch zu den eindrucksvollsten romanischen Klosterbauten der Provence. Bemerkenswert sind vor allem die Unterkirche (Krypta), mit mehreren Kapellen, die als Substruktion der Oberkirche sehr massig gebaut sind, der Kreuzgang, dessen Säulenkapitelle schöne Pflanzenornamentik zeigen, sowie der älteste Teil der Anlage, die archaisch wirkende Kapelle St-Pierre, die kurz nach dem Jahr 1000 erbaut wurde. Etwa 200 m östlich der Abtei findet man die harmonisch gegliederte romanische *Friedhofskapelle Ste-Croix* inmitten von in den Fels geschlagenen einfachen Grabstellen.

Hinter Montmajour empfängt uns die malerische Landschaft des südlichen Vorlandes der Alpilles. Auf kaum befahrenen Nebenstraßen durchradeln wir von schlanken Zypressen und Pappeln gesäumte Wiesen und Weiden. Silbrig schimmernde Ölbaumhaine stehen vor der gezackten Kalksteinkette der Alpilles, die den Horizont nach Norden begrenzt. Kleine Orte ohne Sehenswürdigkeiten, aber mit viel Provenceambiente liegen am Wege.

Etwa 5 km nach Montmajour durchfährt man die Bögen einer römischen Wasserleitung. Der **Aquädukt von Barbegal** diente

Das im 12. Jh. erbaute ehemalige Benediktinerkloster von Montmajour wirkt mit seinen wuchtigen Außenmauern auch als Ruine noch imposant.

der Trinkwasserversorgung des römischen Arelate, des heutigen Arles. Gleichzeitig wurde hier am Fuße der Alpilles mit der Wasserkraft eine Art industrielle **Mühlenanlage** mit 16 Mühlwerken und 8 Schaufelrädern betrieben. Zu den Mühlenruinen gelangt man, wenn man ein Stück die Bogenreihe des Aquädukts nach Süden entlang wandert. Nur selten stellten Griechen und Römer ihre konstruktionstechnischen Fähigkeiten in den Dienst der Industrie. Durch die Sklavenwirtschaft bestand keine Notwendigkeit, menschliche Arbeitskraft durch Technik zu ersetzen. Die Mühlen von Barbegal werden in die römische Spätzeit (4. Jh.) datiert, als der Sklavennachschub stagnierte.

Über die freundlichen Dörfer und Kleinstädte Maussane, Mouriès und Aureille gelangen wir schließlich in das Provinzzentrum **Salon-de-Provence** (36 000 Einwohner), das sich zunächst mit wenig schönen Hochhausbauten ankündigt. Hat man aber erst den Vorstadtgürtel durchfahren, so zeigt sich bald eine lebendige Provinzstadt des Midi, mit Platanenboulevard, Straßencafés, Märkten und verwinkeltem Altstadtzentrum. Herausragende Sehenswürdigkeiten gibt es keine. Das alte Zentrum hat leider durch übermäßige Restaurierung etwas seinen Charakter verloren. Die stadtbeherrschende Burganlage *Châteaux de l'Emperi* diente im Mittelalter den Bischöfen von Arles zeitweise als Residenz. Formal im Namen des deutschen Kaisers, de facto aber als selbständige Feudalherren, übten sie die Macht in diesem Teil der Provence aus. In den Räumen der im 16. Jh. erweiterten Anlage ist heute ein Armeemuseum untergebracht, das Einblick in die Geschichte des französischen Heereswesen gibt. Bei der Besichtigung wird aber nur derjenige froh, der ein ausgesprochenes Faible fürs Militärische mitbringt.

Berühmtester Sohn der Stadt ist der Arzt und Astrologe Michel de Notredame, genannt *Nostradamus* (1503–1566), der in Salon die letzten 19 Jahre seines Lebens verbrachte und dessen düstere Prophezeiungen noch heute gern zitiert werden. Das in der Altstadt gelegene Wohnhaus des Nostradamus, der aus einer alten jüdischen, zum

Katholizismus übergetretenen Gelehrtenfamilie stammte, beherbergt heute ein Museum mit dem rekonstruierten Arbeitszimmer des Astrologen, der auch als Arzt erfolgreich war. Er wurde als Entdecker eines gegen die grassierende Pest wirksamen Heilmittels weithin berühmt, was die Mißgunst seiner Berufskollegen erregte, worauf sich Nostradamus verstärkt der Astrologie zuwandte.

Das Grabmal des Nostradamus befindet sich in der dritten Seitenkapelle der nördlich des Stadtzentrums gelegenen *Kirche St-Laurent.* Der im 14. Jh. für den Predigerorden der Dominikaner errichtete Bau mit seinem großzügigen Innenraum stellt eines der seltenen Beispiele des gotischen Baustils in der Provence dar. Die zentrale *Kirche St-Michel,* die im 12. Jh. errichtet wurde, spiegelt hingegen die schlichte Bauweise der provenzalischen Romanik wider. Die Figur des hl. Michael, die im Bogenfeld über dem Portal mit zwei Schlangen zu Füßen zu sehen ist, wirkt in ihrer altertümlich-naiven Darstellungsweise geradezu anrührend.

Streckenbeschreibung

Wir verlassen **Arles** nach Norden auf der N 570 Richtung Avignon, die den wenig anheimelnden Namen Avenue de Stalingrad trägt. Für etwa 3 km müssen wir uns in dichtem Verkehr fortbewegen, ehe wir nach rechts auf die weniger befahrene D 17 Richtung Fontvieille ausweichen können. Ein kurzer Anstieg bringt uns zur Klosteranlage **Montmajour**. Etwa 2 km weiter biegen wir nach rechts in die kaum befahrene D 82 (Hinweisschild Aqueduc Romain), die nach Kreuzung mit der von Fontvieille kommenden D 33 als D 78E weiter nach Osten führt. Gleich nach der Kreuzung passieren wir den *Aquädukt de Barbegal.*

Wir bleiben auf der ruhigen, angenehm zu fahrenden D 78E, die uns durch schöne Hügellandschaft zum Dorf *Paradou* bringt. Bei der Kreuzung am Ortsrand hier fahren wir geradeaus, biegen dann hinter der kleinen Post nach rechts in die Route de St-Roch. Diese führt als D 78C Richtung Maussane. 50 m vor Erreichen des Stoppschildes zur D 27 zweigen wir nach links in den

Pilzförmig versinterter Brunnen am Altstadtboulevard von Salon-de-Provence.

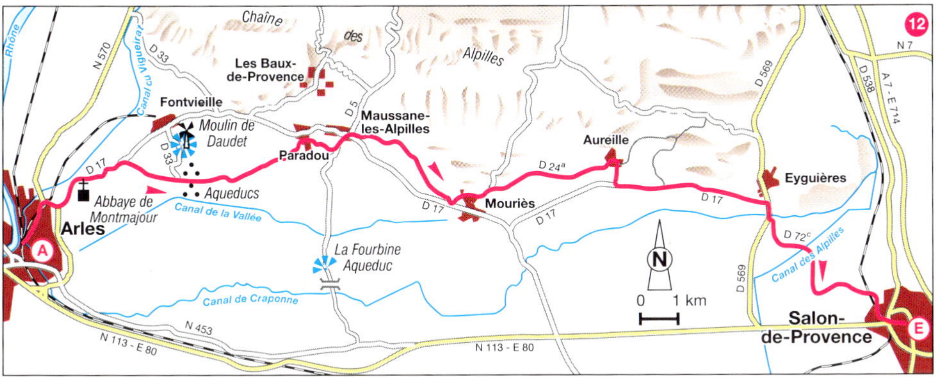

Asphaltweg Chemin du Mas d'Astre, der uns mit kurzem Anstieg zur Hauptstraße (D 17) am östlichen Ortsrand von **Maussane** bringt.

Wer einen Abstecher zum berühmten Felsnest Les Baux machen will, fährt hier geradeaus auf der Avenue B. Blanc, der D 27, weiter (s. S. 66). Richtung Salon biegen wir allerdings nach rechts. Bis zum Etappenziel könnten wir auf der D 17 bleiben. Ruhiger ist folgende Route: Nach der Einmündung der von St-Rémy kommenden Hauptstraße zweigen wir von der D 17 nach links in die Baumallee Richtung Eygalières. Etwa 500 m weiter zweigen wir nach rechts und gelangen durch anmutiges Hügelland auf der D 5 zum Ortsrand von **Mouriès**. Wenige Meter vor der D 17 biegen wir nach links in die Avenue Daudet, halten uns beim Kreisverkehr nördlich des Ortszentrums erneut links. Über die D 24/24a gelangen wir stetig leicht ansteigend zur D 25a unterhalb von *Aureille*. Wir fahren nach links ins Dorf hoch, das wir nach Süden über die D 25b Richtung Salon wieder verlassen. Wir biegen nach links in die D 17, der wir nun für gut 6 km folgen, bis wir südlich von Eyguières die D 569 erreichen, der wir kurz nach rechts Richtung Miramas folgen.

Sofort nach Überqueren eines kleinen Kanals, beim Ortsausgangsschild von Eyguières, zweigen wir nach links auf die kaum befahrene D 72c. Etwa 1,5 km weiter biegen wir nach links in den Asphaltweg Draille des Grignans ein, der zur D 72b und dem parallel zur Straße verlaufenden Canal des Alpilles führt. Wir überqueren den Kanal auf einer Holzbohlenbrücke und fahren auf einer schmalen Straße durch Wiesen und Felder nach Süden, bis wir auf eine Querstraße mit dem schönen Namen Chemin de Chante Alouette stoßen. Wir biegen nach links, kreuzen 1 km weiter eine Querstraße und gelangen auf dem Chemin de Sancouci zur Bahnlinie am Stadtrand von **Salon-de-Provence.** Wir kreuzen die Bahn, halten uns dann rechts, 1 km parallel zu den Gleisen, bis wir auf eine Hauptstraße treffen, die nach links ins Zentrum führt.

Nützliche Informationen

Entfernung: Arles – Maussane 19 km; Maussane – Eyguières 22 km; Eyguières – Salon-de-Provence 10 km.

Unterkunft: *Maussane:* Hôtel Magnanarelles, 104 Avenue de la Vallée des Baux, 2 Sterne, Tel. 90 54 30 25; Oustaloun, Place de l'Église, 2 Sterne, Tel. 90 54 32 19. *Mouriès,* Servanes, Domaine Servanes, 2 Sterne, Tel. 90 47 50 03. *Salon-de-Provence,* insgesamt 18 Hotels, davon 16 mit weniger als 3 Sternen.

Camping: *Maussane:* Municipal les Romarins, Tel. 90 54 33 60. Weiterer Campingplatz in *Mouriès. Salon-de-Provence:* Nostradamus, an der D 17 Richtung Eyguières, Tel. 90 56 08 36.

Touristeninformation: Salon-de-Provence, 56 Cours Gimon, Tel. 90 56 27 60.

Tourenhinweis: Ab Maussane könnte man auch Route 10 folgen, die über Les Baux und St-Rémy durch das Herz der Alpilles nach Eyguières führt (23 km länger, zusätzliche Steigungen, aber herrliche Landschaften).

13 Geißel der Provence – Von Salon zur Durance

Salon-de-Provence – Vernègues – Abtei Silvacane – Gorges de Régalon – Grotten von Calès – Salon-de-Provence

Tourencharakter: Recht lange Rundtour mit längerem anfänglichen Anstieg. Danach ohne nennenswerte Steigungen. Auf ruhigen Nebenstraßen und asphaltierten Wirtschaftswegen.

Länge der Tour: 77 km.

Zu Beginn der Tour erklimmen wir zunächst den bis auf gut 300 m ansteigenden, namenlosen Höhenzug, der sich östlich von Salon zum Durancetal hin erstreckt. Auf der Höhe ist das Land karstig und nur dünn besiedelt. Auf einem isolierten Hügel erheben sich weithin sichtbar die Ruinen von **Vieux Vernègues.** Das Dorf wurde 1909 bei einem Erdbeben zerstört und nicht wieder aufgebaut. Nach einer wunderbaren Abfahrt gelangen wir wieder in die Ebene, wo wir auf einem kurzen Abstecher die Ruine eines einst prächtigen römischen Tempels beim Weingut **Château Bas** erreichen, die in einem friedlich-stillen Hain alter Eichen und Kastanien liegt. Vom ins erste vorchristliche Jahrhundert datierten Kultbau selbst ist bis auf Reste der Cellamauern und einer fein gearbeiteten korinthischen Säule fast nichts mehr erhalten. Das Château nahebei mit großzügigem Swimmingpool vor altem Gemäuer zeigt, daß man mit der Produktion von Qualitätswein in der Provence gut leben kann.

Die **Abtei Silvacane** gehört neben Sénanque und Le Thoronet zu den drei noch erhaltenen mittelalterlichen Klöstern des Zisterzienserordens. Der Name des Baus, »Schilfrohrwald«, deutet darauf hin, daß sich hier ursprünglich Sumpfland ausdehnte, das von den einer strengen Arbeitsethik unterworfenen Mönchen urbar gemacht wurde. Die schmucklose Klosterarchitektur beeindruckt durch Harmonie und Formenklarheit und gibt damit auch baulich dem Einfachheitsideal der Zisterzienser Ausdruck. Sehenswert sind vor allem die zwischen 1175 und 1230 erbaute Klosterkirche und der Kreuzgang des 13. Jh.s.

Von Silvacane aus durchqueren wir auf ruhigen Wirtschaftswegen die Ebene der Durance. Bei Mallemort überqueren wir dann den Fluß, der in seinem breiten Kiesbett oft nur ein dünnes Rinnsal bildet. Über Jahrhunderte trat die Durance immer wieder

Eingang zu den Gorges de Régalon. Das Kalkgebirge des Petit Lubéron ist von verborgenen Felsschluchten durchfurcht.

über die Ufer und verursachte verheerende Überschwemmungen. »Geißel der Provence« nannte sie der Volksmund. Kaum ein Ort liegt unmittelbar am Flußufer. Wie in Mallemort legte man die Siedlungen auf Hügelkuppen in sicherer Höhe über dem Wasser an. Heute ist die zerstörerische Kraft der Durance durch den Stausee von Serre-Ponçon bei Gap und durch die Verdon-Staustufen gebändigt.

Nördlich der Durance begrenzt der langgestreckte Höhenrücken des Petit Lubéron mit seinen hellen Kalkwänden den Horizont. Das von ferne betrachtet gleichförmig erscheinende Gebirge zeigt sich von nahem als ein von kleinen Schluchten und trockenen Felstälern durchzogenes Bergland. Die **Gorges de Régalon**, die wir auf einem Abstecher erreichen, beeindruckt durch ihre eng stehenden Felswände. Stellenweise geht man durch einen nur 1 m breiten tunnelartigen Gang. Der Pfad im Schluchtgrund ist nicht ganz mühelos zu bewältigen. Eingeklemmte Felsblöcke müssen hier und da überklettert werden. Nach Regenfällen bilden sich kleine Tümpel, die zu durchwaten sind.

Nach der Enge der Schlucht gelangt man wieder in die weite Durance-Ebene mit ihren Bauernhöfen, Weiden, Gemüsegärten und Obstbaumreihen. Das Land wird intensiv bewirtschaftet. Eine monotone Agrarwüste ist dennoch nicht entstanden. Die Anbauflächen der unterschiedlichen Agrarprodukte reihen sich im bunten Wechsel aneinander. Dichte Schilfrohrhecken, Pappel- und Zypressenreihen strukturieren und parzellieren das Land.

Bei Lamanon erreichen wir den östlichen Rand der Alpilles. Von hier aus läßt sich auf einem kurzen Fußmarsch das frühgeschichtliche **Höhlendorf Calès** erkunden. Bei Gefahr und vor allem nach Ankunft der feindlichen Römer zog sich die keltoligurische Urbevölkerung der Provence in das verborgene kleine Hochtal hier zurück, wo man eine ganze Wohnsiedlung in den weichen Stein gegraben hatte. Der Platz diente bis ins Mittelalter Verfolgten als Zufluchtsort.

Streckenbeschreibung

Wir beginnen die Tour in **Salon** beim Rathaus (Hôtel de Ville) des 17. Jh.s, nehmen hier die vom Altstadtring abzweigende Rue Auguste Mouton. Wir kreuzen ansteigend den Boulevard Lamartine und erreichen einen Kreisverkehr, wo wir nach links auf

Römische Tempelruine beim Château Bas.

die D 16 Richtung Vernègues einbiegen, die im folgenden mit gleichmäßigem Anstieg auf etwa 5 km 220 Höhenmeter überwindet. Auf der Höhe zweigen wir nach rechts auf die schmale D 22b, die uns ins neue Dorf **Vernègues** am Fuße des Ruinenhügels von Vieux Vernègues bringt. Wir fahren geradeaus durchs Dorf, dann am Waschhaus vorbei, abwärts durch malerische Landschaft, vorbei an der schön gelegenen Kapelle St-Symphorien zum kleinen *Cazan* an der N 7. Indem wir nach rechts auf die kleine D 22 einbiegen, gelangen wir auf einem Abstecher zur römischen Tempelruine beim *Château Bas* (3 km Umweg).

Zurück in Cazan, orientieren wir uns an der Beschilderung nach Charleval, kreuzen die N 7 und gelangen nach leichtem Anstieg und einer Abfahrt zu einem breiten Bewässerungskanal, wo wir, statt nach Charleval ganz hinunterzufahren, nach rechts einbiegen. Auf der parallel zum Kanal verlaufenden Nebenstraße erreichen wir einen Kreisverkehr kurz vor *La Roque d'Anthéron*. Wir fahren durch den Ortskern, vorbei am Schloß des 17. Jh.s, weiter nach Osten bis zur 1,5 km entfernten **Abtei Silvacane.**

Von hier geht es zurück durch La Roque, wo wir am westlichen Ortsrand von der Hauptstraße (Cours Foch) nach rechts auf die Avenue de la Durance abzweigen, die bald einen Kanaldamm unterquert. Nach dem Tunnel biegen wir nach links, zweigen 200 m weiter, vor einem Kreuz, nach rechts auf die nicht beschilderte schmale D 67d. Bei der folgenden Gabelung halten wir uns links, fahren links an einem großen Schuppen vorbei, kreuzen dann ein Quersträßchen. Danach nehmen wir den folgenden Abzweig nach rechts, biegen 100 m weiter nach links in einen parallel zu einem kleinen Kanal verlaufenden Landwirtschaftsweg. Dieser verläuft wenig später, hier ohne Asphalt, im Rechtsbogen an einer Pappelreihe entlang. Bei der Gabelung danach halten wir uns links, passieren das Anwesen Colombier, biegen dahinter auf das Asphaltsträßchen nach rechts. Beim folgenden großen Bauernhof fahren wir geradeaus auf schmalerem Weg zwischen den Gebäuden durch, wenden uns bei der Querstraße

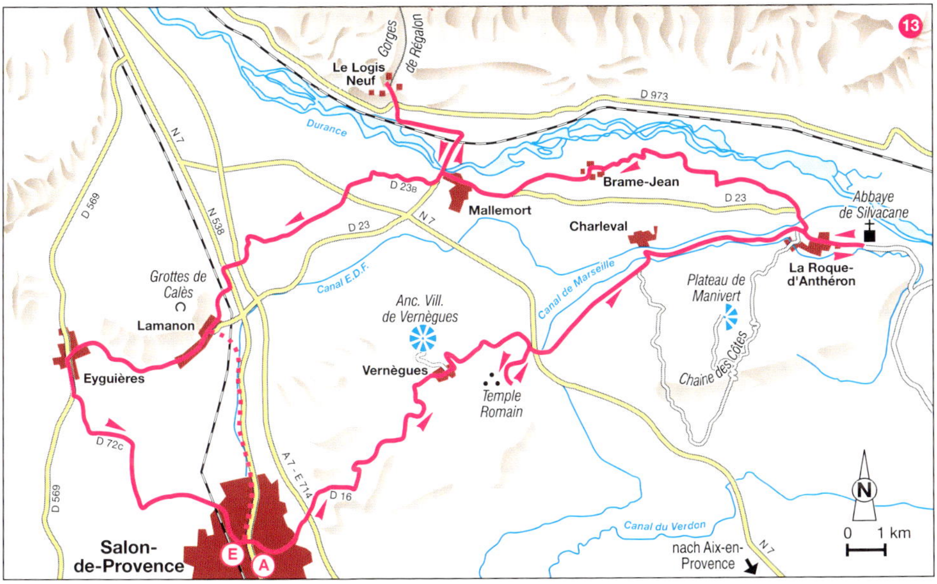

danach nach links, passieren ein weiteren Gutshof. Bei der Gabelung 100 m weiter halten wir uns leicht rechts. Im Linksbogen führt unser Sträßchen zum Weiler *Brame-jean*. Nach den Häusern zweigen wir nach rechts auf ein schmaleres Sträßchen und können dann unser Pfadfinderspiel erst einmal beenden. Kurz vor *Mallemort* treffen wir auf die D 23, die uns zur großen Durancebrücke bringt.

Nach Überquerung des Flusses und Kreuzung einer Nebenbahnlinie zweigen wir von der D 32 nach links auf eine Nebenstraße, bleiben parallel zur Bahn, bis unser Sträßchen nach rechts zur verkehrsreichen D 973 ansteigt. Wir kreuzen die Hauptstraße und gelangen zu einem Parkplatz. Hier beginnt ein Pfad, der in etwa 10 Minuten durch einen Olivenhain zur **Régalon-Schlucht** führt.

Wir fahren auf gleichem Weg zurück zur Durancebrücke, biegen nach Überquerung des Flusses beim Kreisverkehr nach rechts auf die D 23 und wenige Meter weiter erneut nach rechts auf die mit La Tapie ausgeschilderte Nebenstraße D 23B. Auf dem ruhigen Sträßchen geht es jetzt immer geradeaus. Wir passieren den Weiler *La Tapie*, kreuzen die breite N 7, halten uns bei der Kreuzung darauf leicht rechts. Unsere schmale Straße steigt dann im Rechtsbogen am Rande eines niedrigen, felsigen Höhenrückens leicht an. Beim höchsten Punkt biegen wir nach links auf die kleine D 71d, halten uns beim Weiler *La Baronnerie* kurz darauf erneut links. Nach Überquerung der Autobahn treffen wir auf die viel befahrene N 538, der wir allerdings nur 500 m folgen müssen, um dann unter der Bahn durch über die D 72E ins Dorf *Lamanon* zu fahren. Hinter der Kirche steigt der mit Sité de Calès ausgeschilderte Weg zur **Höhlensiedlung von Calès** an.

Das letzte Wegstück bis Salon kann man entweder über die D 72F/N 7 zurücklegen, wobei man allerdings 6 km auf der verkehrsreichen Nationalstraße fahren muß. Ruhiger und abwechslungsreicher, aber etwa 7 km länger ist die Fahrt über *Eyguières*, das man auf der D 17D erreicht. Von hier bis **Salon** folgen wir dann der bei Tour 12 beschriebenen Route.

Nützliche Informationen

Entfernung: Salon – Vernègues 10 km; Vernègues – Silvacane 18 km; Silvacane – Gorges de Regalon 19 km; Gorges de Regalon – Lamanon 15 km; Lamanon – Salon 15 km.
Unterkunft, Camping, Touristeninformation: *Salon-de-Provence:* Siehe Tour 12, S. 70.

14 Eine elegante Provinzmetropole

Salon-de-Provence – Pélissanne – Eguilles – Aix-en-Provence

Tourencharakter: Nicht sehr schwierige, kurze Tour mit langem stetigen, aber nicht sehr steilem Anstieg.

Länge der Tour: 34 km.

Unser heutiges Etappenziel, die lebendige Universitätsstadt **Aix-en-Provence** (125 000 Einwohner), ist der Wunschwohnort vieler Franzosen. Bei Umfragen hinsichtlich Wohnwert und Lebensqualität der französischen Städte nimmt Aix regelmäßig den ersten Platz ein. So ist es nicht verwunderlich, daß sich die Einwohnerschaft der Stadt seit 1960 fast verdoppelt hat und sich immer mehr Verwaltungszentralen großer Firmen hier ansiedeln, um ihren einkommensstarken Leitungskräften das passende Ambiente zu verschaffen. Aix hat die richtige Größe, ein angenehmes Klima, eine hübsche, lebhafte Altstadt mit italienischem Flair und eine teilweise reizvolle, unverbaute landschaftliche Umgebung. Über 25 000 Universitätsstudenten bringen zusätzlich lockere Atmosphäre in die Stadt, die sich bemüht, ihren Bürgern und Besuchern durch viel Kunst und Kultur Abwechslung zu verschaffen. Der Prozeß des Niedergangs der alten Industriestrukturen mit seinen sozialen Verwerfungen, der im benachbarten Marseille so deutlich zu spüren ist, macht sich im bürgerlichen Aix nicht bemerkbar.

Aix kann auf eine lange Stadtgeschichte zurückblicken, wobei es mehrfach die Rolle einer Hauptstadt einnahm. Als Aquae Sextiae wurde es schon zu Beginn der römischen Herrschaft im 3. Jh. v. Chr. zu einem Verwaltungszentrum der neuen Macht. Im Mittelalter residierten hier die Könige der unabhängigen Provence. Als das Land 1481 seine Eigenständigkeit an Frankreich verloren hatte, war Aix einer der wenigen provenzalischen Orte, die nicht in Bedeutungslosigkeit absanken. Die Stadt wurde zum Sitz der französischen Regionalverwaltung und eines Parlaments, das die der Provence noch belassenen Selbstverwaltungsrechte wahrnahm. Dessen Mitglieder waren vor allem einheimische oder aus Paris entsandte Aristokraten, die einem aufwendigen Lebensstil anhingen. Im 17. Jh. ließen sich die vornehmen Parlamentarier von Aix repräsentative, oft palaisartige Stadthäuser errichten, die heute noch architektonisch das Bild des Stadtzentrums prägen. Zu jener Zeit hatte Aix den Ruf einer Stadt des Luxus, des Konsums und der Feste. Die einfache provenzalische Landbevölkerung, die unter Armut und Rückständigkeit zu leiden hatte, fand daran wenig Gefallen. Vom provenzalischen Parlament hatten sie zudem selten Gutes zu erwarten. Ein gängiges Sprichwort nannte es neben Mistral und Durance als eine Geißel der Provence. Mit der Französischen Revolution und der Auflösung des provenzalischen Parlaments verlor Aix seine besondere Position – wohl nur vorübergehend, wenn man die Entwicklung der letzten Jahrzehnte betrachtet.

Wer ein anregend-abwechslungsreiches Ambiente schätzt, ist in Aix gut aufgehoben. Beim Durchstreifen der Innenstadtgassen trifft man auf kleine Märkte und elegante Geschäfte, Fin-de-siècle-Kaffeehäuser und exotische Restaurants. Zahlreiche Cafés und schattige Plätze laden dazu ein, sich im Freien niederzulassen. Störender Autoverkehr bleibt im Innenstadtzentrum ausgesperrt. Mittelpunkt der Altstadt ist die *Place de l'Hôtel de Ville,* der Rathausplatz, dessen Cafés beliebte Treffpunkte für jung und alt abgeben. Mit der barocken Rathausfassade, dem Uhrturm des 16. Jh.s und einem 250 Jahre alten Brunnen bildet er ein abwechslungsreiches architektonisches Ensemble. Sehenswert ist auch der großzügig gestaltete Innenhof des Rathauses. Südlich des Rathausplatzes gelangen wir zur kleinen *Place Richelme,* auf der vormittags ein farbenfroher Obst- und Gemüsemarkt stattfindet. Der

Das Weingut Château Bas. Die Produktion qualitätsvoller Weine bringt auch in der Provence gute Rendite.

Ockerfarbene Fassaden bringen einen warmen Ton in die Stadt. Die Tour d'Horloge (Uhrturm) beim Rathaus von Aix.

Hauptmarkt von Aix (dienstags, donnerstags, samstags) hat allerdings seinen Standort auf der *Place des Precheurs* bei der Kirche *Ste-Marie-Madeleine*. Die um 1700 erbaute Dominikanerkirche birgt in ihrem Inneren ein schönes Renaissancetryptichon der »Verkündigung« eines unbekannten flämischen Meisters.

Überall in der Innenstadt trifft man auf die »Hôtels Particuliers«, die prunkvollen Wohnhäuser der Aristokraten, die mit ihrem ockerfarbigen Stein einen warmen Ton in die Stadt bringen. Die Fassaden dieser Stadtpalais sind oft phantasievoll mit Statuen und Ornamenten geschmückt. Beliebt waren Atlanten, muskulöse Steinmänner, auf deren Schultern Balkone und Türstürze lasten. Auch der Treppengestaltung wurde viel Aufmerksamkeit geschenkt. Der Empfangsbereich der Häuser, wo die Kutschen der Besucher vorzufahren hatten, galt als Ausdruck der sozialen Stellung des Eigentümers. Der schönste Stadtpalast ist der *Pavillon Vendôme* am westlichen Rand der Altstadt, ein eleganter freistehender Bau mit ruhigem französischen Garten. Zwei groteske Giganten tragen den Balkon des ersten Stockes. Die Innenräume mit der ursprünglichen Einrichtung des 17. und 18. Jh.s können besichtigt werden (10–12, 14–17 Uhr, dienstags geschlossen).

Mehrere schöne Palais findet man auch an der Prachtstraße von Aix, der 500 m langen Platanenallee *Cours Mirabeau,* so z. B. das *Hôtel Maurel de Pontèves* mit einer originellen Fassade (Nr. 38). Zwei steinerne Atlanten tragen einen Brunnen, aus dem 34 °C warmes Thermalwasser hervorsprudelt. Der Mitte des 17. Jh.s angelegte Cours Mirabeau diente vor allem der Repräsentation. Hier durften keine Geschäfte eröffnet werden, Maultierkarren und Handwagen nicht fahren. Nur die Karossen der Aristokraten waren zugelassen. Heute ist der

Cours Mirabeau vor allem Flaniermeile. Mehrere Kaffeehäuser dienen dem Sehen und Gesehenwerden.

Unter den Kirchen lohnt vor allem die *Kathedrale St-Sauveur* einen Besuch. Das Bauwerk, das über einen Zeitraum von rund 1200 Jahren immer wieder erweitert und verändert wurde, stellt eine ungewöhnliche Verbindung frühchristlicher, romanischer, gotischer, Renaissance- und Barockbauformen dar. Bemerkenswert sind die Türflügel des Hauptportals, dessen feine Renaissance-Holzschnitzarbeiten Skulpturen von vier Propheten und zwölf Sibyllen zeigen. Neben dem Portal führt ein Pforte in den romanischen Teil der Kirche, der heute im gotisch geprägten Gesamtbau als Seitenschiff dient. Gleich rechts liegt der Zugang zum frühchristlichen *Baptisterium,* dem ältesten Teil des Baukomplexes, der wahrscheinlich schon in der Merowingerzeit (5. Jh.) errichtet wurde. Acht wiederverwendete Säulen eines Römerbaus tragen die Renaissancekuppel über dem in den Boden eingelassenen Taufbecken, wo die Erwachsenentaufe durch Untertauchen des ganzen Körpers vorgenommen wurde.

Im Hauptschiff von St-Sauveur sind einige bemerkenswerte Kunstwerke zu besichtigen: Im Chor hängen flämische Tapisserien des frühen 16. Jh.s mit Szenen aus dem Leben Jesu. An der rechten Wand ist ein Triptychon des Renaissancekünstlers Nicolas Froment (um 1475) zu sehen. Im Zentrum des Bildes steht Maria im brennenden Dornbusch, von den Flammen unberührt – Sinnbild der Jungfräulichkeit Marias. Links daneben finden wir das Passions-Triptychon eines unbekannten Malers des 15. Jh.s. Vom rechten Seitenschiff gelangt man in den kleinen, von fein gearbeiteten Säulen getragenen *Kreuzgang* – ein Ort der Stille und Zurückgezogenheit inmitten des lebhaften Altstadtviertels von Aix.

Unter den Museen sind zwei besonders zu erwähnen: Im *Musée Granet* sind neben Gemälden von Rubens, Matisse und Léger neuerdings auch acht Werke von Cézanne, dem berühmtesten Sohn der Stadt, ausgestellt. Am interessantesten sind jedoch wohl die Exponate, die vom frühen Kunstschaffen der Kelten Zeugnis geben, darunter auffallend der eigenartige keltische Kopfbaum mit seinen maskenhaften, schon fast modern wirkenden Kopfskulpturen. Sie gehen auf den keltischen Kopfkult zurück, von dem antike Autoren berichten. Die Kelten pflegten die Köpfe der besiegten Feinde vor ihrer Haustür anzunageln, wahrscheinlich eine magisch-mystische Handlung, die darauf abzielte, sich die Lebenskraft der Feinde einzuverleiben.

Am anderen zeitlichen Ende des menschlichen Kunstschaffens stehen die Werke des ungarischen Op-art-Künstlers Victor Vasarely, eines der Wegbereiter der kinetischen Kunst. Dessen geometrisch-abstrakte Werke können in der **Fondation Vasarely** besichtigt werden (4 km westlich der Stadt, beim Ortsteil Jas de Bouffon).

Streckenbeschreibung

Wir beginnen die Tour in **Salon** beim Rathaus (Hôtel de Ville) des 17. Jh.s, nehmen hier die vom Altstadtring abzweigende Rue Auguste Mouton. Wir kreuzen ansteigend den Boulevard Lamartine und erreichen einen Kreisverkehr. Hier folgen wir geradeaus dem Hinweis Richtung Pélissanne. Auf der D 17 überqueren wir die Autobahn und einen Bewässerungskanal, um dann gemütlich nach **Pélissanne** hinabzurollen. Dies ist der einzige Ort, den wir bis Aix passieren.

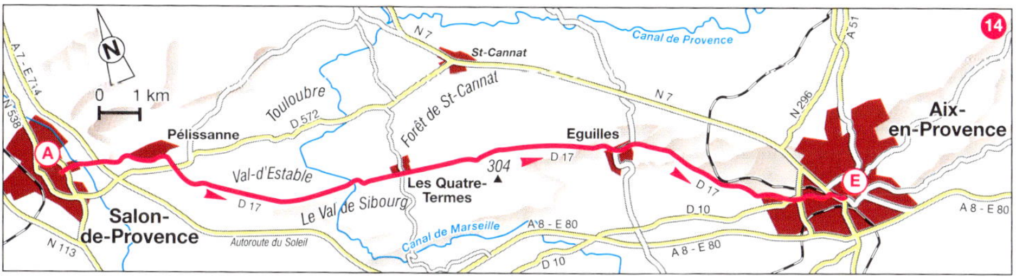

Beim schattigen Dorfplatz finden wir eine Bar und Lebensmittelgeschäfte.

Auf der D 572 fahren wir südlich am Ortszentrum vorbei. Am Ortsende heißt es aufzupassen. Wir müssen nach rechts auf die nach Lancon ausgeschilderte D 15 einbiegen und 100 m weiter diese schon wieder verlassen, um geradeaus auf der kleineren D 17 Richtung Eguilles weiterzuradeln. Ab hier ist die Orientierung problemlos. Bis Aix bleiben wir auf der D 17, die kontinuierlich leicht ansteigt. Wir durchfahren eine Talsenke zwischen zwei niedrigen Höhenzügen, ohne dabei einen Ort zu berühren. Die Landschaft ist anfangs recht karg. Waldbrände haben hier den Pinienwald weitgehend vernichtet. Weiter oben wird die Umgebung dann freundlicher. Nach Norden eröffnet sich ein weites Panorama über sanfte Hügelwellen.

Kurz vor Eguilles mündet von links die D 18 ein. Wir fahren immer geradeaus, nördlich am Ortszentrum von **Eguilles** vorbei und gelangen nach einem kurzen steileren Anstieg zu einem Kreisverkehr. Wir nehmen kurz die nach Aix ausgeschilderte D 543, fahren bei der Gabelung wenig später geradeaus. Wir sind wieder auf der jetzt breiteren und verkehrsreicheren D 17, die streckenweise einen Radstreifen besitzt. Auf glattem Asphalt rollen wir nach **Aix** hinunter, wobei nach Osten kurz die markante Silhouette der Montagne Ste-Victoire sichtbar wird.

Nützliche Informationen

Entfernung: Salon – Pélissanne 6 km; Pélissanne – Eguilles 19 km; Eguilles – Aix-en-Provence 9 km.
Unterkunft: *Aix-en-Provence:* Zahlreiche Hotels aller Kategorien, darunter: Le Manoir, 8 Rue d'Entrecasteaux, 3 Sterne (komfortabel), Tel. 42 26 27 20; Cardinal, 24 Rue Cardinal, 2 Sterne, Tel. 42 38 32 30; Du Casino, 38 Rue Victor-Leydet, 2 Sterne (relativ preiswert, sehr unterschiedliche Zimmer), Tel. 42 26 06 88; Hôtel Paul, 10 Avenue Pasteur, 1 Stern (einfach, gut geführt), Tel. 42 23 23 89. Im Juli finden die renommierten internationalen Musikfestspiele von Aix statt. Hotelvorbestellung ist dann unerläßlich. Zwischen Mai und September ist Vorausbuchung ratsam.
Camping: *Aix-en-Provence:* Airotel Chantecler, Val St-André, Tel. 42 26 12 98 (relativ teuer); Arc en Ciel, Pont des Trois-Sautets, Tel. 42 26 14 28.
Fahrradverleih: *Aix-en-Provence:* Cycles NADEO; Montée d'Avignon, Tel. 42 21 06 93.
Touristeninformation: *Aix-en-Provence:* 2 Place du Général de Gaulle, Tel. 42 16 11 61.
Tourenhinweis: Tour 15 führt von Aix Richtung Mittelmeerküste weiter, Tour 17 nach Norden zum Lubéron.

15 Vom Berg Cézannes zur Grotte der hl. Maria Magdalena

Aix-en-Provence – Pourrières – St-Maximin-la-Ste-Baume – Nans-les-Pins – Plan d'Aups

Tourencharakter: Recht anstrengende Tour mit zwei kräftigen Anstiegen durch die Vorberge der markanten Kalksteinmassive Ste-Victoire und Ste-Baume.
Länge der Tour: 67 km.

Östlich von Aix erhebt sich die **Montagne Ste-Victoire**, ein langgestreckter, isoliert aus dem umgebenden Hügelland aufragender Bergstock von gut 1000 m Höhe. Von Westen gesehen steht der Berg als steiles Felsdreieck über dem Land. Dies war das Lieblingsmotiv des aus Aix stammenden Malers Paul Cézanne. Mehr als 60mal hat er den Berg unter wechselnden Perspektiven und Lichtverhältnissen in seinen Gemälden wiedergegeben. Der Einfluß Cézannes auf die Kunst des 20. Jh.s ist kaum zu unterschätzen. Er malte zwar gegenständlich, aber zielte nicht mehr darauf hin, möglichst

Das markante Felsmassiv der Montagne Ste-Victoire erhebt sich weithin sichtbar über dem sanften Hügelland der Umgebung.

realitätsgetreue Abbilder seiner Malobjekte zu schaffen. Vielmehr wollte er die Wirklichkeit in »plastischen und farblichen Äquivalenten« darstellen. Das gemalte Bild war für ihn eine »Entsprechung« des Realen, nicht aber dessen Kopie. Damit wurde Cézanne zu einem Wegbereiter der abstrakten Kunst der Moderne.

Unsere Tour verläuft zunächst am Südhang der Montagne Ste-Victoire entlang. Auf den Kamm des Gebirges kann man nur nach einer anstrengenden Wanderung gelangen. Nach wie vor führt keine Straße auf die Höhen hinauf. Die einst ausgedehnten Pinienwälder am Fuße des Kalkstockes sind heute weitgehend verschwunden. Sie wurden 1989 Opfer eines verheerenden Waldbrandes. Die Wiederaufforstungsarbeiten sind in Angriff genommen. Noch aber wirkt die Landschaft, die wir durchfahren, karg und abweisend, in ihrer Öde aber dennoch eindrucksvoll.

Mit einer herrlichen Abfahrt gelangen wir wieder in freundlichere Gefilde. Um Pourrières bedecken weithin Weinberge das Land. Die Rebhügel, in denen vor allem leichte Rosé-Weine produziert werden, begleiten uns bis vor die Tore der Kleinstadt **St-Maximin-la-Ste-Baume** (5500 Einwohner). Im Zentrum des Ortes erhebt sich die zwischen 1295 und 1532 errichtete *Basilika*. Sie ist der bedeutendste gotische Kirchenbau der Provence, wo sich ansonsten der aus dem Nordem kommende Baustil nicht durchsetzen konnte. Auch die Erbauer der Basilika von St-Maximin folgten nicht in allem gotischen Bautraditionen. So wurde auf einen Glockenturm ganz verzichtet, wodurch die Kirche wuchtig-gedrungen erscheint. Eindrucksvoll ist die Raumwirkung im Inneren des klar strukturierten Kirchenschiffs. In der *Krypta* sind vier gallorömische Sarkophage mit Reliefdarstellungen zu sehen, die zu den ältesten Zeugnissen des Christentums in Frankreich zählen. Ein stimmungsvoller *Kreuzgang* und ein *Kapitelsaal* mit gotischem Gewölbe, Teile des mittelalterlichen Dominikanerklosters von St-Maximin, schließen sich nördlich an die Basilika an.

Die Kirche von St-Maximin war für Jahrhunderte eines der wichtigsten Pilgerziele Frankreichs. Hier werden die Reliquien der hl. Maria Magdalena aufbewahrt. Nach der Legende hatte die reuige Sünderin der Bibel auf einem ruderlosen Boot bei Stes-Maries die Provence errreicht und anschließend über 30 Jahre als Eremitin in einer Höhle des Ste-Baume-Gebirges gelebt. Die Gebeine der Heiligen waren im frühen Mittelalter nach Vézelay im Burgund überführt worden, angeblich, um sie vor den Sarazenen zu schützen, wodurch Vézelay berühmt und wohlhabend wurde. Der Besitz von Heiligenreliquien brachte im Mittelalter Wohlstand, da er Pilgerströme in die betreffenden Orte zog. Gleichzeitig galt er als Zeichen göttlicher Legitimation für den Machthaber, in dessen Herrschaftsbereich die Überreste der Heiligen gefunden wurden. So verwundert es nicht, daß Karl von Anjou, Herrscher der Provence, die Echtheit der Reliquien von Vézelay bestritt, überall graben ließ, wobei 1270, natürlich »zufällig«, die richtigen Gebeine der hl. Maria Magdalena bei St-Maximin wiedergefunden wurden. Nachdem auch der Papst von der Echtheit der Reliquie überzeugt war – dieser konnte sich einen Affront gegen das mächtig gewordene Herrscherhaus der Anjou nicht leisten –, entwickelte sich nun St-Maximin zu einem wohlhabenden Pilgerzentrum, wohingegen Vézelay seine Bedeutung verlor.

Von St-Maximin, das als Ort nichts Besonderes zu bieten hat, fahren wir nach Süden zum **Massif de la Ste-Baume**, dessen Nordflanke wir hinter Nans-les-Pins mit einem kräftigen Anstieg erklimmen müssen. Auf unserem Weg zur Küste könnten wir das Gebirge natürlich auch westlich umfahren, müßten uns allerdings dabei durch den dichten Verkehr im weiteren Einzugsbereich von Marseille quälen. Das Ste-Baume-Gebirge bietet zudem ausgesprochen schöne Landschaften. Der gut 1000 m hohe Bergstock aus Kalkgestein erhebt sich nach Norden mit einer 300 m hohen Steilkante über einem vorgelagerten Plateau. An die Felswand klammern sich die Gebäude der Wallfahrtsstätte bei der Grotte der hl. Maria Magdalena. Darunter wächst im Schatten der Felsen ein dichter, dunkler Wald mit schönem alten Baumbestand, wie er in der Provence nur selten anzutreffen ist. Schon den Galliern galt der Wald am Ste-Baume-Gebirge als heilig. Holz durfte hier nicht geschlagen werden. Auch auf den Hauptkamm des Ste-Baume-Massivs führt keine Straße hinauf. Allerdings kann man auf einer knapp zweistündigen Wanderung leicht zum Bergrücken hinaufsteigen. Dabei passiert man die mit dem üblichen Pilgerkitsch ausgeschmückte Meditationshöhle der hl. Maria Magdalena. Ganz oben, bei der winzigen St-Pilon-Kapelle, genießt man dann einen der schönsten Ausblicke der gesamten Provence. Vom Meer bis zu den provenzalischen Voralpen reicht an klaren Tagen der Blick. (Ausgangspunkt der Wanderung beim Kulturzentrum Hôtellerie de la Ste-Baume; über die Wiesen zum Waldrand vorgehen, dann der rot-weißen Markierung folgen.)

Das Massif de la Ste-Baume ist ein typisches provenzalisches Kalkgebirge, das markante, in der Sonne hell aufleuchtende Kammlinien zeigt.

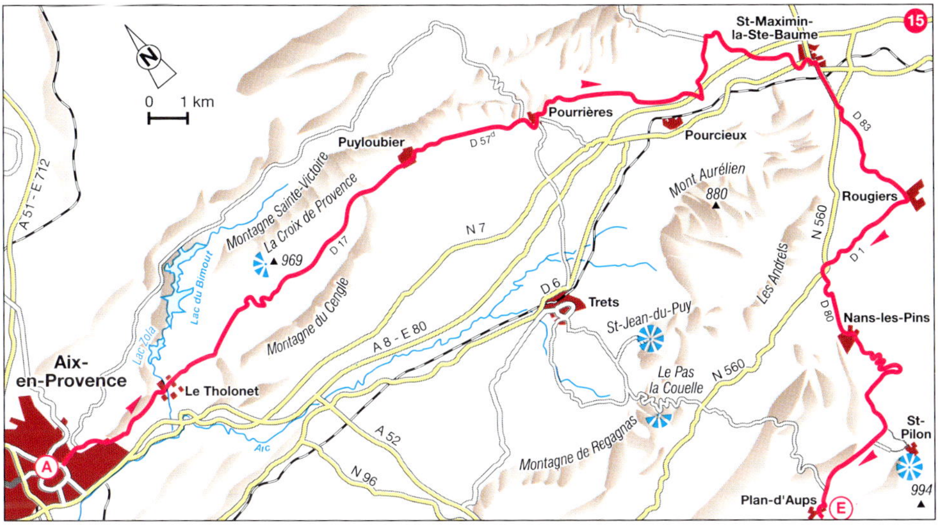

Streckenbeschreibung

In **Aix** fahren wir zunächst den Cours Mirabeau hinauf. Bei der Ampelanlage an dessen Ende halten wir uns leicht rechts, nehmen die Rue du Joffre, die ansteigend die große Ringstraße Boulevard Carnot kreuzt. Danach orientieren wir uns an den Hinweisschildern Richtung Le Tholonet, passieren dabei einen Kreisverkehr mit Springbrunnen am Ortsrand von Aix. Wir folgen jetzt mit einigem Auf und Ab der D 17. Mit einer schönen Abfahrt durch duftenden Pinienwald rollen wir nach *Le Tholonet* hinein. Beim Ortsanfang führt eine Platanenallee nach links zu einem Schloß des 18. Jh.s, das allerdings nicht zu besichtigen ist.

Wir bleiben auf der D 17 Richtung Puyloubier, wobei wir noch im Ort einen kurzen steilen Anstieg zu bewältigen haben. Danach geht es für einige Kilometer nur noch leicht bergan. Das mächtige Kalkmassiv der Montagne Ste-Victoire begrenzt den Horizont nach Nordosten. Nachdem wir einen Bach nach links gekreuzt haben, müssen wir kurzzeitig kräftiger in die Pedale treten. Hinter dem winzigen *St-Antonin* geht es durch unwirtliche Landschaft nochmals ein Stück bergauf, ehe eine herrlich lange Abfahrt beginnt. Bis *Puyloubier* können wir die Räder rollen lassen.

Am Ortsanfang biegen wir nach links, folgen der Beschilderung Richtung Pourrières südlich am Ortszentrum vorbei. Noch im Ort nehmen wir den zweiten Abzweig nach rechts abwärts. Wir sind jetzt auf der kleinen D 57d, die uns zügig ins 6 km entfernte **Pourrières** bringt. Hier biegen wir nach links in die ansteigende D 23 Richtung Rians, fahren in der folgenden Linkskurve nach rechts abwärts zu einem Kreisverkehr, wo wir den Hinweisen »Pompiers / Le Couvent« folgen. Auf ansteigender Straße verlassen wir Pourrières nach Osten, fahren geradeaus auf der Avenue des Bastides, die sich zum Landwirtschaftsweg Chemin de Berthoire verengt. Durch ausgedehnte Weinfelder ansteigend, gelangen wir zur Autobahn, vor der wir auf einen holprigen Teerweg nach links einbiegen. Unter der Autobahn durch fahren wir um den hier im Boden verschwindenden Canal de Provence herum, um einer kräftig ansteigenden Straße parallel zur Autobahn zu folgen. Auf der Höhe biegen wir nach links in die D 203. Über *Ollières* und die D 3 gelangen wir zügig nach **St-Maximin-la-Ste-Baume.**

Auf der N 560 Richtung Marseille verlassen wir die Stadt wieder. Nach einem kräftigen Anstieg am Ortsrand biegen wir nach links in die ruhigere D 83, die uns mit einigem Auf und Ab nach *Rougiers* bringt. Von hier folgen wir der D 1 etwa 4 km Richtung Aubagne, um dann nach links auf die D 80 Richtung **Nans-les-Pins** abzuzweigen. Nach dem Ort, dessen Zentrum wir östlich umfahren, beginnt der harte Anstieg zum Ste-Baume-Massiv. Auf 4 km sind etwa 230 Höhenmeter zu überwinden. Weite Ausblicke über das grüne Tal der Huveaune belohnen die Mühen. Auf der Höhe führt dann unsere D 80 weitgehend eben über das dem Bergstock vorgelagerte Plateau. Bei einer Querstraße biegen wir nach rechts, passieren das Kulturzentrum *Hôtellerie de la Sainte Baume* mit Restaurant und Bar und erreichen 3 km weiter die verstreuten Häuser von **Plan d'Aups.**

Nützliche Informationen

Entfernung: Aix – Pourrières 27 km; Pourrières – St-Maximin 15 km; St-Maximin – Nans-les-Pins 14 km; Nans-les-Pins – Plan d'Aups 11 km.
Unterkunft: *Plan d'Aups:* Hotel-Restaurant Lou Pebre d'Ai, 2 Sterne, Tel. 42 04 50 42 (montags Ruhetag); Hotel-Rest. Les Cèdres, 1 Stern, Tel. 42 04 50 03
Touristeninformation: *St-Maximin-la-Ste-Baume:* Hôtel de Ville, Tel. 94 78 00 09.

16 Felswildnis am Meer

Plan d'Aups – Col de l'Ange – Gémenos – Roquefort – Cassis

Tourencharakter: Nicht sehr schwierige Tour mit zwei Anstiegen und schönen Abfahrten. Hinter Gémenos einige Kilometer verkehrsreiche Nationalstraße.
Länge der Tour: 39 km.

Zunächst bleiben wir noch im Ste-Baume-Gebirge und erklimmen den Col d'Espigoulier (728 m). Von hier oben eröffnet sich ein weites Panorama über das Becken von Marseille, das mit seiner dichten Besiedlung in starkem Kontrast zu den menschenleeren Kalkgebirgen der Umgebung steht. Vom Paß fällt die Straße in vielen Kurven steil ab. Etwa 3 km, bevor wir das am Fuß des Berges gelegene Gémenos erreichen, passieren wir den **Parc de St-Pons** mit seinem schönen Baumbestand, einem schönen Rastplatz mit einem kleinen Wasserfall und der Ruine eines Zisterzienserklosters des 13. Jh.s.

Bei Gémenos stoßen wir an den östlichen Rand des Ballungsraums von Marseille. Für 3,5 km müssen wir eine verkehrsreiche Nationalstraße benutzen. Ausweichmöglichkeiten gibt es nicht. Dann gilt es noch einen letzten Höhenzug zu überwinden, ehe endlich die blaue Küste vor uns auftaucht. Mit einer schönen Abfahrt, die erst an der Hafenmole von Cassis endet, erreichen wir das Meer.

Cassis (6300 Einwohner) ist ein noch relativ ruhiger Badeort, der weniger überdreht wirkt als die Touristenhochburgen an der Côte d'Azur weiter östlich. Dies gilt allerdings nicht für den Hochsommer und an Wochenenden, wenn halb Marseille anreist. An den Rändern des Ortes wuchert der übliche Siedlungsbrei in den Pinienwald, aber das alte Zentrum am Hafen wirkt lebendig und anregend. Eine verkehrsberuhigte Hafenpromenade mit zahlreichen Restaurants und Bars bildet den Mittelpunkt von Cassis, das auch drei kleinere Sandstrände zu bieten hat.

Das Schönste an Cassis ist jedoch die landschaftliche Umgebung. Östlich ragen Frankreichs höchste Steilklippen fast 400 m hoch aus dem Meer. Eine Höhenstraße, die Route des Crêtes, führt mit spektakulären Ausblicken an der Steilküste entlang. Nach Westen erstreckt sich bis vor die Tore von Marseille eine einsame Meeres- und Felslandschaft, wo nichts zu hören ist als die Schreie der Möwen und das Rauschen des Meeres. Das schroffe Küstengebirge fällt mit steilen Kalkfelsen zum Meer hin ab. In tiefeingeschnittenen Fjorden, den Calanques, läßt es sich herrlich baden. Hohe Felswände und -spitzen, an die sich windgekrümmte

Das Kalkwunder von Marseille. Nur wenige Kilometer entfernt von der lärmigen Großstadt erstreckt sich eine unverbaute, wild-einsame Küstenlandschaft.

Der schon in griechischer Zeit genutzte alte Hafen von Marseille dient heute nur noch Freizeitkapitänen als Ankerplatz.

Seekiefern klammern, umrahmen das türkisfarbene Wasser der Buchten, die nur zu Fuß oder mit dem Boot zu erreichen sind. Überraschend ist, daß sich in dieser intensiv erschlossenen Region ein derartig einsamer und wilder Küstenabschnitt finden läßt. Das Gebiet der Calanques ist weitgehend unbesiedelt und nicht durch öffentliche Straßen erschlossen (und deshalb auch nicht mit dem Rad anzufahren). Mit ihren Felspfaden hoch über dem Meer ist sie eine ausgesprochen spannende Wanderregion.

Von Cassis ließe sich die Tour über die D 559 bis Marseille verlängern. Wegen des starken Verkehrs sollte man jedoch hier besser Bahn oder Bus nehmen. Das knapp 900 000 Einwohner zählende **Marseille** fällt aus dem Provence-Klischee heraus. Demjenigen, der die Natur der Provence sucht, scheint die Stadt wenig zu geben: eine unruhige Metropole, die alle Spannungen der Modernität in sich vereinigt. Zwar wird das Gerücht, Marseille habe eine besonders hohe Kriminalitätsrate, durch die Statistik widerlegt, aber ohne Zweifel geht es in Marseille vielfach laut, chaotisch und hektisch zu. Die Stadt ist von sozialen Spannungen geprägt, die auch im Alltagsleben sichtbar werden. Zugleich macht aber auch das Völkergemisch die Hafenstadt, in der neben Hunderttausenden Nordafrikanern auch Griechen, Armenier, Italiener, Portugiesen und Korsen in großer Zahl leben, besonders farbig und interessant.

Doch ist die Stadt nicht nur für Freunde großstädtischen Lebens spannend. Kaum eine andere Großstadt Europas lebt in so starkem Bezug zu ihrer Naturumgebung. Das Meer ist immer präsent; im Vieux Port, dem alten Hafen, dringt es ins Stadtzentrum ein. Noch im Stadtbereich erstrecken sich breite Strände. Vom Aussichtspunkt Notre-Dame-de-la-Garde wird vollends deutlich, wie Stadt und Meer aufeinander bezogen sind. Zugleich sieht man, wie Marseille zum Binnenland hin übergangslos an eine urtümliche, karge Landschaft grenzt. Die Kalkberge, welche die Stadt umgeben, haben sich als natürliche Grenze der Zersiedelung und Stadterweiterung erwiesen.

Der Besuch des alten Hafens gehört auch zum eingeschränktesten Marseille-Programm. Der *Vieux Port* ist seit der griechischen Kolonisation im 6. Jh. v. Chr. Zentrum der Stadt. Er dient heute nur noch als Jachthafen. Sehenswert ist der täglich zwischen 7 und 9 Uhr am Quai des Belges stattfindende Fischmarkt. Vom Parc du Pharao am Südostende des alten Hafens genießt man vor allem bei Sonnenuntergang einen herrlichen Blick über den Vieux Port. Nördlich des alten Hafens lohnt das *Panier-Viertel* einen Rundgang. In den ruhigen Gassen und kleinen Plätzen wird das Marseille der Vorkriegszeit lebendig. Die Geräuschkulisse ist hier noch mehr von Menschenstimmen als vom Autolärm bestimmt. Über den Sträßchen hängt die Wäsche, von schmalen Häusern blättert der Putz, während daneben andere Gebäude edel renoviert und farbig neu gestrichen werden. Am Rande des Quartier Panier steht die restaurierte Anlage der *Vieille-Charité*. Das barocke ehemalige Armenhospiz beherbergt heute ein Kulturzentrum und das archäologische Museum mit bedeutenden Werken vor allem der ägyptischen Kunst.

Die *Canebière,* die ehemalige Prachtstraße Marseilles, unterscheidet sich heute nicht mehr von anderen Großstadtboulevards. Einige Bauten, so die Börse, erinnern an die wirtschaftliche Blütezeit der Stadt im 19. Jh., als Marseille als Handelshafen des expandierenden französischen Kolonialreichs zu Wohlstand kam. Im *Quartier Belsunce,* nur wenige Schritte von der Canebière entfernt, fühlt man sich nach Nordafrika versetzt. Das Viertel der arabischen Einwanderer liegt in Marseille mitten im Zentrum.

Die hoch auf einem Hügel über der Stadt gelegene große Kirche *Notre-Dame-de-la-Garde* wurde im Zuge der kirchlichen Gegenbewegung gegen den säkularen Geist der Französischen Revolution zwischen 1853 und 1870 im prunkvollen neobyzantinischen Stil errichtet. Der Blick vom 162 m hohen Kirchenhügel ist phantastisch und

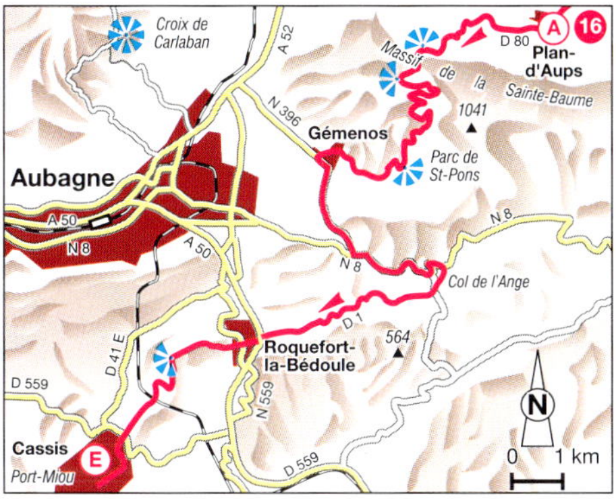

gehört zu jedem Marseille-Besuch. Unterhalb von Notre-Dame und nahe beim alten Hafen liegt *St-Victor.* Der romanische Bau mit seinen großen, nahezu fensterlosen Mauern wirkt fast wie eine Festung. Sehenswert sind die Krypten mit 1500 Jahre alten Sarkophagen, die noch aus einem Vorgängerbau des 5. Jh.s stammen und damit zu den ältesten christlichen Bauwerken Frankreichs zählen.

Ein besonderes Naturerlebnis ist schließlich die Bootsfahrt vom alten Hafen zur Insel-Festung *Château d'If,* auf der Alexandre Dumas in seinem berühmten Roman den Grafen von Montechristo einsitzen läßt. Der Graf war eine Erfindung des Schriftstellers, aber das Château diente in der Tat vom 17.–19. Jh. als Staatsgefängnis. Mit dem Stadtbus gelangt man in die Küstendörfer Les Goudes und Callelongue am südlichen Stadtrand von Marseille. Hier beginnt die nur zu Fuß zugängliche wilde *Calanque-Küste,* eine felsige Uferlandschaft von geradezu verblüffender Einsamkeit und Unberührtheit.

Streckenbeschreibung

Von **Plan d'Aups** fahren wir weiter auf der D 80 nach Westen. Nach einer leichten Abfahrt biegen wir nach links in die Richtung Gémenos ansteigende D 2. Die aussichtsreiche Fahrt hinauf zum *Col de l'Espigoulier* (gut 100 Höhenmeter auf 3 km) bereitet keine besonderen Probleme. Vom Scheitelpunkt fällt die Straße in vielen Serpentinen ab und tritt schließlich in das *Vallon de St-Pons* mit seinem Park ein. Auf bequemer Straße rollen wir nach **Gémenos** hinein, dessen Zentrum wir südlich umfahren, um dann nach links in die N 396 Richtung Cuges einzubiegen.

Wir gelangen zur stark befahrenen N 8, der wir gut 3 km zum **Col de l'Ange** folgen müssen, wobei etwa 100 Höhenmeter zu überwinden sind. Beim Paß biegen wir nach rechts in die D 1, auf der wir bis zu unserem Etappenziel Cassis bleiben. Nochmals ist eine Steigung zu überwinden, wobei wir eine herrliche Landschaft steiler Kalkkuppen, karger Garrigue und dunklen Pinienwaldes durchqueren. Über das etwas zersiedelte **Roquefort-la-Bédoule,** wo wir die breite N 559a kreuzen, geht es dann auf der meist abfallenden D 1 bequem hinunter nach **Cassis.**

Nützliche Informationen

Entfernung: Plan d'Aups – Gémenos 19 km; Gémenos – Col de l'Ange 6 km; Col de l'Ange – Cassis 14 km.
Unterkunft: *Cassis:* Insgesamt 13 Hotels, darunter: Les Roches Blanches, Route des Calanques, 3 Sterne, Tel. 42 01 09 30; Du Grand Jardin (zentral, freundlich), 2 Rue Pierre-Eydin, 2 Sterne, Tel. 42 01 70 10; Le Commerce (relativ preiswert, nicht ganz ruhig), 2 Rue Saint-Clair, 1 Stern, Tel. 42 01 90 10.
Camping: *Cassis:* Les Cigales, Avenue de la Marne, Tel. 42 01 07 34.
Touristeninformation: *Cassis:* Place Baragnon, Tel. 42 01 71 17. *Marseille:* 4 La Canebière, Tel. 91 54 91 11.
Tourenhinweis: Von Cassis mit dem Rad weiter an der Küste entlangzufahren, bereitet wenig Freude. Meist muß man sich durch dichten Verkehr quälen. Für die Weiterfahrt empfielt sich deshalb, die Bahn zu nehmen. Über Marseille gelangt man leicht zurück nach Aix. Die Nahverkehrszüge auf dieser Route transportieren kostenlos Fahrräder. In östliche Richtung kann man das Rad bis Hyères mitnehmen (5 Verbindungen täglich, z. T. mit Umsteigen in Toulon). Von hier könnte man auf ruhigen Straßen durch das Hügelland des Haut-Var nach Norden und Osten fahren (s. Touren 36–40).

17 Durch die Weinberge des südlichen Lubéron

Aix-en-Provence – Pertuis – La Tour-d'Aigues – Étang de la Bonde – Cucuron – Lourmarin

Tourencharakter: Mittelschwere Tour durch freundliches Hügelland mit alten Dörfern zum Lubérongebirge. Diverse Steigungen, alle nicht sehr lang oder übermäßig steil.
Länge der Tour: 49 km.

Aus dem geschäftigen Einflußbereich der Großstadt Aix radeln wir nach Norden Richtung Durance und Lubéron. Noch im Ort müssen wir zwei ordentliche Anstiege bewältigen. Danach gelangen wir bald in sanft gewelltes Hügelland mit viel Weinbau und Obstkulturen, durchradeln ruhiges Bauernland. Nach einem erneuten Anstieg und einer herrlichen Abfahrt erreichen wir die Ebene der Durance, überqueren dann bei Pertuis das kiesige, breite Bett des Flusses, der über Jahrhunderte mit seinen verheerenden Überschwemmungen Not und Elend über das Land brachte.

Nördlich der Durance setzt sich das harmonische Hügelland der Weinberge und Obstgärten bis zum Fuße des Lubéron fort, der als langgestreckter dunkelgrüner Höhenrücken den Horizont nach Norden begrenzt. Auf unserem Weg zum Gebirge kommen wir durch verwinkelte alte Dörfer und Kleinstädte, allesamt ohne herausragende Sehenswürdigkeiten, aber mit typisch provenzalisch gelassenem Flair. Das vergleichsweise städtisch wirkende **Pertuis** (12 000 Einwohner) besitzt noch einige Tore und Türme seiner mittelalterlichen Stadtbefestigung, vor allem aber mehrere Straßencafés, die sich für ein kurze Rast anbieten. **La Tour-d'Aigues** (2500 Einwohner) besaß einst das prächtigste Renaissanceschloß der Provence. Die im 16. Jh. errichtete Anlage wurde während der Französischen Revolution durch eine Feuersbrunst verwüstet. Aber auch als Ruine ist das Bauwerk, an dem fleißig restauriert wird, noch eindrucksvoll. Das reich geschmückte, monumentale Eingangstor spiegelt die Architektur römischer Triumphbögen wider.

Am idyllischen Badesee **Étang de la Bonde** vorbei erreichen wir das ruhige **Cucuron** (1400 Einwohner), ein provenzalisches Dorf aus dem Bilderbuch, das sich seine Eigenart bewahrt hat und das noch nicht in die Hand wohlhabender Zweitwohnungskäufer übergegangen ist. Die Landflucht ist in diesem Teil des provenzalischen Berglandes nicht mehr so ausgeprägt, seitdem Weinlagen der Côtes du Lubéron die höchste Qualitätsstufe »Appellation contrôlée« zuerkannt wurde und der Weinbau wieder eine Existenzgrundlage bietet. Vom mittelalterlichen Burgrest beim höchsten Punkt des Ortes reicht der Blick über rote Ziegeldächer weit ins Land bis zur markanten Silhouette der Montagne Ste-Victoire bei Aix.

Über das kleine **Vaugines** mit seinem auf einem keltischen Quellheiligtum errichteten romanischen Kirchlein gelangen wir schließlich in den beliebten Ferienort **Lourmarin** (900 Einwohner), beliebtes Terrain für gut betuchte Zweitwohnungsbesitzer. Im Sommer, wenn alle anreisen, verdreifacht sich seine Einwohnerzahl innerhalb weniger Tage. Das schön gelegene, baulich unversehrte Dorf wird von einem Renaissanceschloß überragt, dessen restaurierte Innenräume man im Rahmen geführter Rundgänge besichtigen kann. Auf dem Ortsfriedhof findet man das bescheidene Grab des 1913 in Algerien geborenen Schriftstellers und Philosophen Albert Camus, der lange in Lourmarin lebte. 1960 kam er bei einem Autounfall ums Leben.

Streckenbeschreibung

Wir verlassen **Aix** nach Norden auf der bei der Place Bellegarde vom Altstadtring abzweigenden Avenue Jules Isaac. Diese steigt steil zu einem Kreisverkehr an. Hier fahren wir geradeaus, ein Stück bergab, dann wieder bergan auf der Ancienne Route des Alpes. Wo diese auf die N 96 stößt, biegen wir nach links in den Teerweg Chemin des Platanes. Nach kurzem Anstieg treffen wir auf eine breitere Querstraße vor einem Aquädukt (Bogenbrücke). Wir biegen nach

Viele der kleinen Dorfläden der Provence mußten mangels Kundschaft ihre Pforten schließen. Nicht so in Lourmarin.

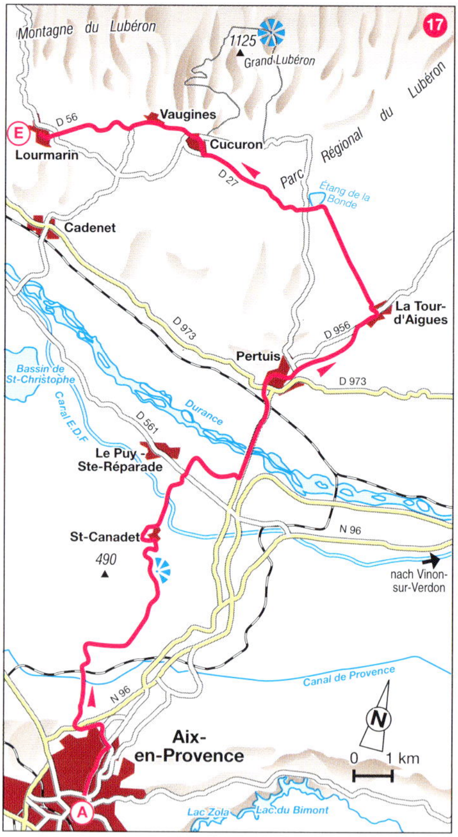

links, fahren unter dem Aquädukt durch. Auf dem Chemin de la Rose unterqueren wir wenig später die Autobahn, biegen dahinter nach rechts und gelangen zurück zu dieser. Hier nehmen wir die nach links absteigende CV 13 (Chemin de St-Donat). Auf dem gemütlichen Sträßchen geht es zu einer Querstraße bei einer Bahnunterführung bergab. Gleich hinter der Bahnbrücke biegen wir nach rechts in den Chemin le Revest. Links an einem schloßartigen Anwesen vorbei treffen wir erneut auf eine Querstraße, der wir nach rechts zur D 13 folgen.

Auf dieser breiten, aber nicht sehr verkehrsreichen Straße steigen wir Richtung Le Puy-Ste-Réparade an. Vom Scheitelpunkt fällt die Straße mit einer aussichtsreichen Abfahrt zum Durancetal ab. Etwa 500 m nach Überqueren eines breiten Bewässerungskanals müssen wir nach rechts in die nicht beschilderte D 15G einbiegen. In der Ebene kreuzen wir die breite D 561, biegen 500 m weiter nach rechts in die D 15. Bei der großen Durancebrücke von Pertuis treffen wir auf die verkehrsreiche D 956, der wir jetzt für 4 km folgen müssen. Nachdem wir den Fluß überquert haben, können wir auf einem Radstreifen dem Verkehr ausweichen.

Am Ortsrand von **Pertuis** folgen wir der Beschilderung Centre Ville nach links, fahren ganz bis zum Kirchplatz mit kleinem Obelisken hoch. Hier nehmen wir die schräg rechts abwärts führende Gasse, die bei einem Turm der mittelalterlichen Stadtbefestigung die D 956 erreicht. Wir fahren 50 m nach rechts zu einem Kreisverkehr, biegen nach links in die Rue Resini. Bei zwei Gabelungen kurz darauf sich links haltend, gelangt man auf das Sträßchen V.C.6 de l'Espigon. Diese führt durch Wiesen und Felder zurück zur D 956, auf der man nach **La Tour-d'Aigues** gelangt, wo man bis zum Schloß hochfährt.

Wir verlassen den Ort nach Nordwesten auf der D 120, folgen den Hinweisen nach

Am Fuße des Lubéron liegt der kleine Stausee Étang de la Bonde.

La Motte. Gleich hinter La Tour-d'Aigues durchfahren wir eine Senke, halten uns bei der Gabelung darauf rechts. Beim folgenden Rechtsabzweig der D 120 fahren wir geradeaus auf der D 37 weiter, die mit kontinuierlichem, leichtem Anstieg zur D 27 führt, auf die wir nach links einbiegen. Rechter Hand liegt der Badesee **Étang de la Bonde.**

Auf der glatten, wenig befahrenen D 27 durchradeln wir freundlich-sanftes Hügelland bis nach **Cucuron**. Von hier bis Lourmarin könnte man auf der bequemen D 27 bleiben. Reizvoller ist die Route über das alte Dorf Vaugines. Dazu fährt man zum Ortszentrum von Cucuron hoch, biegt hier nach links in die D 189, von der man östlich des Ortes auf die D 56 abzweigt. Bis *Vaugines* müssen wir nochmals für einen guten Kilometer kräftig in die Pedale treten. Mit einer herrlichen Abfahrt durch malerische Landschaft erreichen wir **Lourmarin.**

Nützliche Informationen

Entfernung: Aix – Pertuis 23 km; Pertuis – La Tour-d'Aigues 7 km; La Tour-d'Aigues – Cucuron 12 km; Cucuron – Lourmarin 7 km.

Unterkunft: In *Cucuron* zwei sympathische Häuser: Hôtel L'Étang, beim Dorfteich, 2 Sterne, Tel. 90 77 21 25; L'Arbre de Mai, im alten Ortskern, 2 Sterne, Tel. 90 77 25 10. Im touristischeren *Lourmarin* mehrere Hotels; preiswert das Le Paradou, 2 km nördlich an der Straße nach Apt, mit einfachem, ordentlichem Restaurant, 1 Stern, Tel. 90 68 04 05. Zimmervermietung auch bei der Touristeninformation.

Gîte d'Etape: *Cucuron:* La Rasparine, Mme Bremond, Tel. 90 77 21 46. *Lourmarin*: Du Four à Chaux, M. Glardon, Tel. 90 68 11 10.

Camping: Am *Étang de la Bonde,* Camping de la Bonde, Tel. 99 77 63 64. *Cucuron:* Lou Baradeu, 1 km östlich an der D 27, Tel. 90 77 21 46. *Lourmarin:* Les Hautes Prairies, an der D 56 nach Vaugines, Tel. 90 68 02 89.

Touristeninformation: *Lourmarin:* 17 Avenue Philippe de Girard, Tel. 90 68 10 77.

18 Im Herzen der Provence – Vom Lubéron ins Vaucluse

Lourmarin – Bonnieux – Lacoste – Gordes – Fontaine-de-Vaucluse

Tourencharakter: Mittelschwere Tour durch das malerische Bergland des Lubéron und der Vauclusehöhen. Kräftiger Anstieg vor Bonnieux. Die weiteren Steigungen sind allesamt nicht sehr lang.

Länge der Tour: 45 km.

Das Hügelland in der Senke von Apt – zwischen Fontaine-de-Vaucluse im Westen und Forcalquier im Osten – zählt zusammen mit dem sudlich angrenzenden Lubérongebirge und den nördlich sich anschließenden Vauclusehöhen zu den abwechslungsreichsten Landschaften der Provence. Sehr ursprüngliches Bergland mit trockenen Buschwäldern, Macchiaheiden und einsamen Kalkschluchten grenzt an freundliches Bauernland mit stolzen Gehöften, Obstbaumwiesen und Weinbergen.

Überall findet man verschachtelt gebaute alte Dörfer, die allerdings manchmal etwas leblos wirken. Viele der Bewohner sind in die Städte und an die Küste gezogen, wo sich bessere Verdienstmöglichkeiten boten. Schon in den fünfziger Jahren wurde diese Region zum Geheimtip der Pariser Intellektuellen und Künstler, die sich in den verlassenen Bauernhäusern niederließen. Ihnen folgten stadtmüde, oft gut betuchte Bürger, darunter viele Ausländer, vor allem Deutsche, Belgier und Niederländer. Nach den ersten Aussteigern, die die verfallenen Häuser noch eigenhändig instand setzten, wird jetzt meist edelst restauriert oder im alten Stil neu gebaut. Trotz aller bemühter Anpassung an traditionelle Bauformen – dem Beton werden allerorten Bruchsteinfassaden vorgeblendet – wirken diese Wohlstandsfestungen mit ihren Swimmingpools und

Das alte Gordes mit seinem Renaissanceschloß liegt in perfekter Panoramalage hoch über dem Land.

davor geparkten PS-starken Karossen wie Fremdkörper in einer Landschaft, die immer noch durch bäuerliches Wirtschaften geprägt ist.

Unsere Tour führt uns zunächst in die Combe de Lourmarin, ein von Kalkfelsen gesäumtes Engtal, das den teilweise noch bewaldeten, lieblicheren Grand Lubéron vom unwirtlicheren Petit Lubéron trennt. Das schön gelegene **Bonnieux**, das wir nach kräftigem Anstieg erreichen, ist mit 1400 Einwohnern ein vergleichsweise lebendiger Ort. Seine Häuser erklimmen malerisch eine Bergflanke. Ganz oben, vom Vorplatz der romanischen Dorfkirche, bietet sich eine herrliche Aussicht über das Hügelland der Calavonsenke zum Lubéron und den Vauclusehöhen mit den nächsten Etappenpunkten Lacoste und Gordes.

Das verwinkelte **Lacoste** hat nur noch etwa 300 permanente Einwohner. Stille Pflastergassen führen durch das halb entvölkerte Dorf hinauf zu den düsteren Mauern einer Burgruine, einst Stammsitz der Familie de Sade. Ende des 18. Jh.s hauste hier der berüchtigte Marquis de Sade, um seinen perversen Neigungen nachzugehen. Aber nicht nur wegen der Sittenskandale, sondern auch wegen seiner radikal aufklärerischen und obrigkeitsfeindlichen Ansichten fiel der

Die äußerst ergiebige Karstquelle von Fontaine-de-Vaucluse läßt quasi aus dem Nichts den Fluß Sorgue entstehen.

»Erfinder« des Sadismus beim König in Ungnade. 1772 wurde er zum Tode verurteilt. Der Hinrichtung konnte er sich durch Flucht nach Italien entziehen. Begnadigt unter der Auflage, sich fortan anständig zu verhalten, kehrte er nach Lacoste zurück, wurde aber gleich verhaftet und ins Gefängnis gesteckt. Hier verfaßte er den Hauptteil seiner Werke. 1814 starb der »göttliche Marquis« in einer Irrenanstalt.

Von Lacoste fahren wir ins Tal des Calavon hinunter. Nachdem wir den arg verschmutzten Fluß überquert haben, passieren wir die barocke Wallfahrtskirche **Notre-Dame-de-Lumières,** angeblich Ort zahlreicher Wunderheilungen, von denen naive Votivgaben Zeugnis geben. Durch grünes Bauernland geht es dann zum höchst malerisch am Rand der Vauclusehöhen gelegenen **Gordes** (370 Einwohner), Idealtypus des edelrestaurierten Provencedorfes. Auch die letzte zusammengefallene Bruchsteinmauer ist hier inzwischen wieder perfekt zusammengesetzt. Den stillen Charme halb verfallener Provencedörfer anderswo wird man hier vergeblich suchen. Zu viele Zweitwohnungskäufer und die Menge der Touristen haben Gordes etwas die Seele genommen. Aber die Ästhetik stimmt. Die unverputzten alten Häuser des Ortes stehen verschachtelt

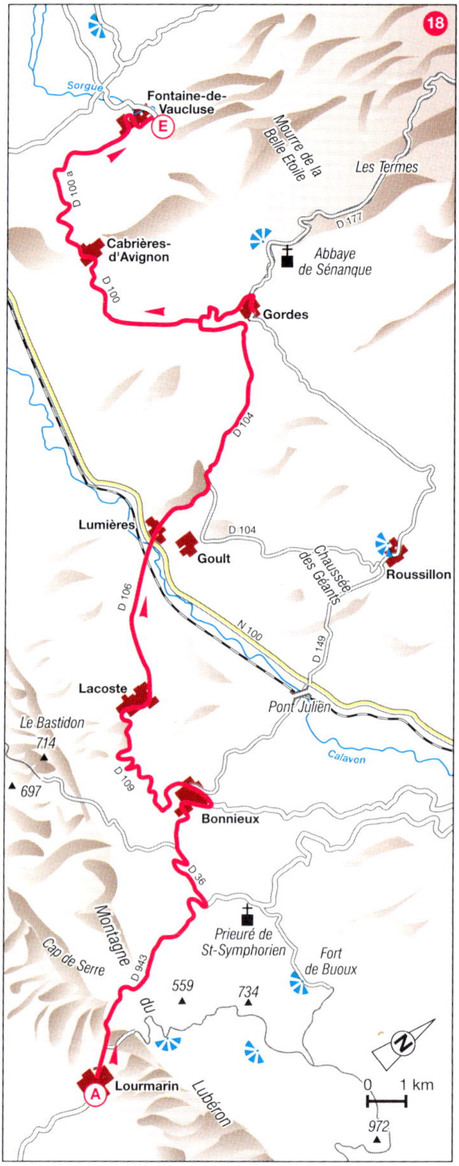

am Hang hoch über der Ebene. Das Renaissanceschloß im Zentrum setzt einen hellen Akzent gegen den dunkelgrünen Höhenrücken des Vauclusehochlandes. Schon in den dreißiger Jahren ließen sich in Gordes die ersten Künstler und Kunsthandwerker nieder. Später kamen wohlhabende Bürger mit Sinn fürs gehobene Ambiente hinzu. Der bekannteste Neubürger, der ungarische Op-art-Künstler Victor Vasarely, kaufte gleich das ganze Schloß und richtete hier sein Musée Didactique ein, wo man sich mit seinem Werk vertraut machen kann (zu besichtigen 10–12 und 14–18 Uhr, außer Dienstag). Unbedingt sehenswert ist das in der Nähe von Gordes gelegene Kloster Sénanque (s. S. 109). Einen Besuch lohnt auch das **Village des Bories** 3 km westlich des Ortes, eine Ansammlung der eigenartigen, mörtellos aus Schichtsteinen zusammengefügten kegelförmigen Steinhütten, die man überall im Lubéron und Vaucluse finden kann. Diese im ganzen Mittelmeerraum verbreitete Bauform (Nuraghen in Sardinien, Trulli in Apulien), geht wahrscheinlich auf frühgeschichtliche Zeiten zurück. Die heute noch zu findenden Bories müssen jedoch erheblich jüngeren Datums sein, da ihre schlichte Konstruktion sie schnell zusammenfallen läßt. Bis in jüngste Zeit dienten sie als Vorratslager, Stallung oder kühler Aufenthaltsort bei der sommerlichen Feldarbeit.

Auch **Fontaine-de-Vaucluse** (600 Einwohner) ist tagsüber fest in der Hand der Touristen. Jährlich pilgern mehr als eine Million Menschen zur am meisten besuchten Natursehenswürdigkeit der Provence. Und in der Tat ist die Szenerie eindrucksvoll. Unter einer unglaublich mächtigen Felswand hervorsprudelnde Quellen formen quasi aus dem Nichts einen herrlichen Fluß, in dessen klaren Wassern sich die Forellen tummeln. Von den »chiare, fresche, dolci acque«, den klaren, frischen und süßen Wassern, schwärmte schon vor 600 Jahren der Dichter Petrarca, der sich 1337 auf der Flucht vor der Dekadenz des Papsthofes von Avignon aufs Land nach Fontaine-de-Vaucluse zurückgezogen hatte.

Der Ursprung der Quelle, der ergiebigsten Europas, ist immer noch ungeklärt. Man vermutet, daß sich das im porösen Kalk des Vauclusehochlandes versickernde Regenwasser auf einer undurchlässigen Gesteinsschicht sammelt und dann unterirdisch weit nach Westen fließt, um dann am Ende des Kalksockels zu Tage zu treten. Der Hauptquelltrichter am Fuße der Felswand ist mehrere hundert Meter tief. Die Forscher konnten eine ferngesteuerte Sonde bis in 308 m Tiefe vordringen lassen. Man ist sich aber nicht sicher, ob damit schon der Grund erreicht ist. Nach Regenfällen sprudeln enorme Wassermengen aus dem Trichter hervor, nach Trockenperioden bildet sich hingegen nur ein stiller Tümpel.

Fontaine-de-Vaucluse wird vor allem von Tagesausflüglern besucht. Abends kehrt Ruhe ein. Wer die schöne Szenerie ohne Besuchermassen erleben möchte, sollte eine Übernachtung einplanen.

Streckenbeschreibung

Wir verlassen **Lourmarin** nach Norden auf der D 943 Richtung Apt und folgen dem von Kalkfelsen und Buschwäldern gesäumten Lauf der Aiguebrun. Die ersten 5 km steigt die Straße nur gemächlich an, ehe sie auf 3 km 150 Höhenmeter überwinden muß. Bei einer Gabelung biegen wir nach links in die D 36. Nach dem Scheitelpunkt rollen wir mit einer angenehmen Abfahrt durch das Oberdorf von **Bonnieux**, zweigen 100 m weiter scharf nach links auf die nicht beschilderte D 3, die ins Unterdorf von *Bonnieux* führt.

Auf der D 3 fahren wir der Beschilderung nach Lacoste folgend aus dem Dorf hinaus. Bei einer Gabelung biegen wir nach rechts auf die D 109, die uns zuletzt kurz ansteigend nach **Lacoste** bringt, wo wir das alte Ortszentrum links liegenlassen. Gleich hinter Lacoste beginnt die Straße wieder abzufallen. Bei einer Gabelung unterhalb des Ortes nehmen wir links die D 106, die uns mit einer herrlichen Abfahrt ins Tal des Calavon beim Dorf *Lumières* bringt. Wir kreuzen die N 100 und fahren nach Lumières hinein, wo wir gleich nach rechts auf die nach Joucas ausgeschilderte D 60 einbiegen.

Bei einer Straßenkreuzung ohne Beschilderung etwa 1,5 km weiter zweigen wir nach links ab. Im folgenden fahren wir einfach immer geradeaus, bis Gordes sichtbar wird. Auf der ruhigen D 104 treffen wir unterhalb des Ortes auf die D 2. Um ins hoch über uns liegende **Gordes** hineinzukommen, müssen wir auf der D 2 einen weiten Bogen nach links fahren, dann nach rechts auf die D 15 abzweigen. Ein ordentlicher Anstieg von ca. 100 Höhenmetern bringt uns nochmals ins Schwitzen, ehe wir auf den Schloßplatz rollen.

Wir verlassen Gordes auf der D 15, die wir gekommen sind. Auf der D 2 geht es dann bergab zur Straßenkreuzung beim Weiler *Les Imberts*, wo wir nach rechts in die D 110 biegen, die uns zügig nach *Cabrières-d'Avignon* bringt. Als D 100 führt unsere Straße wieder aus dem Ort hinaus und steigt einen guten Kilometer Richtung Lagnes kräftig an. Bei der Gabelung auf der Höhe halten wir uns rechts. Mit einer kurzen, sehr steilen Abfahrt (14 %) gelangen wir auf der D 100a nach **Fontaine-de-Vaucluse.**

Nützliche Informationen

Entfernung: Lourmarin – Bonnieux 12 km; Bonnieux – Gordes 20 km; Gordes – Fontaine-de-Vaucluse 13 km.

Unterkunft: *Bonnieux:* Hôtel César, Place de la Liberté, 1 Stern, Tel. 90 75 80 18. *Lacoste*: Zimmer beim Café de France, Tel. 90 75 82 25 (November bis März geschlossen); Zimmer auch im Café de Sade (montags geschlossen), Tel. 90 75 82 29, hier auch eine Gîte (Schlafsaal). *Gordes:* 12 Hotels, dem Charakter des Ortes entsprechend überwiegend teuer; rühmliche Ausnahme: Le Provencal, Place du Château, Tel. 90 72 04 20; nicht übermäßig teuer auch Le Renaissance, beim Schloß, Tel. 90 72 02 02. *Fontaine-de-Vaucluse:* Hôtel des Sources, Route de Cavaillon, 2 Sterne, Tel. 90 20 31 84; Hôtel du Parc, Les Bourgades, Tel. 90 20 31 57; Hôtel la Font de Lauro, Plan de Saumane, Tel. 90 20 31 49.

Camping: *Bonnieux:* Municipal du Vallon (15. 3.–15. 9.), an der Straße nach Lacoste, Tel. 90 75 86 14. *Gordes:* Des Sources (ganzjährig geöffnet), 2 km Richtung Murs, Tel. 90 72 12 48; *Fontaine-de-Vaucluse:* Municipal Les Près, Tel. 90 20 32 38.

Touristeninformation: *Gordes:* Place du Château, Tel. 90 72 02 75. *Fontaine-de-Vaucluse:* Chemin de la Fontaine,Tel. 90 20 32 22.

Tourenhinweis: Über die in Bonnieux, Gordes oder Fontaine-de-Vaucluse anschließenden Rundtouren 19–23 läßt sich diese abwechslungsreiche Region weiter mit dem Rad erkunden.

19 Über menschenleere Höhen – Im Petit Lubéron

Ménerbes – Oppède-le-Vieux – Robion – Vidauque – Route des Cèdres – Bonnieux – Ménerbes

Tourencharakter: Landschaftlich sehr abwechslungsreiche, aber auch anstrengende Rundtour durch den Petit Lubéron. Langer und steiler Anstieg auf den Höhenrücken. Etwa 30 km durch völlig unbesiedelte Landschaft (kein Trinkwasser).

Länge der Tour: 54 km.

Der **Petit Lubéron**, der westliche Teil des Lubérongebirges, ist nur klein, was Höhe und Ausdehnung angeht. Ansonsten finden wir hier eine eher wilde, abweisend-karge Landschaft. Die Flanken des langgestreckten Höhenrückens sind von verborgenen, unwirtlichen Kalkschluchten durchzogen. Auf den wasserarmen, von Sonne und Wind ausgemergelten Garrigue-Flächen ist nur noch die Schafweidung möglich. Bauernhöfe gibt es deshalb nur im vorgelagerten Hügelland, um die malerischen alten Dörfer Ménerbes, Oppède und Bonnieux. Das Bergland selber ist fast unbesiedelt. Einige in der Provence selten gewordene Tierarten haben hier ein letztes Refugium gefunden, darunter der Schmutzgeier, der Bonelli-Adler und der okzitanische Skorpion. Das gesamte Gebirge ist Teil des 1977 geschaffenen Parc Naturel Régional du Lubéron, der die Aufgabe hat, Naturschutz und wirtschaftliche Entwicklung der betroffenen Region in Einklang zu bringen.

Wir beginnen unsere Tour im Dorf **Ménerbes** (1000 Einwohner). Die Häuser des hoch über der Calavon-Senke gelegenen Ortes scharen sich um einen Felsvorsprung, auf dem sich die Ruinen einer Burganlage erheben. In den Religionskriegen des 16. Jh.s war Ménerbes eine der letzten Verteidigungsbastionen der Hugenotten, die sich erst nach fünfjähriger Belagerung den katholischen Truppen beugen mußten. Das zu Beginn dieses Jahrhunderts noch völlig verlassene und verfallene **Oppède-le-Vieux** ist in den letzten Jahrzehnten durch Zuzügler wieder zu Leben erweckt worden. Aber längst nicht alle Häuser sind schon restauriert, so daß man immer noch dem verwun-

Von der Forststraße über den Petit Lubéron eröffnen sich weite Ausblicke über die Hügelprovence.

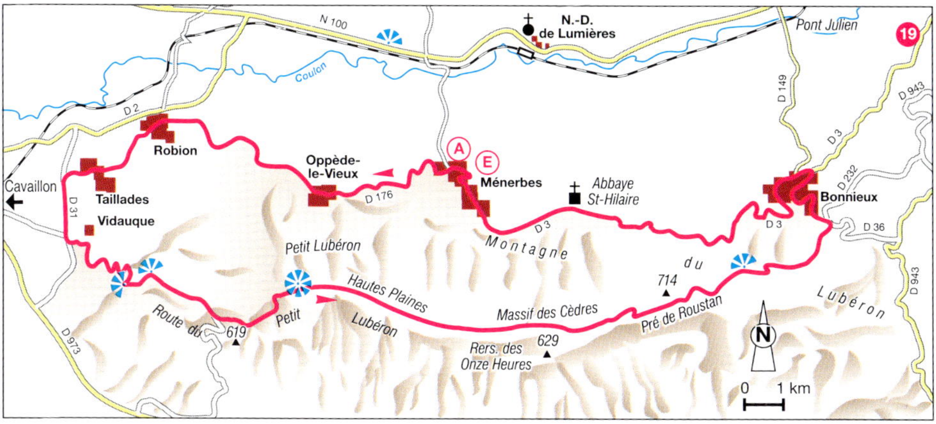

schenen Reiz alter Ruinen nachspüren kann. Pflasterwege winden sich durch überwucherte Mauern, aus verzierten Renaissancetürrahmen wachsen stacheliges Gesträuch und Wildblumen hervor, edel restaurierte Patrizierhäuser stehen neben brüchigen Mauern. Vom höchsten Punkt, bei der romanischen Kirche, eröffnet sich ein herrlicher Ausblick übers Land.

Von Oppède-le-Vieux aus fahren wir noch ein Stück am Fuße des Lubéron entlang, ehe der schweißtreibende Anstieg auf den Bergkamm beginnt. Beim Aufstieg, denn man wohl anfangs schiebend bewältigen muß, bieten sich herrliche Ausblicke über die Durance-Ebene und ins Innere des Gebirges mit der Vidauque-Schlucht. Nachdem wir eine Relaisstation passiert haben, fahren wir in völliger Einsamkeit und Ruhe. Die Forststraße auf dem Kamm, die **Route des Cèdres**, ist in ihrem Mittelteil für den Autoverkehr gesperrt. Ihren Namen hat die Straße vom Zedernwald, den man auf der Höhe durchradelt. Zedern waren im Lubéron ursprünglich nicht heimisch. Sie wurden erstmalig 1860 versuchsweise hier angepflanzt und gedeihen seitdem prächtig. Ein kurzer Lehrpfad der Parkverwaltung führt unter dem Schatten der Zedern nach Süden zum Aussichtspunkt Les Portalas. Vom Zedernwald führt die jetzt wieder für PKWs befahrbahre aussichtsreiche Höhenstraße streckenweise steil bergab zurück in die Zivilisation. Über das schön gelegene **Bonnieux** (s. S. 94) erreichen wir unseren Ausgangspunkt Ménerbes.

Streckenbeschreibung

Vom Dorfplatz in **Ménerbes** nehmen wir die abwärts führende Rue Guendon, die am Ortsrand auf die D 3 beim Abzweig der D 188 trifft. Wir folgen der ruhigen D 188 Richtung Oppède, die bald steiler ansteigt. Bei einer Gabelung nach kurzer Abfahrt biegen wir nach links, auf den nach Cavaillon ausgeschilderten Radweg (weißes Radfahrersymbol auf braunem Grund). Nach einigem Auf und Ab stoßen wir auf die D 178, auf der wir nach links kurz kräftig ansteigend ins alte **Oppède** gelangen.

Wir folgen weiter den braun-weißen Schildern, die uns unterhalb von Oppède, beim Weiler Le Souleyan, von der D 176 nach links auf einen Teerweg leiten. Auf diesem gelangen wir zum bald sichtbar werdenden *Vieux Maubec*, wo wir nach kurzem Anstieg vor dem kleinen Schloß nach links in die Rue des Pompes biegen. Auf glatter Straße rollen wir wieder aus dem Ort hinaus. Dabei müssen wir aufpassen, daß wir nicht den braun beschilderten Abzweig nach links verpassen, der uns ins Zentrum von **Robion** bringt.

Beim Kirchplatz mit Brunnen und Café biegen wir schräg nach rechts in die Gasse, die am Jardin Publique vorbeiführt. Die braune Beschilderung führt uns am Fuße der Felsen des Petit Lubéron entlang ins winzige *Taillades*. Beim Platz unterhalb der Burgruine hier nehmen wir die schräg abwärts führende Straße, die auf die D 31 trifft, auf

Restauriertes Renaissancehaus in Oppède-le-Vieux.

die wir nach links einbiegen. Nachdem die Straße den parallel verlaufenden Canal de Carpentras gekreuzt hat, biegen wir nach links auf eine mit »**Vidauque**« beschilderte Nebenstraße, die zu einem Restaurant (Les Quatre Saisons) führt.

Hier biegen wir ganz nach rechts auf die ansteigende schmale Teerstraße. Dies ist die über den Petit Lubéron führende Höhenstraße, die bald in vielen Kehren mit kräftigem Anstieg die Höhen erklimmt. Bei einer Relaisstation ist das Allerschlimmste geschafft. Auf einer stellenweise holprigen Straße geht es weiter bergauf. Auf der Höhe wird der Belag dann wieder besser. Es folgt eine herrliche Panoramafahrt, bis wir in den Forst mit seinen Zedern eintreten. Eine aussichtsreiche Abfahrt bringt uns zur D 36, auf der wir ins Oberdorf von **Bonnieux** hineinrollen. Nach den Häusern biegen wir scharf nach links auf die nicht beschilderte D 3, die in den unteren Ortsteil von Bonnieux hineinführt. Wir bleiben auf der D 3, die durch das freundliche Bauernland am Fuße des Petit Lubéron verläuft. Bei zwei Gabelungen halten wir uns jeweils links. Mit zwei problemlos zu bewältigenden Anstiegen gelangen wir zurück nach **Ménerbes.**

Nützliche Informationen

Entfernung: Ménerbes – Oppède-le-Vieux 5 km; Oppède-le-Vieux – Vidauque 10 km; Vidauque – Bonnieux 29 km; Bonnieux – Ménerbes 10 km.
Unterkunft, Camping: *Bonnieux:* Siehe Tour 18, S. 93.
Fahrradverleih: *Ménerbes:* M. Tempier, Route de Lacoste, Tel. 90 72 37 45.
Touristeninformation: *Bonnieux:* Place Carnot, Tel. 90 75 91 90.

20 Steile Felsen über grünem Tal – Durch den Grand Lubéron

Apt – Bonnieux – Seguin – Buoux – Saignon – Apt

Tourencharakter: Mittelschwere Rundtour durch das Herz des Grand Lubéron. Lange, aber nicht sehr steile anfängliche Steigung. Kräftiger Anstieg (3 km) aus dem Aiguebrun-Tal hinaus.

Länge der Tour: 42 km.

Die lebendige Kleinstadt **Apt** (12 000 Einwohner) wird von den meisten Reiseführern allenfalls beiläufig erwähnt. Apt hat keine besonderen Sehenswürdigkeiten zu bieten, und die den Ort umgebenden Produktionsbetriebe für kandierte Früchte (Usines de Fruits Confits) wirken zunächst wenig einladend. Apt liegt jedoch zentral zwischen einigen der schönsten Landschaften Südfrankreichs und eignet sich gut als Ausgangsort für Erkundungstouren in dieser Region. Auch hat die Innenstadt mit ihren engen Gassen, schattigen Platanenplätzen und vielen kleinen Läden durchaus Charme. Ausgesprochen lebendig wird Apt am Sonnabend, wenn in der Altstadt der große Vormittagsmarkt stattfindet. Nicht nur das Angebot, sondern auch das Publikum ist ausgesprochen vielfältig: Solide einheimische Ökobauern, zugewanderte Landfreaks, Pariser Intellektuelle und neureiche Zweitwohnungszuzügler geben sich ein Stelldichein.

Im Zentrum der Altstadt erhebt sich die *Kathedrale Ste-Anne.* Der ursprünglich romanische Bau des 12. Jh.s wurde bis ins 18. Jh. mehrfach erweitert und umgestaltet. Auffallend ist die archaisch wirkende, doppelstöckige Krypta, der älteste Teil der Kirche. Diese beherbergt die Reliquien der hl. Anna, der Mutter der Jungfrau Maria, denen wundertätige Kraft beigemessen wurde. Es hieß, daß sie kinderlosen Frauen helfen würden, den ersehnten Nachwuchs zu bekommen. Auch eine französische Königin

Bei Buoux. Auf ruhigen Nebenstraßen durchradeln wir die Landschaftsidylle des Grand Lubéron.

pilgerte erfolgreich nach Apt und gebar Ludwig XIV., den späteren Sonnenkönig, worauf der Ruhm der Reliquien von Apt ins Unermeßliche stieg.

Durch die harmonische Hügellandschaft des Lubéron gelangen wir über das schön gelegene **Bonnieux** (s. S. 94) in das **Tal der Aiguebrun** – mit seinen steilen Kalkfelsen und dichten grünen Buschwäldern, durch die sich der kleine Fluß windet, eine perfekte Landschaftsidylle. Die schmale Zufahrtsstraße endet bei den wenigen, sich unter einer steilen Felswand duckenden Steinhäusern von **Seguin**, heute ein Hotel in einsamer Traumlage. Von hier kann man auf stillen Pfaden das grüne Aiguebrun-Tal weiter hinaufwandern oder über den wundervoll gelegenen Bauernhof Chantebelle, wo es guten Ziegenkäse zu kaufen gibt, ins weltverloren gelegene winzige Sivergues hinaufsteigen. Kurz vor Seguin zweigt nach rechts ein Weg ab, der unter einer mächtigen, überhängenden Felswand durch zum **Fort du Buoux** führt. Auf einem kleinen Felsplateau hoch über dem Tal der Aiguebrun liegen die Ruinen einer mittelalterlichen Ansiedlung. Schon die keltoligurische Urbevölkerung siedelte an diesem gegen Feinde gut zu sichernden Platz. Die Bewohner des mittelalterlichen Ortes bauten eine ausgeklügelte Verteidigungsbastion mit verborgenem Fluchtweg in den Fels. Ludwig XIV. ließ das Wehrdorf, das zuletzt Hugenotten als Zuflucht diente, 1660 zerstören.

Aus dem in den Kalkgrund eingekerbten Aiguebrun-Tal führt die Tour hinauf auf eine kleine Hochebene. Das **Plateau de Claparèdes** mit seinen Lavendelfeldern, dunkelgrünen Hartlaubwäldern, einsamen Gehöften und den urtümlichen Bories wirkt melancholisch und zugleich geheimnisvoll. Am Rande der Hochfläche drängen sich Burgruine, romanische Kirche und die Häuser des kleinen **Saignon** unter dem Schutz eines markanten Felsens. Vom hoch über dem Tal von Apt gelegenen Ort bietet sich ein unübertroffenes Panorama bis zum Mont Ventoux im Nordwesten.

Streckenbeschreibung

Wir verlassen **Apt** auf der D 943, die beim westlichen Altstadtrand von der Place Bouqerie wegführt. Am Ortsrand zweigen

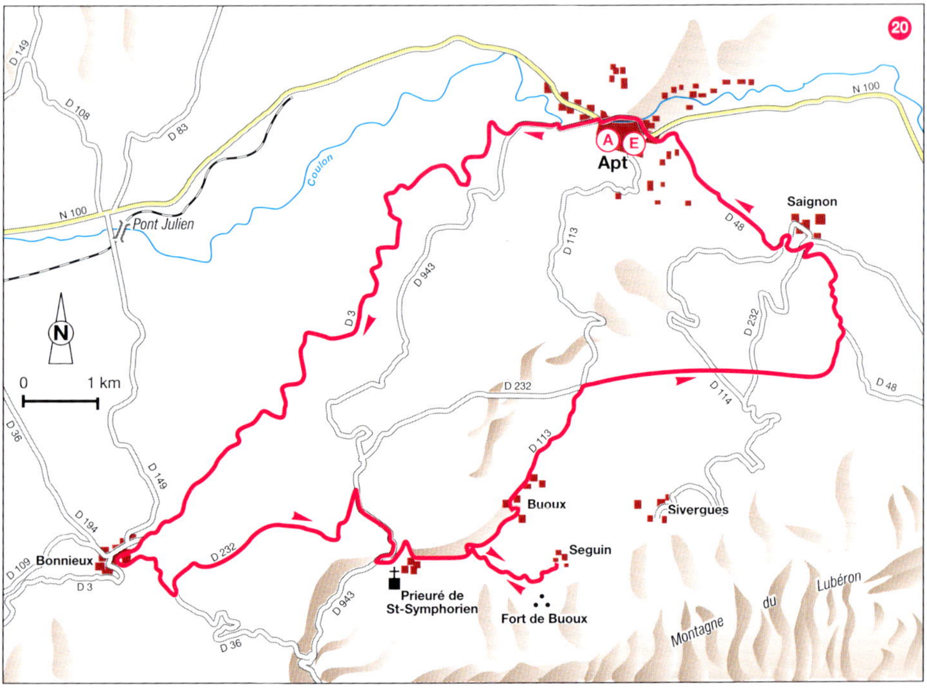

Vor dem ehemaligen Pfarrhaus von Saignon. Verzierte Dorfbrunnen symbolisieren den hohen Wert fließenden Wassers in einer Region ausgeprägter sommerlicher Dürre.

wir nach rechts auf die D 3, die uns mit kontinuierlichem, aber mäßigem Anstieg nach **Bonnieux** führt. Die ruhige Straße kurvt am Hang entlang und bietet immer wieder schöne Ausblicke über die Weinberge des Lubéron. In Sichtweite von Bonnieux halten wir uns links, fahren auf der D 36 durch den oberen Ortsteil, dann mit kräftigerem Anstieg zu einer Paßhöhe. Hier biegen wir nach links in die D 232. Über einen offenen Höhenrücken mit schöner Fernsicht fahren wir zur D 943, der wir für 1 km nach rechts abwärts folgen, um dann auf die Richtung Buoux ausgeschilderte Nebenstraße einzubiegen, die ins *Aiguebrun-Tal* hinabführt. Aus dem grünen Blätterdach ragt der Turm des mittelalterlichen Priorats *St-Symphorien* hervor (Privatbesitz). Über unserer Straße erheben sich massige Steilwände, an denen sich Steilwandkletterer üben. Wir bleiben auf der Talstraße. Beim Abzweig des Zugangsweges zum Fort de Buoux nach rechts endet die Asphaltierung. Auf dem Feldweg geradeaus gelangt man nach 500 m bis **Seguin.**

Von Seguin fahren wir 2 km auf dem Hinweg zurück, zweigen dann nach rechts auf die aus dem Tal Richtung *Buoux* hinaussteigende D 113. Bis Buoux geht es zwei Kilometer steil bergan. Die landschaftliche Umgebung ist jedoch ausgesprochen malerisch, so daß auch das Schieben auf der kaum befahrenen Straße nicht langweilig wird. Bei **Buoux** verläßt man die Enge des Tales. Der winzige Ort liegt in einer grünen, weiten Talaue. Auf der Höhe trifft die D 113 wieder auf die D 232, der wir nach rechts über das *Plateau de Claparèdes* folgen. Wir kreuzen die D 114, fahren in der Linkskurve 500 m danach auf dem Teerweg geradeaus weiter, der an einigen Bories vorbeiführt. Das Sträßchen biegt dann bei der einsam gelegenen Jugendherberge »Regain« (rechter Hand verdeckt) in mehr nördliche Richtung, stößt auf die D 48, die nach **Saignon** hinabführt. Eine schmale Gasse führt ins Dorfzentrum mit Brunnen, altem Waschhaus und Café, dann beim nördlichen Ortsende zum Burgfelsen. Bei der Querstraße hier biegen wir nach links, gelangen zurück zur D 48, die uns mit einer schönen Abfahrt zurück nach **Apt** bringt.

Nützliche Informationen

Entfernung: Apt – Bonnieux 12 km; Bonnieux – Seguin 11 km; Seguin – Apt 19 km.
Unterkunft: *Apt:* 7 Hotels, u. a. Auberge du Lubéron, 17 Quai Léon Sagy, 3 Sterne, Tel. 90 74 12 50; Hôtel l'Aptois, 6 Cours Lauze-de-Perret, 2 Sterne (preiswert, nüchtern), Tel. 90 74 02 02; Relais de Roquefure, Roquefure (7 km westlich außerhalb, über die N 100 zu erreichen), 2 Sterne, angenehmes Landhaus, Tel. 90 04 88 88. *Seguin:* Auberge des Seguins (oft ausgebucht), Tel. 90 74 16 37, mit gutem, nicht sehr teurem Restaurant. *Saignon:* Auberge le Presbytère, Place de la Fontaine, 2 Sterne, nur Halbpension, Tel. 90 74 11 50.
Gîte d'Etape: In *Buoux,* schöne Lage, Tel. 90 74 47 82. Gîte (Schlafsaal) auch bei der Auberge des Seguins.
Camping: *Apt:* 3 Campingplätze, u. a. Le Lubéron, Route de Saignon, Tel. 90 74 23 93.
Jugendherberge: Regain, 3 km südlich Saignon, herrliche Lage, Tel. 90 74 39 34
Fahrradverleih: In *Apt* bei den beiden Radläden am Quai G. Leclerc.
Touristeninformation: *Apt:* 4 Avenue Philippe de Girard, Tel. 90 74 03 18.

21 Lavendelebenen und kleine Schluchten

Apt – Colorado von Rustrel – Simiane-la-Rotonde – Oppedette – Viens – Apt

Tourencharakter: Abwechslungsreiche, aber auch anstrengende Rundtour im dünn besiedelten Bergland nordöstlich von Apt. Zwei kräftige Anstiege. Leichtere Variante von gleicher Länge.

Länge der Tour: 59 km.

Diese Tour führt uns von Apt aus nach Nordosten in das wenig besuchte und nur dünn besiedelte Hochland zwischen dem Calavon-Tal und der Montagne de Lure. Die Landschaft beeindruckt durch ihre Einsamkeit, Weite und Unberührtheit. Bei Rustrel erreichen wir ein Gebiet, das wegen seiner Farbigkeit als **»Colorado Provençal«** bezeichnet wird. Ockergelbe Felskegel, karminrote Erdwälle, orangefarbene Sandhügel, weißbestäubte Pfade in von dunkelgrünen Kiefern gesäumten Bachtälern – die kontrastreiche Farbigkeit des Colorado ist ungewöhnlich. Die Landschaft ist durch menschliche Eingriffe entstanden. Über Jahrhunderte wurden hier ockerhaltige Sande und Erden in großem Stil zur Farbstoffgewinnung abgebaut. Die Entwicklung der synthetischen Farben führte dann zum Niedergang der Ockerproduktion. Heute verwenden fast nur noch Kunstmaler die aufwendig zu extrahierenden Naturfarben, die von hervorragender Qualität und zudem ohne Giftstoffe sind. Vom Weiler Bouvène aus führen markierte Pfade in die aufgelassenen Ockerbrüche hinein.

Über einer mit Lavendelfeldern bedeckten Hochebene liegt der urtümliche Ort **Simiane-la-Rotonde** (370 Einwohner). Seine sorgfältig restaurierten Steinhäuser stehen dicht gedrängt am Hang. Blumengeschmückte Treppengassen führen hinauf zu einem turmartigen Bau, der mittelalterlichen

Im Colorado Provençal bei Rustrel. Durch den über Jahrhunderte betriebenen Ockerabbau ist eine Landschaft bizarrer Farbigkeit entstanden.

Rotonde, letztes bauliches Überbleibsel der Burg der Herren von Simiane. Die Funktion seines saalartigen, oberen Innenraums, dessen Dachstreben mit skurrilen Konsolenmasken geschmückt sind, läßt die Kunsthistoriker rätseln. Von Grabkapelle über Verteidigungsbastion bis Initiationssaal eines mystischen Ordens reichen die Spekulationen.

Das pittoresk gelegene **Oppedette** mit sei-

Das Dorfcafé von Oppedette. Nur noch wenige Personen wohnen in dem alten, am Rande einer Schlucht gelegenen Dorf.

nen verschachtelten Bruchsteinhäusern scheint am Ende der Welt. Nur noch neun Personen leben ständig hier. Doch das Dorfcafé hat meist geöffnet. Die westlich des Ortes gelegene Schlucht des Calavon zieht gelegentlich Besucher an. Vom Waschhaus führt ein kurzer, mit »Les Gorges« ausgeschilderter Weg am Friedhof vorbei zu einem Aussichtspunkt am Rande der Schlucht. Auf steilem Pfad kann man zum Grund des Felstals hinabsteigen, wo man, je nach Wasserstand, in Teichen und Tümpeln ein Bad nehmen kann.

Das kleine **Viens**, das wir nach einem kräftigen Anstieg erreichen, beeindruckt durch seine phantastische Panoramalage. Im Zentrum des Ortes erheben sich die abweisenden Mauern einer mittelalterlichen Burganlage, am Ostrand die in den schlichten Formen der provenzalischen Romanik errichtete Dorfkirche. Von Viens führt eine ruhige und aussichtreiche Straße über das abseitige St-Martin-de-Castillon hinab ins Tal des Baches Calavon nach Apt. Eine bequemer zu fahrende Variante führt ohne nennenswerte Anstiege von Oppedette zurück zum Ausgangspunkt.

Streckenbeschreibung

Wir verlassen **Apt** auf der D 22 Richtung Rustrel, die zunächst nur mäßig ansteigt. Hinter dem Weiler *Jean-Jean* müßen wir dann etwas kräftiger in die Pedale treten. Nach dem Abzweig der D 34 nach links zweigt nach rechts ein Teerweg zu einem Campingplatz ab. Wir bleiben jetzt noch 200 m auf der D 22, biegen dann nach rechts in eine nicht beschilderte schmale Straße ein, der wir geradeaus folgen. Wir passieren den Weiler *Bouvène* rechter Hand, stoßen dann nach Norden biegend wieder auf die D 22.

Diese steigt Richtung Simiane kräftig an. Ein Schlenker nach rechts führt uns zum hübschen Weiler *Gignac*. Am Ortsrand zweigen wir nach links, um der kleinen D 112 mit kräftigem Anstieg zurück zur D 22 folgen, auf der es – etwas weniger steil – weiter bergan geht. An der Grenze zum Departement Alpes-de-Haute-Provence wird unsere Straße zur D 51. Eine herrliche Abfahrt bringt uns in das weite Hochtal von Simiane. Die Straße wird hier plötzlich sehr breit, was militärische Gründe hat. Unter

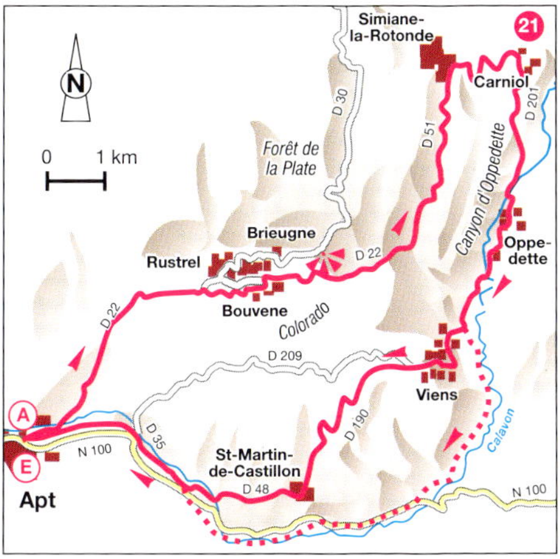

der Erde lagern die Atomraketen der französischen Streitkräfte. Der Ort **Simiane** läßt sich am besten zu Fuß erkunden. Fürs Fahrrad sind die Gassen zu steil.

Wir verlassen Simiane nach Osten auf der schmalen D 18, die uns mit einem kräftigen, aber nicht sehr langen Anstieg ins winzige Carniol bringt, wo wir nach rechts auf die D 201 Richtung Oppedette abzweigen. Auf der kaum befahrenen Straße rollen wir durch eine einsame Landschaft niedriger Eichenwälder und karger Weiden hinab ins Tal des jungen Calavon. Ein kurzer steiler Anstieg bringt uns nach **Oppedette**. Hinter dem Ort fällt die D 201 weiter ab. Nachdem der Ausgang der *Gorges d'Oppedette* passiert ist, wechselt ihre Bezeichnung in D 155. Etwa 2 km weiter liegt links der Straße die restaurierte romanische Kapelle *St-Ferréol*. Richtung Viens zweigen wir kurz darauf auf die nach rechts kräftig ansteigende Straße. (Bei der leichteren Variante bleibt man auf der Talstraße.) Schöne Ausblicke zur Montagne de Lure belohnen die Mühen des Anstiegs.

In **Viens** nehmen wir die beim westlichen Stadttor beginnende D 190, folgen den Schildern nach Apt. Eine herrliche Abfahrt bringt uns nach *St-Martin-de-Castillon*, wo wir hinter der Bar nach rechts in die D 48 einbiegen. Diese stößt im Calavon-Tal auf die N 100. Parallel zur Nationalstraße verläuft hier ein Radweg (Piste Cyclable), auf dem wir ungestört vom Durchgangsverkehr nach **Apt** zurückradeln.

Variante: Hinter der Kapelle *St-Ferréol* bleiben wir auf der im Tal verlaufenden D 155. Über die D 33 gelangen wir auf die nicht übermäßig verkehrsreiche N 100, der wir für 3,5 km nach rechts folgen. Gleich beim Abzweig der D 48 nach Castellet beginnt ein in etwa parallel zur Nationalstraße verlaufender Radweg (Piste Cyclable), der uns bequem zurück nach Apt leitet.

Nützliche Informationen

Entfernung: Apt – Colorado Provençal 10 km; Colorado Provençal – Simiane 14 km; Simiane – Oppedette 9 km; Oppedette – Apt 26 km.
Unterkunft: *Apt:* Siehe Tour 20, S. 101. *Simiane:* L'Auberge du Faubourg, 1 Stern (freundlich, preiswert), Tel. 92 75 92 43.
Gîte d'Etape: *Chaloux,* 4 km südöstlich von Simiane, Zufahrt über die D 51, schöne Lage, Tel. 92 75 99 13.
Camping: *Apt:* Siehe Tour 20, S. 101. *Rustrel:* Camping le Colorado, Tel. 90 74 00 95.

22 Ein buntes Dorf und die Kunst der Zisterzienser

Gordes – Roussillon – St-Saturnin-lès-Apt – Murs – Kloster Sénanque – Gordes

Tourencharakter: Anstrengende Rundtour durch die vielgestaltige Landschaft des Vaucluse, zu den Ockerbrüchen von Roussillon und zum Zisterzienserkloster Sénanque. Mehrere z. T. kräftige Anstiege, vor allem im zweiten Teil. Kürzere, etwas leichtere Variante.

Länge der Tour: 55 km; Variante: 37 km.

Vom viel besuchten Gordes fahren wir durch die fruchtbare Senke von Apt zum farbenfrohen Hügeldorf **Roussillon** (1310 Einwohner). In den unterschiedlichsten Gelb-,

Über dem winzigen Dorf Lioux erhebt sich bedrohlich eine steile Felswand.

Orange-, und Rottönungen leuchten die kleinen Häuser des verwinkelten Ortes, was kein Zufall ist. Die Ockervorkommen der Umgebung dienten schon den Römern als Grundstoff für die Farbgewinnung. Der Ocker enthält Eisen, das oxidiert und dadurch die Erdtönungen bewirkt. Der ab dem 18. Jh. industriell betriebene Ockerabbau, der zeitweise über 1000 Arbeitsplätze bot, kam nach der Entwicklung synthetischer Farben fast völlig zum Erliegen. Hoffnung setzt man in das wachsende Umweltbewußtsein mit seiner steigenden Nachfrage nach Naturfarben. Aber auch indirekt lebt man in Roussillon von den Farben ganz gut. Der Ockertourimus bringt viele Besucher ins Dorf. In der Saison herrscht in den Gassen des wohlrestaurierten Ortes mit seinen Restaurants und Straßencafés viel Betrieb. Beim südlichen Ortsausgang, an der Straße nach Apt, beginnt ein markierter Spazierweg, der, am Friedhof vorbei, in die Ockerbrüche mit ihren farbigen Steilwänden und Erdkegeln hineinführt (Hinweisschild »Falaise d'Ocre«).

Auf unserer weiteren Route erklimmen wir den langgestreckten Höhenrücken der Monts de Vaucluse. Das aus der Ferne unstrukturiert erscheinende Bergland zeigt sich von nahem als ausgesprochen abwechslungsreicher Landstrich. Hinter dem ruhigen Agrarort **St-Saturnin-lès-Apt** (1740 Einwohner), über dem sich ein Aussichtsfels mit Burgruine, romanischer Kapelle und Windmühle erhebt, durchradeln wir eine einsame, von einer wilden Karstschlucht durchfurchte Buschwaldlandschaft. Bei **Lioux** ragt unvermittelt eine mächtige Steilwand aus der Umgebung auf. Der monumentale Felsen scheint das winzige Dorf fast zu erdrücken. Mit seinen gelben Kornfeldern und grünen Wiesen erscheint das stille **Murs** wie eine fruchtbare Oase in einem Landstrich karger Kalkgarrigue. Südwestlich des Ortes verlaufen die Gorges de la Veroncle, eine verborgene grüne Felsschlucht mit mehreren Mühlenruinen, lohnendes Terrain für Erkundungen zu Fuß.

In einem einsamen Hochtal, umgeben von Lavendelfeldern, treffen wir auf das Kloster **Sénanque**. Die romanischen Bauten des im 12. Jh. errichteten Klosters fügen sich harmonisch in die karge Landschaft ein. Die Anlage geht auf den Mönchsorden der Zisterzienser zurück, der im Mittelalter vor allem durch das Wirken des hl. Bernhard von Clairvaux einen enormen Aufschwung nahm. Der hl. Bernhard stellte den Orden bewußt in Gegensatz zu den mächtigen Cluniazensern, die ein Leben in Prunk und Wohlstand führten. Die Zisterzienser wollten zu den Ursprüngen des Mönchtums zurückkehren und ein Leben in Armut und Bescheidenheit, ausgefüllt mit harter Arbeit, führen. Ihre Klöster errichteten sie bewußt fernab der Städte, in unerschlossenen Regionen inmitten wilder Natur. »Viel mehr wirst du in den Wäldern finden als in den Büchern; die Bäume und Felsen lehren dich Dinge, welche Dir kein Lehrer jemals sagen kann«, schrieb der hl. Bernhard. Die einer strengen Arbeitsethik unterworfenen Zisterzienser machten Einöden urbar und entwickelten neue Landwirtschaftstechniken. Am zivilisatorischen Aufschwung des frühen Mittelalters hatten sie nicht unerheblichen Anteil.

Auch in der Architektur der Zisterzienser kommen die Ideale von Schlichtheit und Demut zum Ausdruck. Die Reduktion auf einfache, klare Grundformen sollte die Konzentration auf Arbeit und Gebet fördern. Kein plastischer Dekor oder farbiger Freskenschmuck sollte die Mönche ablenken. Es ist gerade diese bewußte Einfachheit und klare Baustruktur, die die Bauten der Zisterzienser so eindrucksvoll machen. Die Harmonie der Formen und das Spiel des Lichts auf dem glatten Naturstein lassen eine Atmosphäre meditativer Ruhe entstehen, die man auch heute noch im Kirchenraum des Klosters Sénanque nachempfinden kann.

Die Klosterbauten von Sénanque stammen überwiegend aus dem 12. und 13. Jh. Im ersten Stock des Klosters liegt das *Dormitorium*, der Schlafsaal der Mönche. Da nach mittelalterlicher Auffassung die Kräfte des Bösen aus der Erde kommen und im Schlaf die Abwehrkräfte geschwächt sind, mußten sich die Klosterbrüder möglichst an einem hochgelegenen Ort zur Ruhe betten. Vom Schlafsaal führen Treppen in Kirche und Kreuzgang. Die Mönche mußten ihren Schlaf regelmäßig zu nächtlichen Meditationen unterbrechen. Auch tagsüber kam man bis zu achtmal zu Gebet und Choralgesang zusammen. Im *Kapitelsaal* traf man sich, um gemeinsam Bibelstellen (Kapitel) zu lesen. Der Abt des Kloster teilte hier täglich die zu verrichtenden Arbeiten zu, lobte und tadelte einzelne Mönche oder nahm deren Selbst-

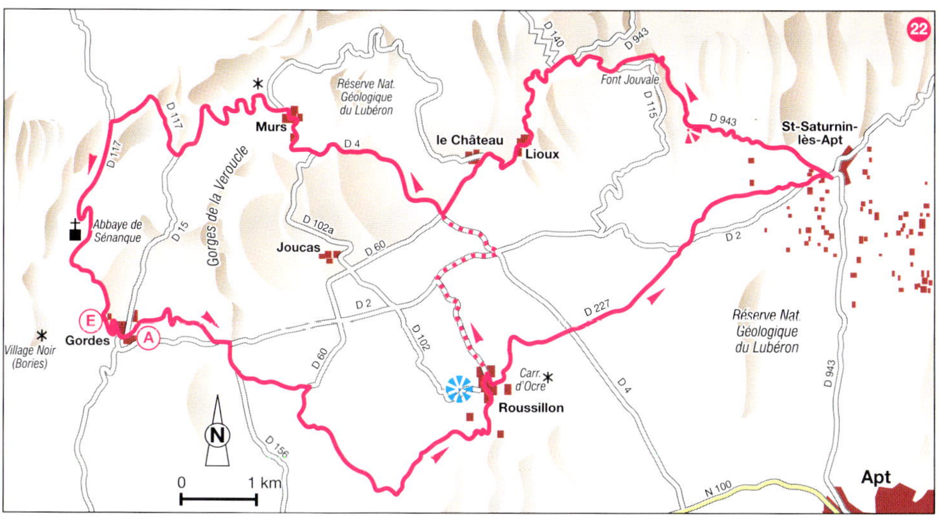

kritik entgegen. Der Chauffoir (Wärmestube) war im Winter der einzig beheizbare Raum des Klosters. Nur die mit Schreibarbeiten beschäftigten Mönche durften sich hier länger aufhalten. (Öffnungszeiten des Klosters: 9–12 Uhr und 14–18 Uhr, Juli/August durchgehend bis 19 Uhr.)

Streckenbeschreibung

Vom Schloß in **Gordes** rollen wir zunächst auf der D 102 nach Osten abwärts. In der Ebene treffen wir auf die D 2 und biegen nach links. Etwa 300 m weiter zweigen wir nach rechts auf die wenig befahrene D 156 Richtung Goult. Nach einem knappen Kilometer liegt rechts der Straße das Hotel La Ferme de la Huppe. 100 m weiter biegen wir nach links in eine schmale Nebenstraße. Wir durchradeln freies Weide- und Ackerland. Bei einer Gabelung halten wir uns links und stoßen auf die breite, aber kaum befahrene D 60. Wir folgen dieser für 500 m nach rechts, bis kurz nacheinander zwei Straßen nach links abzweigen, die beide nach Roussillon hinaufführen. Wir nehmen den zweiten Abzweig, der die schönere Strecke bietet. Durch Felder, Weinberge und Kiefernwald geht es nun bergan zur D 104, der wir nach links bis **Roussillon** folgen.

Wir fahren östlich am Ortszentrum vorbei, indem wir der Beschilderung nach St-Saturnin-lès-Apt folgen. Zunächst geht es auf der D 227 bergab, dann leicht bergan. Wir kreuzen die D 4 und treffen dann beim Weiler Les Cordiers auf die breite D 2. Wir biegen nach rechts, zweigen dann nach der Einmündung der D 101 nach links in einen holprigen Teerweg. Dieser kreuzt einen Querweg und führt in den Bauernweiler *Les Redons*. Auf jetzt glatter Straße steigen wir noch etwas bis **St-Saturnin-lès-Apt** an.

Wir verlassen den Ort nach Westen auf der D 943 Richtung Sault. Die ruhige Straße führt mit herrlichen Ausblicken nicht allzu steil bergan, senkt sich dann in eine einsame Kalkschlucht, die man auf zwei Brücken überquert. Nach dem großen Anwesen Fontjouvale heißt es für einen guten Kilometer, kräftig in die Pedale zu treten. Von der Paßhöhe, wo wir nach links auf die D 60 abbiegen, fällt die Straße recht steil ab. Bei einer Gabelung fahren wir links, rollen dann durch das winzige *Lioux* mit seiner mächtigen Steilwand. Auf der D 60 können wir die Räder laufen lassen, bis die D 4 unseren Weg kreuzt. Dieser folgen wir nach rechts mit teilweise kräftigem Anstieg ins stille **Murs** hinauf.

Wir verlassen Murs auf der nach Gordes ausgeschilderten D 15, die zunächst in eine Senke hinabführt und dann zu einem Paß ansteigt. Richtung Sénanque zweigen wir beim höchsten Punkt der D 15 nach rechts in eine nicht beschilderte Nebenstraße. Nochmals müssen wir eine ordentliche Steigung bewältigen, um dann auf der D 177 steil zum Kloster **Sénanque** hinabzufahren. Unsere nicht gerade mühelose Fahrt hierher ist vielleicht die richtige Form der Annäherung, um sich auf die streng-asketischen Wertvorstellungen der Zisterzienser einzustimmen. Auch das letzte Wegstück bis **Gordes** weist noch eine kurze, kräftige Steigung auf. Ein herrlicher Ausblick auf das Kloster und die umgebenden Berge erleichtert das Schieben.

Variante: Diese führt nicht über St-Saturnin-lès-Apt. In der Rechtskurve der D 227 am Ortsrand von *Roussillon* fährt man geradeaus auf schmaler Straße weiter, die zur D 2 hinabführt. Nach rechts gelangt man zur D 4, die nach *Murs* hinaufführt.

Nützliche Informationen

Entfernung: Gordes – Roussillon 12 km; Roussillon – St-Saturnin 11 km; St-Saturnin – Murs 19 km; Murs – Gordes 13 km. *Variante:* Roussillon – Murs 12 km.
Unterkunft: *Gordes:* Siehe Tour 18, S. 93. *Roussillon:* Résidence des Ocres, 2 Sterne, Tel. 90 05 60 50. *Murs:* Hotel-Restaurant Le Crillon, 1 Stern, Tel. 90 72 60 31.
Camping: *Gordes:* Siehe Tour 18, S. 93. *Roussillon:* Arc-en-Ciel, Route de Goult (D 104), 15. 3.–15. 10. geöffnet, Tel. 90 05 73 96.

In einem unbesiedelten Hochtal, zwischen Macchiagesträuch und Lavendelfeldern liegt die mittelalterliche Zisterzienserabtei Sénanque.

23 Über die Höhen des Vaucluse

Fontaine-de-Vaucluse – Gordes – Venasque – Fontaine-de-Vaucluse

Tourencharakter: Anstrengende Rundtour durch das Hochland des Vaucluse; lange Anstiege und herrliche Abfahrten; auf ruhigen Nebenstraßen. Variante über das Kloster Sénanque.

Länge der Tour: 59 km; Variante: 54 km.

Östlich über der Rhône-Ebene von Avignon mit ihren Obstplantagen, Gemüsefeldern und Rebflächen erhebt sich ein weitgestreckter dunkelgrüner Höhenrücken, das Plateau de Vaucluse. An den Rändern der Vauclusehöhen liegen einige viel besuchte provenzalische Bilderbuchdörfer wie Fontaine-de-Vaucluse, Gordes oder Venasque. Das Bergland selber ist nur dünn besiedelt. Es ist eine karge Region, in die wir hier gelangen. Die rauhen Hochflächen sind mit trockenem Buschwald und steiniger Garrigue bedeckt. Lavendel- und Getreideanbau sowie Schafzucht sind die Existenzgrundlage der wenigen Bauerngehöfte und Dörfer dieser entlegenen Gegend. Unendlich weit entfernt von der touristischen Provence des Rhônetals und der Küsten fühlt man sich hier oben.

Der Name Vaucluse stammt vom lateinischen »vallis clausa« (geschlossenes Tal). Gemeint ist das Tal der Sorgue, das bei Fontaine-de-Vaucluse mit einer mächtigen Felswand nach Osten abschließt. Vom malerischen Fontaine-de-Vaucluse (s. S. 96) fahren wir zunächst am Fuße der Vaucluseberge entlang zum ebenfalls reizvollen, aber sehr touristischen Gordes (s. S. 95). Über das schön gelegene Murs steigen wir mit prächtiger Aussicht zum Höhenrücken hinauf. (Eine Variante führt über das sehenswerte Kloster Sénanque.) Nach einer herrlichen Abfahrt durch einsame Garrigue, Wald und ein sich schluchtartig verengendes Tal gelangen wir zurück in die heiter-mediterrane Landschaft der Obstwiesen und Rebhügel mit ihren freundlichen Dörfern.

Das auf einem isolierten Felsrücken über dem Nesquetal aufragende **Venasque** (660 Einwohner) ist von Mandel- und Kirschbaumwiesen umgeben. Durch seine strategisch günstige Lage wurde der abseits gelegene Ort in den Wirren der Völkerwanderungszeit sogar vorübergehend Bischofssitz. Die im 12. Jh. errichtete, später mehrfach umgebaute *Bischofskirche Notre-Dame* mit ihrem einschiffigen, dunklen Innenraum ist ein weiteres Beispiel der provenzalischen Romanik mit ihren schlichten Bauformen. An die Kirche westlich angebaut ist das sog.

Beim höchsten Punkt des kleinen Le Beaucet erhebt sich die Dorfkirche mit dem provencetypischen eisernen Glockenaufsatz, der Barbarotte, die den Mistral ungehindert passieren läßt.

Baptisterium, über das die Kunsthistoriker rätseln. Lange hielt man den Bau mit dem kleeblattartigen Grundriß für eine frühchristliche Taufkapelle. Heute datiert man die stimmungsvolle kleine Kirche überwiegend in das 11. oder 12. Jh. und nimmt an, daß es sich um eine Grabkapelle handelte. Venasque ist schon seit langem wegen seiner schönen Lage und seines milden Klimas bei ausländischen Zuzüglern beliebt. Die Häuser des einst verfallenen Dorfes sind allesamt wiederhergerichtet.

Streckenbeschreibung

Wir verlassen **Fontaine-de-Vaucluse** auf der südlich der Sorgue verlaufenden D 24, die den Aquädukt des Canal de Carpentras unterquert und sich nach Süden wendet. Wir nehmen dann den nach links abzweigenden schmalen Chemin des Moulins, der über den Canal de Carpentras nach *Lagnes* hinaufführt. Im Dorf halten wir uns links, nehmen die ansteigende D 100. Etwa 100 Höhenmeter sind zu überwinden, ehe wir mit einer gemütlichen Abfahrt nach *Cabrières-d'Avignon* hinunterrollen. Hier fahren wir geradeaus, auf der D 110 weiter, die beim Weiler *Les Imberts* auf die D 2 trifft, die uns mit kontinuierlichen Anstieg nach **Gordes** bringt.

Hier nehmen wir die vom Schloßplatz nach Norden wegführende D 15, die weiter auf die Vauclusehöhen hinaufführt. Vor *Murs* können wir uns bei einer kurzen Abfahrt etwas erholen. Bei Erreichen des weltentrückt zwischen Wiesen und Getreidefeldern gelegenen Dorfes zweigen wir nach links in die D 4. Nach einem ebenen Straßenstück müssen wir wieder kräftiger in die Pedale treten. Bei *Col de Murs* (627 m)

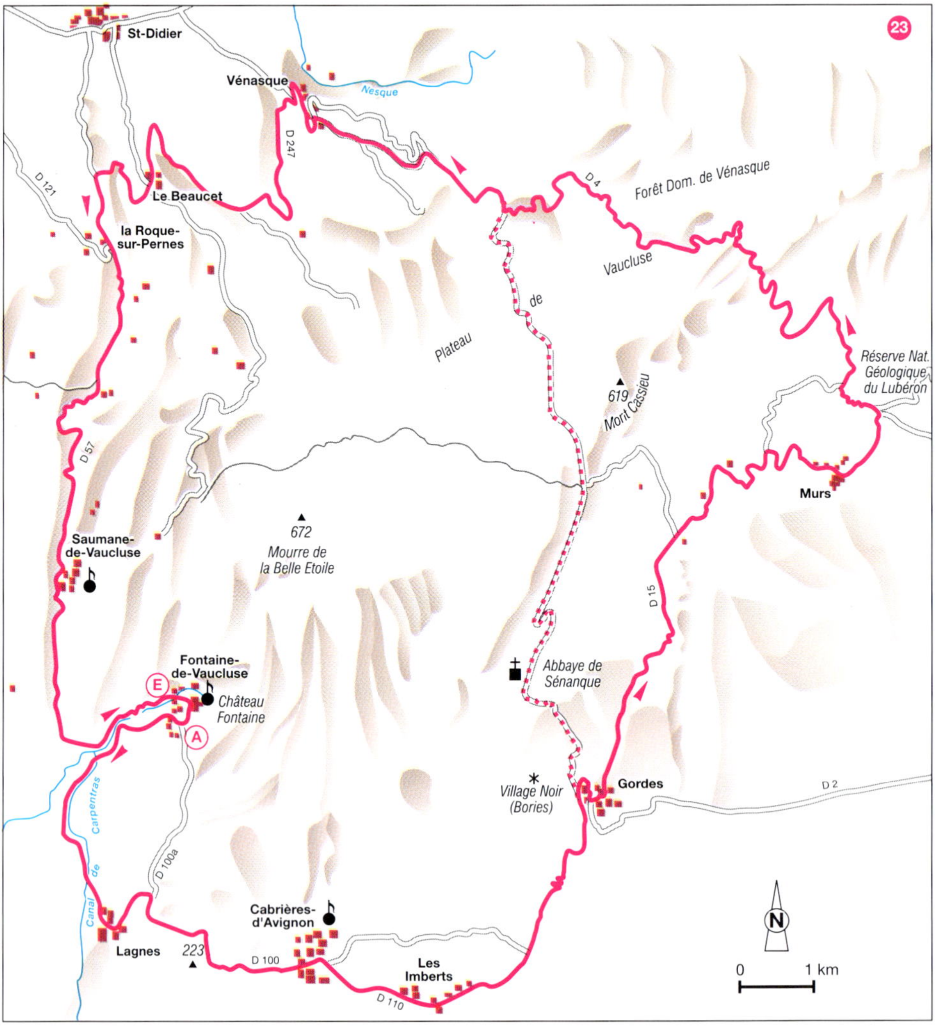

ist der höchste Punkt erreicht. Mit einer langen Abfahrt geht es dann wieder zu Tal. Gut 1,5 km nachdem von links die D 177 von Sénanque eingemündet ist, zweigen wir nach links auf eine Nebenstraße, die uns zum hochgelegenen **Venasque** bringt.

Wir verlassen den Ort nach Süden, indem wir vom Dorfplatz mit Brunnen durch einen Torbogen fahren und bei der Gabelung darauf rechts, bergab Richtung Carpentras fahren. In der scharfen Rechtskurve unterhalb des Dorffelsens biegen wir nach links in die nach Le Beaucet ausgeschilderte schmale D 247. Diese kreuzt bald nach rechts einen Bach und steigt für einen guten Kilometer steil an. Nach einer schönen Abfahrt gelangen wir nach *Le Beaucet*. Das kleine Dorf liegt malerisch unter einem Felsen mit Pinienhain, wirkt aber ziemlich ausgestorben. Ein Dorfcafé gibt es nicht.

Am Ortsrand von Le Beaucet fahren wir nach links aufwärts, am Kriegerdenkmal vorbei, biegen dann nach rechts auf die schmale nach La Roque-sur-Pernes / Saumane ausgeschilderte Straße. Diese steigt in Bögen zur D 210 an, der wir nach links folgen. Ein harmloser Anstieg ist zu bewältigen, ehe die Straße, jetzt als D 57 bezeichnet, in die Rhône-Ebene abfällt. Über Saumane-de-Vaucluse, mit seinem düsteren

Schloß, ehemals Besitz der Familie de Sade, dann auf der D 25 am Sorgue-Ufer entlang, geht es ohne nennenswerte Anstrengungen zurück nach **Fontaine-de-Vaucluse.**

Variante über das Kloster Sénanque: Kurz vor Gordes zweigen wir von der D 15 nach links auf die D 177, die nach Sénanque führt. Nach dem Kloster geht es kräftig bergan, dann ein Stück eben über eine Hochfläche. Nach einer herrlichen Abfahrt durch eine Kalkschlucht treffen wir kurz vor Venasque auf die D 4.

Nützliche Informationen

Entfernung: Fontaine-de-Vaucluse – Gordes 16 km; Gordes – Venasque 24 km; Venasque – Fontaine-de-Vaucluse 19 km. Variante: Gordes – Venasque über Sénanque 19 km.
Unterkunft: *Venasque:* Hôtel La Garrigue, 2 Sterne, Tel. 90 66 03 40; La Maison aux Volets Bleus (komfortable Gästezimmer), Tel. 90 66 03 04.
Camping: *Fontaine-de-Vaucluse* und *Gordes:* Siehe Tour 18, S. 93.

Pause in Venasque. Am Dorfbrunnen kann man sich mit kühlem Trinkwasser versorgen.

24 Durch die Ebene des Comtat zu den Dentelles

Fontaine-de-Vaucluse – L'Isle-sur-la-Sorgue – Carpentras – Beaumes-de-Venise – Malaucène – Vaison-la-Romaine

Tourencharakter: Nicht übermäßig anstrengende, meist ebene Verbindungsroute zwischen dem Vaucluse und den Dentelles de Montmirail. Ein etwas kräftigerer Anstieg vor Malaucène.

Länge der Tour: 62 km.

Vom malerischen Bergland des Vaucluse führt diese Tour zum nicht minder reizvollen Kalkzackengebirge der Dentelles de Montmirail. Dazwischen durchradeln wir die fruchtbare Rhône-Ebene mit ihren Obst- und Gemüsekulturen. Gleich hinter Fontaine-de-Vaucluse wird eine Bogenbrücke unterquert, die mal keine Eisenbahnlinie, sondern das Wasser des Canal de Carpentras trägt. Der Kanal, der in vielen Bögen die Aigues, einen Nebenfluß der Rhône, mit der Durance verbindet, ist eine der Lebensadern dieser Region. Das ausgeklügelte System der Bewässerungskanäle hat das fruchtbare Land um Carpentras zu einem ausgesprochen ertragreichen Anbaugebiet für Obst, Wein und Gemüse gemacht.

In der Geschichte der Provence spielte diese Region lange ein Sonderrolle. Im Mittelalter herrschten hier die Grafen von Toulouse, die mit den Albigensern sympathisierten. Nachdem diese »ketzerische« Gemeinschaft, die die Autorität von Papst und Krone negierte, durch die Truppen des französischen Königs ausgerottet war, fiel der Besitz der Grafen von Toulouse östlich der Rhône 1229 quasi als Anteil an der Kriegsbeute dem Kirchenstaat zu. Erst mit

Auf ruhigen Nebenstraßen umfahren wir das kleine Felsgebirge der Dentelles de Montmirail.

In den Dentelles de Montmirail. In den niedrigen Lagen bestimmen ausgedehnte Weinfelder das Landschaftsbild, auf den Höhen karge Garrigue und schroffe Felsen.

der Französischen Revolution wurde das Land der Päpste, das Comtat Venaissin, ein Teil Frankreichs.

Erste Hauptstadt der päpstlichen Enklave war **Pernes-les-Fontaines** (6900 Einwohner). Aus spätmittelalterlicher Zeit haben sich hier noch Teile der alten Stadtmauer mit ihren Stadttoren erhalten. Das schönste bauliche Ensemble bildet die von Rundtürmen flankierte *Porte Notre-Dame* mit kleiner Kapelle und der Nesque-Brücke. Die eckige *Tour Ferrande,* die einst der Aufbewahrung wichtiger Urkunden diente, besitzt ungewöhnliche Fresken des 13. Jh.s, die u. a. den Kampf Karls von Anjou gegen den letzten Staufer Konradin schildern. Beim Durchstreifen der verwinkelten Gassen von Pernes trifft man auf zahlreiche, z. T. mit Kopfspeiern verzierte Brunnen, die dem Ort seinen Beinamen gegeben haben.

Carpentras (26 000 Einwohner) ist eine nicht sonderlich aufregende Provinzstadt mit hübschem Altstadtviertel, das vor allem am Freitagvormittag lebendig wird, wenn in den Gassen der große Wochenmarkt stattfindet. 1320 löste es Pernes als Hauptstadt des Comtat ab und blieb dies bis zum Anschluß an Frankreich 1791. Aus der Blütezeit der Stadt sind noch einige sehenswerte Bauwerke erhalten. Im Zentrum der Stadt erhebt sich die *Kathedrale St-Siffrein,* eines der wenigen Beispiele des gotischen Baustils in der Provence. Neben der Kirche steht als einziges Relikt der Römerzeit ein bescheidener *Triumphbogen.* Als plakative Machtdemonstration Roms gegenüber den Einheimischen sind zwei an eine Siegessäule angekettete Gallier im Relief dargestellt. Nicht weit entfernt versteckt sich die *jüdische Synagoge* des 15. Jh.s hinter einer unauffälligen Fassade (geöffnet Montag bis Freitag, 10–12 und 15–17 Uhr). Ihre heutige Baugestalt erhielt sie erst im 18. Jh. Das Innere bildet ein eleganter Rokokosaal, in dessen Untergeschoß man eine Bäckerei für ungesäuertes Brot und Bäder für rituelle Waschungen findet. Seit dem 14. Jh. gab es eine große jüdische Gemeinschaft in Carpentras, die unter dem Schutz des Papstes stand. Dieser brauchte die Juden für seine Geldgeschäfte. Denn Zinsnahme war dem Papst aus Glaubensgründen verboten, während die Juden insoweit keinen religiösen Einschränkungen unterworfen waren.

Wir verlassen Carpentras durch die *Porte d'Orange,* einziger Rest der im 19. Jh. abgerissenen mittelalterlichen Stadtbefestigung. Nach Norden zeichnet sich schon die gezackte Felskrone der Dentelles de Montmirail am Horizont ab. Auf dem Weg nach Vaison-la-Romaine umfahren wir das Gebirge an seiner Ostseite, passieren dabei die freundlichen Dörfer Beaumes-de-Venise und Malaucène (s. S. 34).

Streckenbeschreibung

Wir verlassen **Fontaine-de-Vaucluse** auf der südlich der Sorgue verlaufenden D 24. Nach 2 km biegen wir nach rechts auf die D 57 Richtung Saumane, überqueren die Sorgue und zweigen gleich nach links in eine Nebenstraße. Diese stößt nach 3 km auf die D 25, die uns zu einem Kreisverkehr am Ortsrand von **L'Isle-sur-la-Sorgue** bringt. Nach links geht es ins Ortszentrum (s. S. 67). Richtung Pernes halten wir uns jedoch halbrechts, um auf dem ruhigen Chemin du Pont de la Sable weiterzuradeln. Bei einem Quersträßchen links fahren. Wenig später zweigen wir rechtwinklig nach links ab. Auf der schmalen Teerstraße radeln wir gemütlich zwischen Sonnenblumenfeldern und von Zypressenhecken gesäumten Gemüsekulturen nach *Velleron*. Auf der Avenue de Gaulle fahren wir östlich am Ortskern vorbei, biegen dann nach rechts in die D 1 ein, die uns zur D 938 bringt. Ein Radstreifen erleichtert das Fahren auf der verkehrsreichen Straße, der wir die 3 km bis *Pernes-les-Fontaines* folgen müssen. Beim Ortszentrum überqueren wir die kleine Nesque und biegen nach rechts in die D 1 nach Mazan.

Wir bleiben gut 2 km auf der D 1, nehmen dann den zweiten Abzweig nach links nach Überquerung des Canal de Carpentras. Auf ruhiger Straße radeln wir gemütlich durch die Ebene. Bei einer Querstraße halten wir uns links, kreuzen erneut den Canal de Carpentras, biegen sofort nach rechts und gelangen nach **Carpentras,** dessen Altstadt ein breiter Boulevard umringt.

Das Stadtzentrum verlassen wir nach Norden durch die Porte d'Orange, kreuzen den Ringboulevard und fahren auf dem schmalen Chemin de la Roseraie abwärts zum Fluß Auzon. Hinter der Flußbrücke biegen wir nach links, gelangen dann geradeaus zur D 950. Dieser folgen wir 50 m, um dann nach rechts auf die nicht beschil-

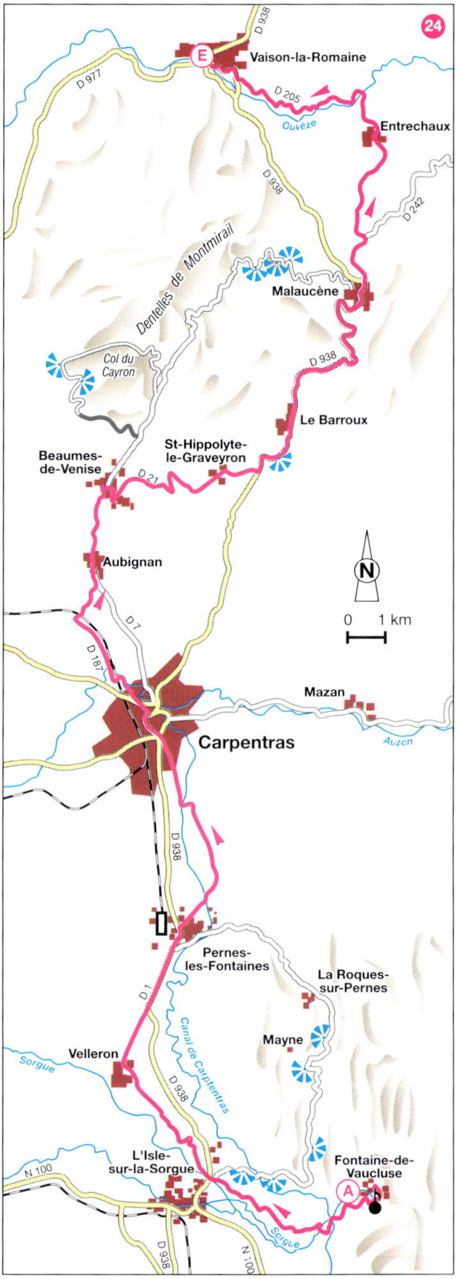

derte D 187 einzubiegen. Bei einer Querstraße nach kurzem Anstieg halten wir uns links, überqueren eine stillgelegte Bahnlinie und einen Kanal und treffen dann geradeaus fahrend auf die D 126. Wir biegen nach rechts zur D 7, die uns mit kurzem Anstieg durch das kleine *Aubignan* führt. Über die D 90 erreichen wir **Beaumes-de-Venise** am Fuße der Dentelles de Montmirail.

Wir verlassen den Ort nach Süden auf der D 21 Richtung Caromb, eine aussichtsreiche, ruhige Straße, die durch Olivenhaine und Weinberge am Fuße der Berge entlangführt. Nach dem scheinbar nur aus Mairie (Bürgermeisteramt), Kirche und Friedhof bestehenden *St-Hippolyte* biegen wir von der D 21 nach links auf den Chemin de la Barianne, der zur D 938 führt. Richtung Malaucène folgen wir dieser mäßig befahrenen, zu einer Paßhöhe ansteigenden Durchgangsstraße. 220 Höhenmeter sind zu überwinden, ehe wir nach **Malaucène** hinunterrollen.

Auf der glatten D 938 könnten wir zügig bis Vaison durchfahren. Reizvoller ist die Route über Entrechaux (3 km länger). Dazu biegen wir hinter dem Hauptplatz von Malaucène, vor der Post, nach rechts in die kleine D 242, die etwas ansteigt. Kurz nach dem höchsten Punkt zweigen wir nach links auf das nach Entrechaux ausgeschilderte Sträßchen. Dieses bringt uns durch freundliches Hügelland zu dem am Fuße einer Burgruine gelegenen Ort. In *Entrechaux* biegen wir nach rechts auf die D 13, die wir schon in der Senke 100 m nach dem Dorf nach links verlassen, um zum Tal der Ouvèze hinabzufahren. Auf der nördlichen Uferstraße, der kaum befahrenen D 205, gelangen wir bequem nach **Vaison.**

Nützliche Informationen

Entfernung: Fontaine-de-Vaucluse – Pernes-les-Fontaines 17 km; Pernes-les-Fontaines – Carpentras 8 km; Carpentras – Beaumes-de-Venise 10 km; Beaumes-de-Venise – Malaucène 14 km; Malaucène – Vaison-la-Romaine 13 km.
Unterkunft: *Carpentras:* 6 Hotels, u. a. das Hôtel du Fiacre, 153 Rue Vigne, 2 Sterne, Tel. 90 63 03 5.
Camping: *Carpentras:* Camping Municipal, Avenue Villemarie, Tel. 90 63 09 55.
Touristeninformation: *Carpentras:* 170 Avenue Jean Jaurès, Tel. 90 63 57 88.
Tourenhinweis: Von Vaison-la-Romaine führt Tour 5 nach Avignon weiter.

25 Durch die Nesque-Schlucht

Vaison-la-Romaine – Malaucène – Bédoin – Villes-sur-Auzon – Sault

Tourencharakter: Recht anstrengende Tour. Insgesamt 750 Höhenmeter sind zu überwinden. Der lange Anstieg durch die Nesque-Schlucht ist jedoch nicht sehr steil und problemlos zu fahren.

Länge der Tour: 64 km.

Die Tour ist der Auftakt einer Routenverbindung, die uns von den Dentelles de Montmirail durch die einsamen Landschaften der Hochprovence in 5 bis 6 Tagen bis nach Nizza an der Côte d'Azur bringt. Zunächst durchradeln wir das freundliche Bauernland am Fuße des Mont Ventoux. Hinter **Malaucène** (s. S. 34) ist ein erster kräftiger Anstieg zu bewältigen, an den sich eine

In den Kleinstädten und Dörfern der Provence laden zahlreiche Straßencafés zu einer Rast ein.

herrliche Abfahrt zum kleinen **Bédoin** anschließt. Die Hauptkirche von Bédoin besitzt schöne Altäre im für die Provence untypischen Barockstil. Wir sind hier im ehemaligen Comtat Venaissin, das zwischen dem 13. und 18. Jh. zum Kirchenstaat gehörte. Es wurde von Carpentras aus durch päpstliche Legaten verwaltet, die meist aus Italien kamen und den dortigen Kirchenbaustil mitbrachten.

Die sanften Hänge südlich des Mont Ventoux sind großflächig mit den Weinstöcken der Côtes-du-Ventoux-Lagen bedeckt. Dies ist kein großer Name unter Weinkennern, allerdings auch keine schlechte Adresse. Der hier erzeugte Tropfen gilt als guter und ausgesprochen preiswerter Tischwein. Probieren kann man ihn beispielsweise in der Winzer-Cooperative von Mormoiron.

Hinter Villes-sur-Auzon verlassen wir die heitere Landschaft der Weinberge, Obstgärten und Olivenhaine. Die Straße windet sich nun durch trocken-karges, kaum besiedeltes Land bergwärts, führt an schroffen Abgründen entlang und durch zwei Felstore hindurch. Ständig bieten sich schöne Ausblicke in die Tiefe der einsamen **Nesque-Schlucht**, der wir ins Hochland hinauf folgen. Dabei hält sich die Steigung in erträglichen Grenzen. Nur der Anfang der Schluchtfahrt ist etwas steiler. Angenehm ist auch, daß die Straße kaum befahren ist.

Einige Kilometer vor Sault weitet sich die Landschaft zu einer Hochebene, auf der sich große Lavendelfelder ausbreiten. Das kleine **Sault** mit seinen 1200 Einwohnern gilt in dieser abseitigen Region schon als Hauptort. Honig und Nougat sind neben dem Lavendel Produkte, die hier vermarktet werden (Einkaufen bei A. Boyer, Porte d'Aires). Markttag ist der Mittwoch. In der übrigen Zeit geht es in Sault ausgesprochen ruhig zu. Die aus dem 12.–14. Jh. stammende Kirche St-Sauveur im kleinen Ortskern ist ein weiteres Beispiel für die provenzalische Romanik, die sich durch einfache, klare und schmucklose Bauformen auszeichnet.

Streckenbeschreibung

Von der Römerbrücke über die Ouvèze in **Vaison** folgen wir zunächst für gut 3 km der D 938 Richtung Malaucène, biegen dann nach links auf die D 54 nach Entrechaux. Nur 500 m weiter zweigen wir dann nach rechts auf eine Nebenstraße ab, die in etwa parallel zur D 938 nach Süden führt. Wir kreuzen die D 13, halten uns bei der Querstraße danach rechts. Nach kurzem Anstieg rollen wir nach **Malaucène** hinein, wo wir wieder auf die D 938 treffen. Diese führt uns durch den Ort und steigt dann für etwa 2 km kräftig zu einer Paßhöhe an. Danach biegen wir nach links in die D19, die uns mit kurzem Anstieg und langer Abfahrt nach **Bédoin** bringt.

Auf der D 974 rollen wir nach Süden aus dem Dorf hinaus. In der Rechtskurve 2 km nach Bédoin fahren wir geradeaus auf der

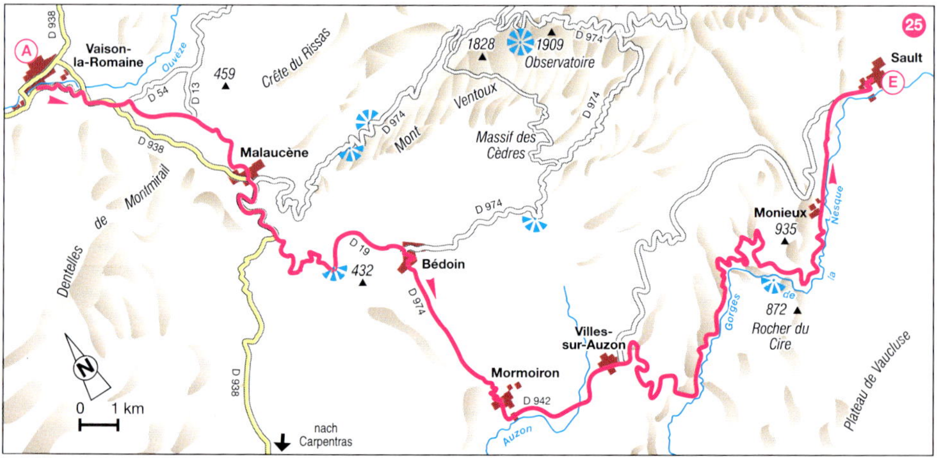

Hoch am Hang über der einsamen Nesque-Schlucht verläuft unsere Route.

D 14 weiter, die uns mühelos über *Mormoiron* zur D 942 bringt, auf der wir bis zum Etappenziel Sault bleiben. Bei der Gabelung am Ortsende von **Villes-sur-Auzon** müssen wir den rechten, »Gorges de la Nesque« beschilderten Abzweig nehmen. Für etwa 3 km führt die Straße kräftig bergan, um dann weniger steil der Nesque-Schlucht zu folgen. Hoch über dem Tal windet sich die Straße den Hang hinauf. Für 22 km treffen wir auf keine Ortschaft. Die Landschaft ist von eindrucksvoller Leere. Nach zwei kurzen Tunneln erreichen wir einen Aussichtspunkt gegenüber dem Steilfelsen Rocher du Cire. Schmale markierte Pfade führen von hier zu einer großen Höhle hinab, wo man dabei ist, frühgeschichtliche Siedlungsplätze auszugraben. Nach Verlassen der Schlucht rollen wir etwas bergab. Hinter dem weltentrückten *Monieux* beginnt die Straße wieder anzusteigen, wobei wir zuletzt kurz kräftig in die Pedale treten müssen, um ins Ortszentrum von **Sault** hinaufzufahren.

Nützliche Informationen

Entfernung: Vaison-la-Romaine – Malaucène 11 km; Malaucène – Villes-sur-Auzon 25 km; Villes-sur-Auzon – Sault 28 km.

Unterkunft: *Bédoin:* Hôtel L'Escapade, Place Portail de l'Olivier, 1 Stern, Tel. 90 65 60 21. *Mormoiron:* Hôtel du Ventoux, einfach / preiswert, Tel. 90 61 80 09. *Sault:* Hôtel d'Albion, Avenue de l'Oratoire, 2 Sterne, Tel. 90 64 06 22; Hotel-Restaurant Signoret, im Zentrum, 1 Stern (einfach, sympathisch, gute ländliche Küche), Tel. 90 64 00 45.

Camping: *Mormoiron:* De l'Auzon (an der D 942), Tel. 90 61 80 42. *Sault:* Du Deffends, Tel. 90 64 02 30, nur 15. 6.–15. 9.

Touristeninformation: *Sault:* Avenue de la Promenade, Tel. 90 64 01 21.

Tourenhinweis: Tour 27 führt weiter nach Osten. Die Touren 25 und 26 lassen sich von Malaucène aus zu einer Rundfahrt um den Mont Ventoux verbinden (108 km).

26 Am Berg der Winde

Sault – Montbrun-les-Bains – Tal des Toulourenc – Veaux – Malaucène

Tourencharakter: Mittelschwere Tour mit zwei kräftigen Anstiegen. Überwiegend geht es jedoch bergab. Herrlich einsame Landschaften am Nordfuß des Mont Ventoux. Badegelegenheit im Toulourenc.

Länge der Tour: 54 km.

»Olymp des Midi« oder »Fudjijama der Provence« wird der **Mont Ventoux** manchmal genannt. Und in der Tat bietet der Berg einen imposanten Anblick, obwohl er mit 1909 Höhenmetern keineswegs alpine Maße erreicht. Mit seiner weißen, aus der Ferne wie schneebedeckt wirkenden Kalksteinkuppe thront er unnahbar über dem Hügelland der Umgebung, das er um mehr als 1000 m überragt. Auf der kahlen Bergkuppe, über die der Mistral unbehindert hinwegjagt, verehrte die keltische Urbevölkerung ihren Windgott. Der Mont Ventoux, der Berg der Winde (vent = Wind), ist oft bis in den Mai hinein mit Schnee bedeckt. Von der Bergspitze, die leider durch Militäranlagen, Wetterstation und Skilifte verschandelt ist, bietet sich an klaren Tagen ein grenzenloses Panorama von den Alpen bis nach Korsika.

Drei Straßen führen auf den Mont Ventoux. Allesamt zu steil sind sie für den durchschnittlich trainierten Radler. Wir begnügen uns deshalb damit, den Berg von weitem zu betrachten. Seine markante Silhouette begleitet uns auf der gesamten Etappe, die keine kulturellen Höhepunkte, dafür viel unberührte Natur bietet. (Wer den Mont Ventoux mit dem Rad erklimmen möchte, sollte unbedingt die von Sault ausgehende Route nehmen, auch für die Abfahrt, da die Straßen von Malaucène bzw. Bédoin noch steiler und sehr kurvig sind.) Von Sault aus radeln wir zunächst noch ein Stück durch die Landschaft der weiten Lavendelebenen. Nach Aurel mit seiner gedrungenen romanischen Kirche rollen wir dann ins Tal des Toulourenc hinab. Ein kleiner Umweg führt uns zum ehemaligen Thermalort **Montbrun-les-Bains** (520 Einwohner), dessen wenige Häuser sich zu

Das unverbaute alte Dorf Brantes vor der Nordflanke des Mont Ventoux.

einer Schloßruine hin den Hang hinaufziehen. Während der Religionskriege des 16. Jh.s tobten hier besonders heftige Kämpfe, aus denen die katholischen Royalisten siegreich hervorgingen. Das Schloß der calvinistischen Grafen von Montbrun wurde in Schutt und Asche gelegt, der Schloßherr 1575 öffentlich hingerichtet. Mitte des 19. Jh.s wurde Montbrun, dessen Schwefelquellen schon die Römer zu Heilzwecken nutzten, zu einem beliebten Thermalbad, das allerdings mit Ausbruch des Ersten Weltkrieges seine Tore wieder schließen mußte. Montbrun wurde zu einem vergessenen Provinzdorf. Meist wirkt der schön gelegene Ort wie ausgestorben. Dies möchte man ändern. Die Thermalquelle ist seit kurzem wieder in Betrieb.

Von Montbrun folgen wir dem Lauf des **Toulourenc** nach Westen. Die Landschaft am Nordfuß des Mont Ventoux ist wilder und einsamer als südlich des Bergmassivs, wo sanfte Rebhügel das Bild bestimmen. In einem eng eingeschnittenen Tal fließt der

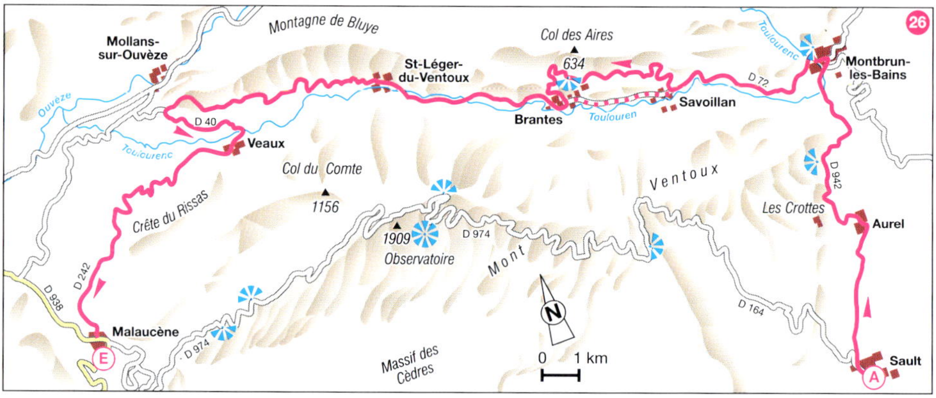

Toulourenc nach Westen. Die Häuser des Dorfes **Brantes** klammern sich fotogen vor der Silhouette des Mont Ventoux an die Bergflanke. Beim herrlich gelegenen Weiler Veaux verläßt man dann das Tal des Toulourenc, der hier aus einer felsigen Engstelle heraustritt. Kraxelt man das Bachtal ein Stück hinauf, so trifft man zwischen den Felsen auf idyllische Badetümpel.

Streckenbeschreibung

Wir verlassen **Sault** nach Norden auf der D 942 Richtung Montbrun-les-Bains. Auf

Beim weltentrückten Weiler Veaux. In der kaum besiedelten Berglandschaft am Lauf des Toulourenc fühlt man sich manchmal fernab der Zivilisation.

der weitgehend ebenen Straße kommt man zügig voran. Hinter *Aurel* senkt sich dann die D 942 ins Tal des Toulourenc. Sich bei der Gabelung hier rechts haltend, gelangt man nach 1,5 km bis **Montbrun-les-Bains.**

Wir verlassen den Ort nach Westen, auf der Straße, die wir gekommen sind, folgen dann der D 72 im Tal des Toulourenc. Bei der Gabelung kurz vor *Savoillan* können wir links auf der bequemen Talstraße bleiben. Reizvoller, aber mit zusätzlichem Anstieg verbunden ist es, rechts über die aussichtsreiche D 41 nach *Brantes* und von dort abwärts zurück zur D 72 im Tal des Toulourenc zu fahren. Hinter *St-Léger-du-Ventoux* müssen wir wieder kräftiger in die Pedale treten. Die D 72/40 verläuft mit Blick auf die steile Nordflanke des Mont Ventoux hoch am Hang über dem sich schluchtartig verengenden Tal des Toulourenc. Beim *Col de Veaux* biegen wir scharf nach links in die schmale D 40a / D 242 Richtung Malaucène, die nach 3 km den Toulourenc kreuzt. Hier beginnt der zu den Badeplätzen der Schlucht führende Pfad.

Hinter **Veaux** steigt die Straße durch karge Garrigue an, fällt kurz ab und erreicht nach neuerlichem kräftigem Anstieg eine Paßhöhe. Ein längeres Stück können wir jetzt die Räder rollen lassen. Vor Malaucène radeln wir wieder durch freundliches Bauernland mit Kirschbäumen und Weinstöcken. Nach Osten begrenzen die gezackten Kalkberge der Dentelles de Montmirail den Horizont. Mit einem letzten kurzen Anstieg und einer leichten Abfahrt bringt uns die D 242 nach **Malaucène.**

Nützliche Informationen

Entfernung: Sault – Montbrun-les-Bains 12 km; Montbrun – Veaux 28 km; Veaux – Malaucène 14 km.
Unterkunft: *Sault:* Siehe Tour 25, S. 119.
Brantes: Hôtel L'Auberge, Quartier le Banquet, ohne Stern, Tel. 75 28 01 68.
Malaucène: Siehe Tour 4, S. 32.
Camping: *Sault:* Siehe Tour 25, S. 119.
Malaucène: Siehe Tour 4, S. 32.
Tourenhinweis: Tour 25 und Tour 26 lassen sich von Malaucène zu einer Rundfahrt um den Mont Ventoux verbinden (108 km).

27 Im Land des Lavendels

Sault – Simiane-la-Rotonde – Rocher d'Ongles – Forcalquier

Tourencharakter: Mittelschwere Tour durch die einsamen Landschaften am Fuße der Montagne de Lure. Einige mittlere Anstiege. Insgesamt geht es mehr ab- als aufwärts.
Länge der Tour: 64 km.

Durch die nur dünn besiedelte Landschaft südlich der Montagne de Lure führt uns diese Tour weiter nach Osten. Lichte Eichenwälder, kräuterduftende Macchia und ausgedehnte Lavendelfelder bedecken die weiten Hochflächen und niedrigen Hügelzüge. Auf unserem Weg kommen wir nur durch wenige Dörfer. Über lange Strecken rollen wir fernab der Zivilisation. Am schönsten ist die Gegend zur Zeit der Lavendelblüte im Juli / August. Das Land scheint mit riesigen blau-violetten Blütenteppichen bedeckt. Die Intensität der Farben wirkt geradezu irreal. Aber auch in der übrigen Zeit fallen die Lavendelfelder auf. Mit ihren kugelförmig gestutzten, in Reih und Glied angeordneten Rispenstanden erscheinen sie wie aufmarschierende Igelarmeen.

Wildwachsender Lavendel war schon bei den Römern als Heilpflanze bekannt. Im Mittelalter glaubte man, das Einatmen der Düfte schütze vor Krankheiten. Die Heilwirkung des Lavendels ist durch die pharmazeutische Forschung bestätigt. Seine Bestandteile wirken krampflösend, antiseptisch, beruhigend, lindern Schmerzen und helfen bei Rheuma. Hauptsächlich findet der Lavendel jedoch bei der Herstellung von Parfums, Kosmetika, Waschmitteln und Seifen Verwendung. Seit Beginn des 20. Jh.s wird die Pflanze großflächig kultiviert, wobei meist die ertragreichere Kreuzung Lavandin statt des echten, teuren Lavendels (lavande) angebaut wird. Die große Zeit der Lavendelkulturen scheint jedoch zu Ende zu

Der Weiler Rocher d'Ongles vor der Silhouette der Montagne de Lure.

gehen. Vor allem bei der Herstellung preisgünstiger Parfums verdrängen synthetische Produkte die natürlichen Duftstoffe – für die eher arme Landwirtschaft der oberen Provence eine bedenkliche Entwicklung. Der anspruchslose Lavendel findet hier ideale Wachstumsbedingungen und ist für viele bäuerliche Betriebe Existenzgrundlage.

Nur bescheidene Sehenswürdigkeiten liegen am Wege. In **St-Trinit** finden wir eine restaurierte, stilreine romanische Kirche des 12. Jh.s. **Simiane-la-Rotonde** gehört mit seinen 370 Einwohnern schon zu den größeren Orten der Region. Seine wohlrestaurierten Häuser stehen am Hang gestaffelt unter dem mysteriösen mittelalterlichen Donjon (s. S. 104). Um das alte Dorf **Limans** findet man mehrere Taubentürme des 16. Jh.s. Anders als die Jagd war die Taubenzucht kein feudales Privileg und konnte so den Bauern als Nahrungsquelle dienen. Die Dorfkirche von Limans beherbergt einen frühchristlichen Altar aus der Zeit der Merowinger. Ein kurzer Umweg führt uns zum mittelalterlichen Priorat **Notre-Dame-de-Salagon** westlich von Mane. Die im wesentlichen aus dem 12. Jh. stammende Kirche des ehemaligen Benediktinerklosters strahlt Ruhe und Frieden aus. Das Priorat ist heute Sitz der Gemeinschaft Alpes-de-Lumières, die es sich zum Ziel gesetzt hat, das kulturelle Erbe der Provence zu bewahren. Zu

Das restaurierte mittelalterliche Priorat Notre-Dame-de-Salagon beherbergt heute ein provenzalisches Kulturzentrum.

ihren ersten Aktivitäten gehörte die Restaurierung des Klosters, die Eröffnung eines ethnologischen Museums sowie die Anlage eines Heilkräutergartens (geöffnet 14–18 Uhr). Das Dorf **Mane** (940 Einwohner) besitzt eine für die ländliche Provence typische Ortsanlage. Seine Häuser scharen sich eng aneinandergedrängt um einen burgbekrönten Hügel.

Auch der Hauptort dieser Region, das knapp 4000 Einwohner zählende **Forcalquier**, bietet dieses Ortsbild. Das recht lebendige Landstädtchen bietet während des montäglichen Wochenmarktes ein buntes Bild. Im Mittelalter war Forcalquier Hauptstadt einer selbständigen Grafschaft. Die Grafen von Forcalquier gehörten zu den mächtigsten Feudalherren der Provence und verkehrten mit den Königshäusern Europas. Einer der Grafen brachte im 13. Jh. das Kunststück fertig, vier seiner Töchter mit Königen zu verheiraten. Nach den Verwüstungen der Religionskriege verlor Forcalquier seine Bedeutung. Aus der mittelalterlichen Blütezeit ist nur wenig erhalten geblieben. Im Ortszentrum mit einigen verwinkelten Gassen und dem hübschen Brunnenplatz Place St-Michel steht die außen klobig, innen muffig-düster wirkende romanische Kirche *Notre-Dame*. Das stark restaurierte Kloster *Couvent des Cordeliers* wurde 1236 von den Franziskanern als eine der

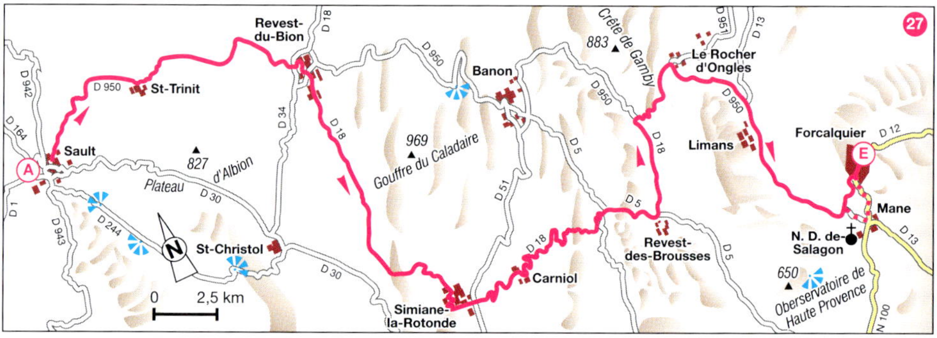

ersten Dependancen ihres Ordens in Frankreich gegründet. Auf dem einstigen Schloßhügel der Grafen erhebt sich eine kitschig-schöne Wallfahrtskapelle im neobyzantinischen Stil. Von hier oben blickt man weit über das einsame Hochland der oberen Provence.

Streckenbeschreibung

Wir verlassen **Sault** nach Nordosten auf der D 950 Richtung Banon. (Die direkte Strecke nach Simiane ist wegen der Militäranlagen von St-Christol wenig reizvoll. Hier lagern unterirdisch die Atomsprengköpfe der Force de Frappe.) Auf der nur mäßig ansteigenden D 950 gelangen wir ohne große Mühen nach *St-Trinit* und *Revest-du-Bion*. Hinter dem Ort biegen wir nach rechts auf die D 18, die nach Süden eben oder leicht abwärts verläuft. Die 14 km bis **Simiane** sind ein Kinderspiel. Kurz vor dem Ort müssen wir nach rechts auf eine schmalere Straße einbiegen, um in den hoch gelegenen, älteren Ortsteil zu gelangen. Durch die Gassen abwärts geht man am besten zu Fuß. Zum Fahren sind sie zu steil.

Wir verlassen Simiane nach Osten, fahren weiter auf der D 18, die nach einem Lavendelfeld kurz steiler ansteigt. Auf ebener Strecke geht es dann durch den weltentrückten Bauernweiler *Carniol* in ein bewaldetes Tal hinab. Nach dem Abzweig der D 201 beginnt die kräftigste Steigung der Etappe (120 m auf 2,5 km). Bei der Kreuzung unterhalb von *Revest-des-Brousses* halten wir uns links, folgen der D 18 nach Norden zur D 950, auf die wir nach rechts einbiegen. Durch den Weiler **Rocher d'Ongles** mit der einzigen Bar weit und breit gelangen wir auf der meist abfallenden D 950 problemlos zu einem kleinen Stausee und von hier mit leichtem Anstieg nach **Forcalquier.**

Zwei kurze, aber mit zusätzlichen Steigungsmetern verbundene Umwege könnte man einbauen: Über einen Schlenker nach Westen ließe sich das kleine *Limans* erreichen. Zweigt man etwa 1,5 km nach dem Stausee nach rechts in eine abschüssige Nebenstraße, gelangt man nach *Mane* und *Notre-Dame-de-Salagon.* Die 3,5 km von Mane nach *Forcalquier* müßten dann auf der ansteigenden N 100 zurückgelegt werden.

Nützliche Informationen

Entfernung: Sault – Simiane-la-Rotonde 14 km; Simiane-la-Rotonde – Rocher d'Ongles 20 km; Rocher d'Ongles – Forcalquier 14 km.

Unterkunft: *Simiane-la-Rotonde:* Siehe Tour 21, S. 104. *Revest-des-Brousses:* Du Marcassin, 1 Stern, Tel. 92 76 05 41. *Forcalquier:* Hostellerie des 2 Lions, 11 Place du Bourguet, 3 Sterne, Tel. 92 75 25 30; Grand Hôtel, 10 Boulevard Latourette, 2 Sterne, Tel. 92 75 00 35.

Gîte d'Etape: Chaloux bei Simiane, siehe Tour 21, S. 104.

Camping: *Forcalquier:* Camping municipal, April – September, Tel. 92 75 27 94. In *Niozelles* 7 km östlich von Forcalquier: Camping du Lac du Moulin de Ventre (Ostern – 15. 10.), Tel. 92 75 06 92.

Touristeninformation: *Forcalquier:* Place du Bourget 15, Tel. 92 75 10 02.

Bei Sisteron zwängt sich die Durance durch eine enge Passage zwischen steilen Felsmassiven.

28 Durch die Baronnies nach Osten

Vaison-la-Romaine – Buis-les-Baronnies – Col de Mévouillon – Lachau – Gorges de la Méouge – Sisteron

Tourencharakter: Nur wegen der Länge anstrengende Tour. Gut verteilte Anstiege. Nur eine harte Steigung. Lange Abfahrt (35 km). Verbindungsroute auf ruhigen Straßen durch einsame Bergregionen am Nordrand der Provence.

Länge der Tour:
98 km.

Diese dem Lauf kleiner Flüsse folgende Tour stellt die einfachste Verbindungsroute von der Rhônesenke zur Hochprovence dar. Von Vaison-la-Romaine radeln wir zunächst an der Ouvèze entlang nach Osten in die **Baronnies** hinein. Hier verlaufen, parallel gestaffelt, namenlose Gebirgszüge mit markant felsigen Kammlinien, letzte Ausläufer der Pyrenäenauffaltung. Die Berge umschließen fruchtbare Talauen, die klimatisch so begünstigt liegen, daß sogar Ölbäume wachsen können. Angeblich sind hier die Winter fast so mild wie an der Côte d'Azur. Wo Oliven gedeihen, ist man im Süden. Der Ölbaum verträgt keinen harten Winterfrost und gilt so als Charakterpflanze des Mediterranen. Mit Recht werden deshalb die Baronnies oft zur Provence gerechnet, obwohl wir uns verwaltungsmäßig schon im Drôme befinden. Neben dem Ölbaum prägt die Linde das Bild der Region. Die Blüten der großflächig kultivierten Bäume werden nach ganz Frankreich exportiert.

Bei **Mollans-sur-Ouvèze** (690 Einwohner) betreten wir die Baronnies. Der stille Ort mit seinem maskengeschmückten Brunnen und dem auf der Stadtbefestigung ruhenden Kirchturm spielte lange Zeit die Rolle einer Grenzfeste zwischen Provence und Dauphiné. Das Dorf **Pierrelongue** wird von einem abenteuerlich auf einer Felskuppe plazierten Kirchlein überragt, skurriler Einfall eines Dorfpfarrers, der im kirchenfeindlichen 19. Jh. ein Ausrufezeichen für den Glauben setzen wollte. **Buis-les-Baronnies** ist mit etwa 2000 Einwohnern der Hauptort dieses Landstriches. Hier wird Anfang Juli während der süßlich duftenden Foire de Tilleul die Lindenblütenernte vermarktet. Ansonsten geht es in der Kleinstadt mit provenzalischem Flair ausgesprochen ruhig zu. Die kleine, von Arkadengängen des 15. Jh.s gesäumte Place du Marché bildet den Mittelpunkt des freundlichen Ortes.

Hinter Buis verlassen wir die nördlichste Enklave des Midi mit ihren Ölbäumen und Linden und dringen tief in die französische Provinz ein. Nur selten verirren sich Touristen hierher. Die Straße steigt kontinuierlich im felsgesäumten Tal der Ouvèze und ihres Nebenflußes Charuis an. Nach dem Col de Mévoullion folgt eine herrlich lange Abfahrt ins Tal des Méouge. Für etwa 35 km brauchen wir kaum in die Pedale zu treten. Wir durchradeln eine ausgesprochen entlegene Region namenloser Bergzüge, eine Art Niemandsland, nicht mehr Provence und noch nicht Alpen, wo man sich etwas außerhalb der gewohnten Welt fühlt. Das kleine **Lachau** mit Dorfbar und einfachem Restaurant bietet sich für eine Rast an. Zwischen Kornfeldern und Wiesen erhebt sich südlich des Ortes die romanische Kirche Notre-Dame-de-Calma. Schließlich tritt unsere Straße in die **Gorges de la Méouge** ein, die mit ihren hellen Steilwänden und dem grün schimmernden Flußwasser einen kleinen Vorgeschmack auf die größeren Gorges du Verdon bieten. Schöne Badeplätze liegen am Fluß. Nach der Schluchtpassage weitet sich die Landschaft. Wir gelangen in das nach Osten von den eigenwilligen Kalkbergen der provenzalischen Voralpen begrenzte Tal von Buëch und Durance.

Beim Engpaß von **Sisteron** fließen die beiden Flüsse zusammen. Die 6500 Einwohner zählende Stadt gilt als nördliche Pforte der Provence. Hohe Felsen sperren hier die Flußpassage. Sisteron hatte seit alters eine strategisch wichtige Position. Von der Zitadelle über der Stadt konnte man die Straße am Fluß perfekt kontrollieren. Noch im 19. Jh. wurde die Festung systematisch erweitert. Wie die ganze Stadt wurde sie während des Zweiten Weltkriegs bombardiert und zum Teil zerstört. Auf der *Zitadelle* findet man außer den Befestigungsmauern noch Ruinen der Burg des 13. Jh.s, eine Kapelle des 15. Jh.s und vor allem die berühmte Aussicht auf die Dächer der Stadt und die sich durch den Felsengpaß zwängende Durance. Trotz der Zerstörungen des Zweiten Weltkriegs hat sich Sisteron teilweise sein altes Ortsbild bewahren können. Am Rande der verwinkelten, teilweise wieder aufgebauten Altstadt liegt die *romanische Kathedrale* des 12. Jh.s mit ihrem dunklen, harmonisch gegliederten Innen-

Hinter Barret-le-Bas tritt unsere Route in die malerischen Gorges de la Méouge ein.

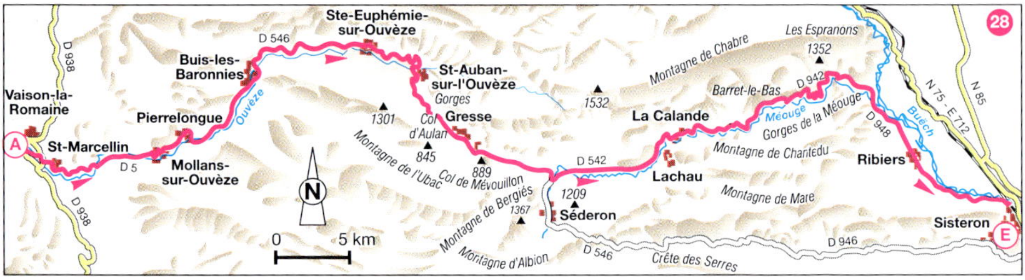

raum. Als besondere Spezialität gilt Agneau de Sisteron, Lammfleisch, das eigentlich von Tieren stammen sollte, das auf den Kräuterweiden der Hochprovence genährt wurde. Die üblichen und zulässigen Großvermarktungsmechanismen der EG führen jedoch dazu, daß die meisten Tiere von anderswo zur Schlachtung hergekarrt werden, um das verkaufsfördernde Gütesiegel von Sisteron zu bekommen.

Streckenbeschreibung

Von der Römerbrücke in **Vaison** folgen wir der nördlich der Ouvèze verlaufenden D 151 nach *St-Marcellin*. Hier nehmen wir die nach Faucon ausgeschilderte D 205, kreuzen dann 4 km weiter die Ouvèze auf einer mittelalterlichen Brücke. Danach halten wir uns links, folgen einer alten Bahntrasse im Flußtal. Bei der Gabelung etwa 1 km nach einer Brücke fahren wir links und gelangen über eine Umgehungsstraße hinweg nach *Mollans*. Der Beschilderung nach Buis folgend, treffen wir hinter dem Ort auf die D 5, die uns an *Pierrelongue* vorbeiführt. Mit einem Schlenker nach rechts (Hinweis »Cave du Tunel«) können wir einen Zwischenanstieg der D 5 umgehen, die uns schließlich nach **Buis-les-Baronnies** bringt.

Wir verlassen Buis nach Norden auf der D 546. Die Straße steigt gleichmäßig zwischen Oliven- und Mandelbäumen an, passiert die Felsengstelle *Gorges d'Ubrieux* und wendet sich dann in mehr östliche Richtung. Über das beschauliche *Ste-Euphémie* gelangen wir nach *St-Auban*, an dem wir zunächst nördlich vorbeifahren, um dann nach rechts die Ouvèze zu kreuzen und zum Ort hochzufahren. Hinter St-Auban senkt sich die D 546 kurz, um dann im Engtal des Charuis bergan zu führen. Eine harte, 2 km lange Steigung führt uns an *La Rochette* vorbei. Durch ein sich weitendes Hochtal mit Lavendelfeldern geht es danach wieder gemächlicher bergan. Hinter *Gresse* ist nochmals für 1 km ein etwas kräftigerer Anstieg zum **Col de Mévouillon** zu bewältigen.

Vom Paß geht es für etwa 35 km fast nur noch bergab. Die D 546 senkt sich ins einsame Hochtal von Sederon. Auf der D 542 / D 942 folgen wir dem Lauf der Méouge nach Osten. Vorbei am abseits der Durchgangsstraße gelegenen **Lachau** rollen wir in die **Gorges de la Méouge.** Nach Passieren der malerischen Felsschlucht stoßen wir auf die im Tal des Buëch verlaufende D 948, die uns mit einem harmlosen Zwischenanstieg über *Ribiers* zügig nach **Sisteron** bringt.

Nützliche Informationen

Entfernung: Vaison – Buis-les-Baronnies 22 km; Buis-les-Baronnies – Col de Mévouillon 27 km; Col de Mévouillon – Lachau 13 km; Lachau – Sisteron 36 km.
Unterkunft: *Buis-les-Baronnies:* Sous l'Olivier, 2 Sterne, Tel. 75 28 01 04; Le Lion d'Or, 2 Sterne, Tel. 75 28 11 31. *St-Auban:* Chambre d'Hôte la Galane, Tel. 75 28 62 37. *Lachau:* Hôtel Audibert Le Moulin, einfach. *Sisteron:* 12 meist einfachere Hotels, u. a. Le Tivoli, 21 Place de Tivoli, 2 Sterne, Tel. 92 61 15 16.
Camping: *Buis-les-Baronnies:* Le Jalinier, Terrain Municipal, 1. 3.–12. 11., Tel. 75 28 04 96. *Lachau:* Aire Naturelle, Tel. 75 28 40 04. *Sisteron:* Municipal les Prés Hauts, Tel. 92 61 19 69.
Touristeninformation: *Buis-les-Baronnies:* Champ de Mars, Tel. 75 28 04 59. *Sisteron*: Place de la Marie, Tel. 92 61 12 03.

29 Am Fuße der Montagne de Lure

Sisteron – Cruis – Sigonce – Forcalquier

Tourencharakter: Mittelschwere Tour. Beide Varianten ohne die ganz harten Anstiege. Der Abstecher nach Lurs und Ganagobie wartet jedoch mit kräftigen Steigungen auf und ist am besten von Lurs aus ohne Gepäck zu fahren.

Länge der Tour: 46 km; Variante: 47 km, mit Abstecher: 64 km.

Zwischen Mont Ventoux und dem Durancetal bei Sisteron erstreckt sich die bis auf gut 1800 m ansteigende Montagne de Lure, ein weltverloren wirkendes, nur dünn besiedeltes Bergland karger Weiden, lichter Eichen- und Kiefernwälder, kleiner Lavendelebenen und vergessener Dörfer. Von Sisteron führt eine Bergstraße quer über den Gebirgskamm nach Süden, die allerdings mit ihren über 1000 Steigungsmetern für den Durchschnittsradler zu hart ist. Auf unserem Weg von Sisteron nach Süden umfahren wir deshalb die Montagne de Lure östlich, wobei wir die ersten 6 km auf einer verkehrsreichen Nationalstraße zurücklegen müssen. Der Rest der Route verläuft dann auf ruhigen Nebenstraßen durch das einsam-karge Bergland, das so gar nicht dem üblichen Vorstellungsbild von der heiter-mediterranen Provence entspricht.

Beim Dorf **Sigonce** mit Resten einer mittelalterlichen Burg und einer schlichten romanischen Kirche mit ungewöhnlicher Dachform teilt sich unsere Route. Die *erste Variante* leitet nach Forcalquier und damit zurück in die westliche Provence, die *zweite* Richtung Gorges du Verdon, wobei man über das malerische Bergdorf **Lurs** auf einem anstrengenden, aber landschaftlich und kulturell lohnenden Abstecher das Kloster Ganagobie besuchen könnte.

Die bescheidenen Bauten der **Prieuré de Ganagobie** liegen hoch über dem Durancetal auf einem mit Steineichen bestandenen kleinen Plateau. Eine 4 km lange Stichstraße führt aus dem Tal hinauf. Die Klosterkirche des 12. Jh.s birgt einen ungewöhnlichen

Vom Bergrücken bei Lurs eröffnet sich ein weites Panorama nach Norden zur Montagne de Lure.

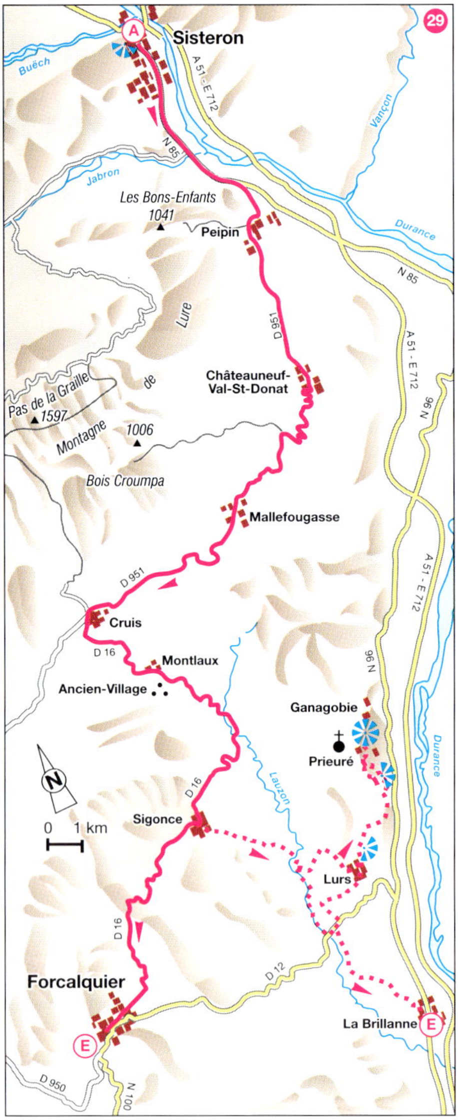

Kunstschatz. Bei Aufräumungsarbeiten in der während der Französischen Revolution zerstörten Klosteranlage entdeckte man unter Schutt ein gut erhaltenes mittelalterliches *Fußbodenmosaik,* das in Frankreich einzigartig ist. Das archaisch wirkende Bildprogramm mit seinen rätselhaft-skurrilen Darstellungen verschiedener Fabelwesen stellt wahrscheinlich symbolhaft den Kampf zwischen den guten und bösen Kräften im Menschen dar, u. a. in der Figur des hl. Georg, der dem Drachen die Lanze durch das Maul stößt. Die Allee links der Klosterkirche führt in wenigen Minuten zu einem Holzkreuz am Rande des Plateaus, von wo sich ein herrlicher Blick über die Durance zu den provenzalischen Alpen eröffnet. (Kloster nur von 15 – 17 Uhr geöffnet, außer Montag.)

Streckenbeschreibung

Wir verlassen **Sisteron** auf der N 85 nach Süden. Nach 6 km können wir endlich nach rechts auf die ruhige D 951 abbiegen. Diese führt, kurz kräftig ansteigend, westlich um das Dorf *Peipin* herum, dann in einem weiten Hochtal aufwärts nach *Châteauneuf-Val-St-Donat.* Im Dorf halten wir uns rechts, folgen bei der Gabelung am Kirchlein außerhalb dem Hinweis nach St-Etienne. Unsere D 951 überwindet dann nochmals gut 100 Höhenmeter, verläuft dann fast eben am Hang des Lure-Massivs über *Mallefougasse* nach **Cruis.**

Im Zentrum des kleinen Ortes biegen wir nach links in die D 16 Richtung Sigonce, die an Kirche und Mairie vorbeiführt und dann steil abfällt. Im Rechtsbogen fahren wir um den Weiler Montlaux herum, treten dann in das einsame Tal des Baches Lauzon ein. Auf einem Hügel über dem Tal erhebt sich das Ruinendorf Vieux Montlaux. Nach einer bequemen Fahrt bachabwärts müssen wir wieder etwas ansteigen, ehe wir ins abseits gelegene Dorf **Sigonce** hineinrollen. Richtung *Forcalquier* folgen wir weiter der D 16, die hinter Sigonce durch eine etwas düster wirkende Region trockenen Schwarzkiefernwaldes und grausandiger Erosionsflächen führt. Mit zwei nicht übermäßig harten Anstiegen und einer herrlichen Abfahrt durch wieder freundlichere Landschaft erreichen wir unser Etappenziel.

Variante: Richtung *La Brillanne* fahren wir in Sigonce geradeaus durch die Gassen des Dorfes bis zur romanischen Kirche, wo wir nach links zur D 116 hinunterfahren. Diese

Brunnenplatz im alten Dorfzentrum von Sigonce.

führt uns mit bequemer Fahrt im Bachtal zur breiten D 12, der wir kurz nach links folgen, um gleich wieder nach rechts abzubiegen. Wir sind wieder auf der D 116, die uns ohne harte Anstiege nach *La Brillane* bringt.

Abstecher nach Lurs und Ganagobie: Von Sigonce folgen wir für etwa 3,5 km der D 116, bis links das auf einer Anhöhe gelegene *Lurs* sichtbar wird. Wir biegen hier auf einen asphaltierten Wirtschaftsweg, der an einem Bauernhof vorbei nach Lurs führt. Den kurzen harten Anstieg zum Dorf kann man wohl nur schiebend bewältigen. Hier fährt man auf der Rue du Porche durch einen Torbogen, hält sich links, um den Ort auf einer abschüssigen Nebenstraße Richtung Ganagobie wieder zu verlassen. Mit schöner Aussicht führt unsere Straße durch duftenden Pinienwald zu Tal, wo wir auf einer kleinen Römerbrücke den Bach Buis überqueren. Kurz danach biegen wir scharf nach links, um über die kräftig ansteigende Stichstraße das *Plateau de Ganagobie* zu erklimmen.

Auf gleichem Weg fahren wir zurück nach *Lurs*, verlassen den Ort nach Süden, am Friedhof vorbei, auf der D 462. Nach einer schönen Abfahrt treffen wir auf die D 12, der wir kurz nach rechts folgen, um dann nach links die D 116 Richtung La Brillane einzuschlagen.

Nützliche Informationen

Entfernung: Sisteron – Cruis 25 km; Cruis – Sigonce 11 km; Sigonce – Forcalquier 10 km. Variante: Sigonce – La Brillane 11 km (28 km über Lurs und mit Abstecher nach Ganagobie).
Unterkunft: *Forcalquier:* Siehe Tour 27, S. 128. *Lurs:* Le Séminaire, 2 Sterne, Tel. 92 79 94 19. *La Brillane:* Le Central, einfach, Tel. 92 74 93 70.
Camping: Campingplatz in *Forcalquier* und beim Dorf *Niozelles* 5 km westlich von La Brillanne, siehe Tour 27, S. 128.
Touristeninformation: *Forcalquier:* Siehe Tour 27, S. 128.
Tourenhinweis: Über die Touren 27 und 21 geht es zurück in die westliche Provence, über Tour 30 weiter zur Verdonschlucht.

30 Weite Horizonte – Über das Plateau von Valensole

Forcalquier – Oraison – Brunet – Puimoisson – Moustiers-Ste-Marie

Tourencharakter: Mittelschwere Tour mit einem kräftigen Anstieg vom Asse-Tal auf das Plateau von Valensole. Ansonsten ohne harte Steigungen. Anstrengendere Variante über Riez.

Länge der Tour: 58 km; Variante: 68 km.

Diese Tour führt uns durch wechselnde Landschaftsbilder weiter nach Osten Richtung Gorges du Verdon. Zwischen Forcalquier und dem Durancetal durchradeln wir eine anmutige Hügellandschaft kleiner Wiesen, Weiden und Wälder. Nachdem wir das breite Kiesbett der Durance bei Oraison gekreuzt haben, folgen wir auf einer ruhigen Talstraße dem Lauf der Asse. Einzelne Ölbaumkulturen zeigen, daß wir uns noch in einer klimatisch begünstigten Region bewegen.

Mit einem harten Anstieg gelangen wir dann über das teilweise verlassene Dorf Brunet auf das Plateau von Valensole, wo sich plötzlich ein grenzenloser Horizont eröffnet. Die Hochfläche mit ihren riesigen Lavendel- und Getreidefeldern, zwischen denen nur hier und da einzelne Mandelbäume aufragen, ist voll dem Wind und der Sonne ausgesetzt. Nach Osten begrenzen die klar geformten Kalkberge um die Verdonschlucht den Horizont, die während der Fahrt langsam näher rücken, bis bei Moustiers der Rand des Gebirges erreicht ist.

Hinter Puimoisson teilt sich die Route. Die kurze Variante führt auf direktem Weg nach Moustiers, die längere, anstrengen-

Auf unserer Fahrt Richtung Gorges du Verdon überqueren wir das Plateau de Valensole mit seinen riesigen Lavendelfeldern.

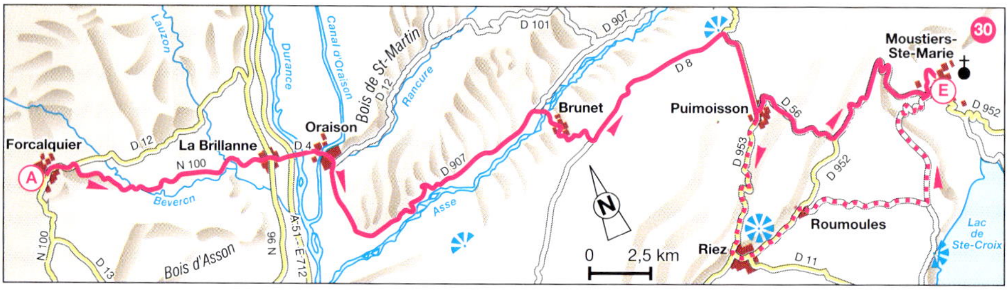

dere, aber auch reizvollere Variante über die freundliche Kleinstadt Riez. **Riez** (1700 Einwohner) kann auf eine lange Geschichte als keltoligurischer Siedlungsplatz, Römerstadt und frühchristlicher Bischofssitz zurückblicken. Aus den vergangenen großen Zeiten finden sich noch vier *römische Säulen* (Colonnes Romaines), die wohl von einem dem Gott Apoll geweihten Tempel stammen. Das *Baptisterium* (Taufkirche) von Riez wird ins 5. Jh. datiert und zählt damit zu den ältesten christlichen Bauwerken Frankreichs überhaupt. Acht antike Säulen umstellen das in den Boden eingelassene Taufbecken. Die Taufkirche verlor im 7. Jh. ihre ursprüngliche Funktion, nachdem der Brauch der Taufe durch Untertauchen des ganzen Körpers aufgegeben worden war. Heute beherbergt das Baptisterium von Riez ein archäologisches Museum. Die kleine *Altstadt* von Riez erstreckt sich zwischen den mittelalterlichen Toren Porte St-Sols und Porte Aiguière. An der Hauptgasse Rue Droite findet man mehrere alte Wohnhäuser, u. a. aus der Renaissancezeit.

Hinter Riez führt unsere Route wieder hinauf auf die Lavendel- und Getreidehochflächen des Plateaus de Valensole, bis schließlich bei Moustiers der Rand des Gebirges erreicht ist. **Moustiers-Ste-Marie** (600 Einwohner) ist sicherlich einer der schönstgelegenen Orte der Provence. Seine kleinen, teilweise farbigen Häuser drängen sich am Fuße mächtiger Felswände dicht aneinander. Ein Wildbach stürzt mitten im Dorf durch eine Felsklamm zu Tal. Zwischen den Felsen darüber hängt an einer Eisenkette ein Metallstern, der angeblich von einem heimgekehrten Kreuzritter als Dank für die Befreiung aus arabischer Gefangenschaft hier angebracht wurde. Im Zentrum des Ortes erhebt sich der fein gegliederte romanische Glockenturm der Kirche des 12. Jh.s Ein Kreuzweg führt zur oberhalb von Moustiers zwischen Zypressen unter Felsen gelegenen *Kapelle Notre-Dame-de-Beauvoir,* die ebenfalls aus dem 12. Jh. stammt. Ein weiter Blick über die Ziegeldächer von Moustiers zum Plateau de Valensole belohnt die Mühen des Aufstiegs.

Im 17. Jh. entwickelte sich Moustiers zu einem Zentrum der *Fayence-Herstellung.* Ein wandernder Mönch aus Faenza hatte das sorgsam gehütete Geheimnis des Produktionsverfahrens, das aus Asien nach Italien gelangt war, weitergegeben. Nachdem die Produktion zwischenzeitlich völlig zum Erliegen gekommen war, wird heute wieder typische Moustiers-Keramik produziert – nicht immer qualitativ hochwertig und nicht immer preiswert. Der manchmal überbordende touristische Andrang nach Moustiers und zu den Gorges du Verdon bringt natürlich auch überteuerte Massenware in die Verkaufsläden.

Streckenbeschreibung

Von **Forcalquier** fahren wir zunächst auf der nicht übermäßig verkehrsreichen N 100 leicht bergab nach *La Brillane.* Von hier folgen wir der D 4B über die Durance hinweg mit kurzem Anstieg in die freundliche Kleinstadt **Oraison** hinein. Wir verlassen Oraison nach Süden auf der D 4, der wir etwa 1 km folgen, um dann nach links auf die mit La Grande Bastide ausgeschilderte Nebenstraße einzubiegen. Diese trifft gut 2 km weiter nach kurzem Anstieg auf die im Asse-

Vier antike Tempelsäulen auf freiem Feld haben sich vom römischen Riez bis in unsere Zeit erhalten.

Tal verlaufende D 907, auf der wir für etwa 10 km bleiben. Auf der D 108 kreuzen wir dann nach rechts den Fluß.

Danach ist der härteste Anstieg der Etappe zu überwinden. Auf der schmalen, nach Valensole ausgeschilderten D 208 fahren wir nach **Brunet** hinauf. Auf etwa 4 km sind 240 Höhenmeter zu überwinden, ehe wir den Rand des *Plateaus de Valensole* erreichen. Hier wenden wir uns nach links, fahren leicht bergan auf der D 8 am Rande der einsamen Lavendelhochfläche entlang, bis wir auf die D 933 stoßen. Dieser nicht übermäßig stark befahrenen Straße folgen wir mit kurzem Zwischenanstieg nach **Puimoisson**. Am Ortsanfang biegen wir nach links auf die D 56 ein, die uns mit einigem Auf und Ab zur D 952 bringt. Über diese gelangen wir mit einem nicht übermäßig steilen Anstieg und einer herrlichen Abfahrt zu einem Kreisverkehr unterhalb von **Moustiers**, von wo es nach links mit kurzem kräftigem Anstieg ins Ortszentrum hinaufgeht.

Variante von Puimoisson über Riez nach Moustiers: In Puimoisson bleiben wir geradeaus auf der D 953, die uns mit einer bequemen Abfahrt nach *Riez* hinunterrollen läßt. Wir verlassen Riez Richtung Moustiers nach Osten auf der Hauptstraße (D 952). Mit anfänglich kräftigem Anstieg gelangen wir an den Rand von *Roumoules,* wo wir den zweiten Abzweig nach rechts in den Ort nehmen. Die Dorfgasse führt uns an der Post vorbei und dann im Linksbogen aufwärts aus dem Ort hinaus. Etwa 300 m nach den letzten Häusern zweigen wir nach rechts auf einen Teerweg, der sich kurz zu einem Bach senkt und dann kräftig ansteigt. Wir gelangen wieder auf die Lavendelhochebene. Mit kontinuierlich leichtem Anstieg geht es auf kaum befahrenen Nebenstraßen durch eine Landschaft von beeindruckender Weite nach Osten. Wir halten uns immer geradeaus, bis wir auf eine breite Querstraße treffen, wo wir nach links der Beschilderung Richtung Moustiers folgen. Die Straße steigt noch etwas am Rande der Hochebene an, um dann steil Richtung Moustiers abzufallen (bis zu 16 % Gefälle). Über die D 952 gelangen wir zu einem Kreisverkehr unterhalb von *Moustiers,* wo wir nach links biegen. Zum Ortszentrum müssen wir nochmals kurz kräftig in die Pedale treten.

Nützliche Informationen

Entfernung: Forcalquier – Oraison 14 km; Oraison – Brunet 16 km; Brunet – Puimoisson 14 km; Puimoisson – Moustiers 14 km. *Variante:* Puimoisson – Riez 7 km; Riez – Moustiers 16 km.
Unterkunft: *Oraison:* Bon Acueil, 1 Stern, Tel. 92 78 62 98. *Moustiers:* Le Belvédère, 2 Sterne, Tel. 92 74 66 04; La Bonne Auberge, 2 Sterne, Tel. 92 74 66 18.
Camping: *Riez:* Valvachères, 1. 6.–30. 9., Tel. 92 77 75 45; *Moustiers:* 8 Plätze in der näheren Umgebung, u. a. Camping St-Jean, südwestlich beim Ort, Tel. 92 74 66 85.
Touristeninformation: *Moustiers:* In der Mairie, Tel. 92 74 67 84.
Fahrradladen: *Oraison:* Cycles Rodriguez, an der D 4B Richtung La Brillane.

31 Europas tiefste Kluft – Die Schluchten des Verdon

Moustiers – La Palud-sur-Verdon – Point Sublime – Castellane

Tourencharakter: Anstrengende Tour zu den berühmten Gorges du Verdon. Zwei harte Anstiege. Während der sommerlichen Ferienzeit einiger Verkehr.
Länge der Tour: 47 km.

Die **Schlucht des Verdon** zwischen Moustiers und Castellane zählt zu den eindrucksvollsten Natursehenswürdigkeiten Europas. Auf

Blick in die Verdon-Schlucht vom Belvédère de Galetas.

Auf gewundenen Straßen mit atemberaubenden Tiefblicken folgen wir dem Lauf des Verdon.

einer Länge von 21 km windet sich der Fluß zwischen senkrecht abfallenden Steilwänden durch eine imposante Felsszenerie dahin. Wie ein unwirklicher Riß zieht sich die Kluft durch das Kalkgebirge der provenzalischen Voralpen – eine großartige, manchmal fast unheimliche Landschaftsszenerie.

Der Höhlenforscher und Geologe E. A. Martel durchquerte 1905 zum ersten Male mit Kanus den Schluchtgrund, wobei er mehr als einhundert Mal kenterte. Heute kann man gut die Hälfte des Canyons auf einem eigens dafür angelegten Wanderweg erkunden. Der Westteil der Schlucht ist nach wie vor nur für sportlich ambitionierte Felskletterer zugänglich. Südlich und nördlich der Gorges du Verdon verlaufen Panoramastraßen, die atemberaubende Tiefblicke erlauben. Die eindrucksvollste Strecke ist die südliche Corniche Sublime. Aber auch die Nordroute, der wir folgen, bietet großartige Ausblicke. Sie verläuft allerdings zum Teil abseits der Schlucht. Jedoch ist auch auf diesen Streckenabschnitten die einsame Landschaft mit ihren kahlen Bergen, alten Gehöften, Wäldern und manchmal auch sattgrünen Wiesen von besonderem Reiz. Von der Nordroute zweigt bei La Palud die Route des Crêtes (D 23) ab, eine eigens für staunende Tiefblicke angelegte Panoramastraße, die mit kräftigen Steigungen aufwartet.

Das etwas abseits der Schlucht gelegene **La Palud-sur-Verdon** (160 Einwohner), ein freundliches Dorf ohne besondere Sehenswürdigkeiten, ist zum Hauptort des Verdon-Tourismus geworden. Vor allem Free-Climber reisen zu Tausenden aus aller Welt an. Beim **Point Sublime** endet die eigentliche Schlucht mit dem Couloir Samson, einem engen Felsschlund mit bis zu 400 m aufragenden Steilwänden. Vom Ende einer Stichstraße kann man ein Stück auf fast ebenem Pfad in den Couloir hineinwandern, wobei man allerdings einen langen Tunnel durchqueren muß (Taschenlampe mitnehmen!).

Nach dem Point Sublime verläuft unsere Straße dann noch ein Stück unter Felswänden, um dann ins sich weitende obere Verdontal einzutreten. Auf einer bequemen Route folgen wir dem Verdon, dessen Name sich von seinem grünen (vert) Wasser ableitet, bis nach **Castellane**, mit 1400 Einwohnern der größte Ort des Verdon-Gebiets mit einer entwickelten touristischen Infrastruktur. Die Kleinstadt wird von einem mächtigen Felsklotz überragt, auf dem sich die Wallfahrtskapelle Notre-Dame du Roc

erhebt. Hinter der romanischen Kirche St-Victor in der kleinen Altstadt von Castellane beginnt ein steiler Weg, der an den Ruinen einer mittelalterlichen Wehrsiedlung vorbei auf die Spitze des Felsens führt.

Streckenbeschreibung

Unsere Route folgt durchgängig der D 952, die auf der Michelin-Karte als rote Linie eingezeichnet ist. Während der sommerlichen Ferienzeit herrscht in der Tat reichlich Verkehr auf dieser Straße. In dieser berühmten Bilderbuchlandschaft ist man natürlich nicht allein. In der übrigen Zeit des Jahres handelt es sich hingegen um eine eher ruhige Strecke.

Von **Moustiers** geht es zunächst erst einmal kräftig bergab. Von der Schlucht ist noch nichts zu sehen. Nachdem wir dann nach links von der geradeaus führenden D 957 abgebogen sind, folgt ein erster kräf-

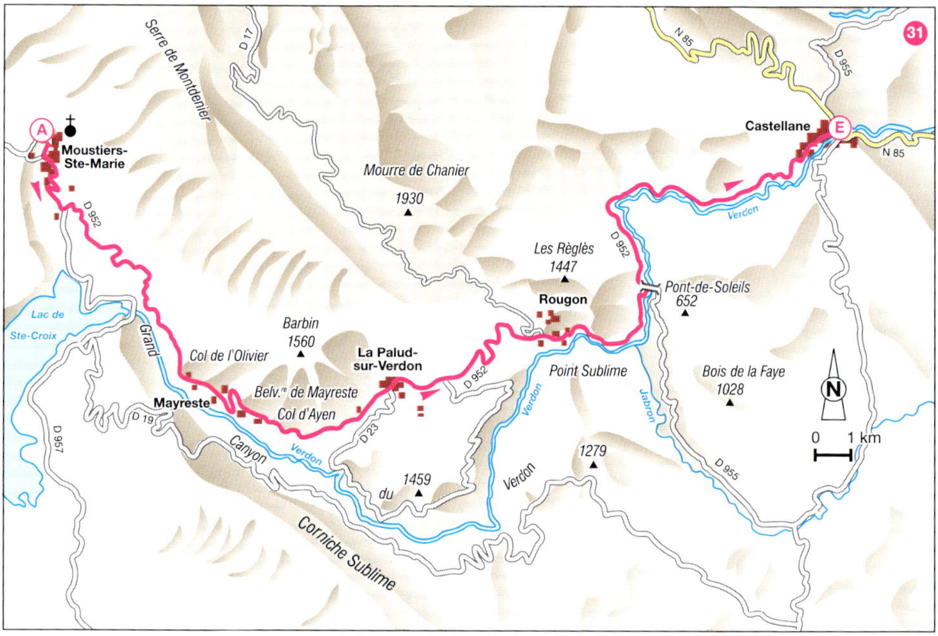

tiger Anstieg, wobei sich ein weiter Ausblick zum Lac de Ste-Croix eröffnet. Dann folgt ein herrlicher ebener Abschnitt hoch am Hang, wobei dann plötzlich bei dem *Belvédère de Galetas* der Blick auf die Verdonschlucht frei wird. Danach passieren wir einen kleinen Wasserfall, müssen dann wieder kräftiger in die Pedale treten. Beim Col d'Olivier beginnt der harte Anstieg zum Col d'Ayens (330 Höhenmeter auf etwa 6 km). In der ersten scharfen Linkskurve führt dabei nach rechts ein Pfad erneut zu einem Aussichtspunkt, dem Belvédère de Mayreste.

Nach dem 1032 m hohen *Col d'Ayens* können wir für längere Zeit die Räder rollen lassen. Eine herrliche Abfahrt, führt uns durch **La Palud** bis in ein Bachtal hinab. Die Landschaft ist von beeindruckender Einsamkeit und Leere. Nach einem nicht übermäßig anstrengenden Anstieg, dem letzten der Etappe, erreicht man den **Point Sublime** beim Couloir Samson. Der Rest der Strecke ist ein Kinderspiel. Nach einer rasanten Abfahrt unter steilen Felswänden folgt eine angenehme, bequeme Fahrt im Verdontal flußaufwärts nach **Castellane** auf einer kaum merklich ansteigenden Straße.

Nützliche Informationen

Entfernung: Moustiers – La Palud-sur-Verdon 21 km; La Palud-sur-Verdon – Point Sublime 8 km; Point Sublime – Castellane 18 km.

Unterkunft: *La Palud:* 4 Hotels, u. a. die preiswerte Auberge des Crêtes, 1 Stern, Tel. 92 77 38 47. *Point Sublime:* Auberge du Point Sublime, 2 Sterne, Tel. 92 83 60 35. *Castellane:* Insgesamt 10 Hotels.

Gîte d'Etape: *Castellane:* L'Oustaou, Tel. 92 83 77 27; Au Soleil Levant, Tel. 92 83 70 82.

Jugendherberge: *La Palud* (oft ausgebucht), Tel. 92 77 38 72.

Camping: *La Palud:* Mehrere Plätze, u. a. bei der Jugendherberge und bei verschiedenen Bauernhöfen (Camping à la Ferme). Zahlreiche Plätze am Verdon zwischen *Pont-de-Soleils* und *Castellane.*

Touristeninformation: *Castellane:* Rue Nationale, Tel. 92 83 61 14.

Tourenhinweis: Alternativ kann man über Tour 32 nach Castellane fahren; erheblich anstrengender und deutlich länger (84 km). Touren 31/32 lassen sich zu einer Rundfahrt um die Verdonschlucht verbinden (105 km).

32 Die Corniche Sublime

Moustiers – Aiguines – Trigance – Pont-de-Soleils

Tourencharakter: Anstrengende Tour über die südlich der Verdonschlucht verlaufende Höhenstraße. Beträchtliche Steigungen. Nur für konditionsstarke Fahrer.

Länge der Tour: 72 km.

Die südlich der Gorges du Verdon verlaufende Höhenstraße Corniche Sublime vermittelt noch eindrucksvollere Aus- und Tiefblicke als die Nordroute, ist aber auch noch anstrengender zu fahren. Von Moustiers radeln wir zunächst zum **Lac de Ste-Croix** hinunter, wo wir das westliche Ende des Canyons erreichen. Der Verdon tritt hier zwischen hochaufragenden Felsen hervor, um mit seinem blaugrün leuchtenden Wasser den Ste-Croix-Stausee zu füllen. Mit

Das abseits der Verdon-Schlucht gelegene Trigance wird von einer mittelalterlichen Burg überragt, die heute als Hotel dient.

Unterhalb von Aiguines tritt der Verdon aus der Schlucht hervor, um mit seinen grünen Wassern den Lac de Ste-Croix zu füllen.

einem Tretboot kann man etwa 3 km zwischen den Steilwänden der Schlucht flußaufwärts fahren. Der Lac de Ste-Croix wurde 1972 zur Elektrizitätsgewinnung künstlich aufgestaut. Der See liegt ruhig in einer einsamen Berg- und Plateaulandschaft und eignet sich mit seinem klaren, sauberen Wasser auch zum Baden, obwohl die Uferzonen mit ihrem steinig-bröckeligen Sand nicht immer einladend wirken. Das Dorf Les Salles versank vollständig im gefluteten See und wurde 1973 durch eine neuen Ort ersetzt, dessen Bewohner mit dem einsetzenden sommerlichen Bade- und Campingbetrieb eine neue Einkommensquelle fanden.

Das kleine **Aiguines** bietet vor allem eine prächtige Aussicht. Vom hochgelegenen Ort blickt man über rote Ziegeldächer, Renaissanceschloß und romanische Kirche hinweg weit ins Land zum Lac de Ste-Croix und zum Plateau de Valensole. Bis zum Beginn des 20. Jh.s lebten die Dorfbewohner überwiegend vom Drechseln der Boule-Kugeln, die in die ganze Provence exportiert wurden, heute profitiert man vom Verdon-Tourismus.

Hinter Aiguines ist ein harter Anstieg von 6 km zum Col de Vaumale in 1200 m Höhe zu bewältigen, der mit einer herrlichen Abfahrt bis zur Falaise des Cavaliers belohnt wird. Danach verläuft die Straße im Auf und Ab über der Schlucht, wobei sich immer wieder eindrucksvolle Blicke in die Tiefe eröffnen. Nach dem Tunnel du Fayet und der kühnen, 180 m hohen Brücke über die Artubyschlucht, erreicht man die Balcons de la Mescla, wo tief unter uns Verdon und Artuby zusammenfließen. Danach führt unsere Route von der Schlucht weg. Auf einer Nebenstraße gelangen wir in das beschauliche Dorf **Trigance**, dessen Häuser sich, von einer Burg überragt, malerisch den Hang hinaufziehen. Das aus dem Mittelalter stammende Château de Trigance dient heute als Luxusherberge und ist nicht allgemein zugänglich. Dem Lauf des Jabron folgend, gelangen wir von hier durch ruhige Wald-

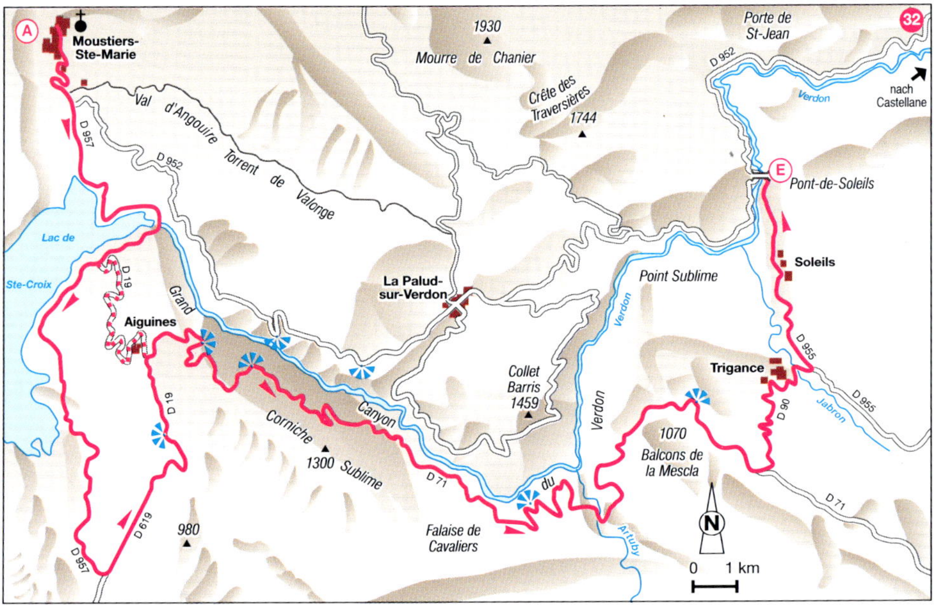

landschaft zurück ins Tal des Verdon, den wir auf der Pont-de-Soleils kreuzen, um auf die Straße Moustiers – Castellane zu stoßen.

Streckenbeschreibung

Wir verlassen **Moustiers** nach Süden auf der D 952 Richtung Castellane, die steil bergab führt. Etwa 3 km nach dem Ort fahren wir geradeaus auf der D 957 weiter, die mit einem kurzen Zwischenanstieg zum *Lac de Ste-Croix* und der Verdonbrücke beim Schluchtausgang führt. Danach könnten wir nach links, auf die D 19 abzweigend, steil nach Aiguines hochfahren. Besser verteilt ist der Anstieg, wenn man der Uferstraße an Les Salles vorbei noch weiter nach Süden folgt, um dann nach links auf die kaum befahrene D 619 abzubiegen, die mit langem kontinuierlichem Anstieg und kurzer Abfahrt nach **Aiguines** leitet. Letztere Strecke ist allerdings deutlich länger.

Hinter Aiguines (820 m) beginnt der härteste Anstieg der Etappe, der uns zum *Col de Vaumale* (1201 m) bringt, wo wir uns mehr als 700 m über dem Verdon befinden. Dann folgt eine lange Abfahrt zur *Falaise des Cavaliers*. Bei der Artubybrücke hat man schließlich den tiefsten Punkt der Corniche Sublime erreicht. Danach folgt nochmals ein harter Anstieg (250 Höhenmeter auf 5 km) über den Aussichtspunkt *Balcons de la Mescla*, ehe wir nach links auf die D 90 Richtung Trigance abbiegen, die anfangs steil abfällt. Hinter **Trigance** treffen wir auf die D 955, die uns mit einem nicht sehr langen Zwischenanstieg und einer schönen Abfahrt vorbei am alten Weiler *Soleils* zur **Pont-de-Soleils** im Verdontal bringt.

Nützliche Informationen

Entfernung: Moustiers – Aiguines 29 km; Aiguines – Trigance 35 km; Trigance – Pont-de-Soleils 8 km.
Unterkunft: *Aiguines:* Altitude 823, 1 Stern, Tel. 94 70 21 09. An der *Falaise des Cavaliers:* Du Grand Canyon, 2 Sterne, Tel. 94 76 91 31. *Trigance:* Le Vieil Amandier, 2 Sterne, Tel. 94 76 92 92.
Camping: Südwestlich von *Aiguines:* Chanteraine, Tel. 94 70 22 16. Mehrere Plätze im Verdontal östlich von Pont-de-Soleils.
Tourenhinweis: Die Touren 31 und 32 lassen sich zu einer Rundfahrt um die Verdonschlucht verbinden.

33 Einsamkeit der Hochprovence

Castellane – La Bâtie – St-Auban – Briançonnet – Sigale – Roquesteron

Tourencharakter: Anstrengende Tour durch eine sehr abseitige Region. Gut 750 Höhenmeter Anstieg, aber auch lange, herrliche Abfahrten.

Länge der Tour: 61 km.

Östlich von Castellane begeben wir uns tief in die Provinz. Der Strom der Touristen, der sich alljährlich zu den berühmten Gorges du Verdon ergießt und der bis nach Castellane überschwappt, ist hier fast vollständig versiegt. Es ist eine ausgesprochen einsame, weltentrückte Bergregion, in die wir gelangen. Kulturelle Höhepunkte hat die Tour nicht zu bieten. Dafür ist die abwechslungsreiche Landschaft mit ihren mal schroff-kargen, mal rund-bewaldeten Kammlinien, den steilen Felsen, Mischwäldern, Weiden, Wiesen und winzigen Dörfern von eigenem Reiz. An mehreren Stellen haben die zum Meer hin abfließenden Gewässer tiefe Schluchten in die querliegenden Kalkketten gegraben, die Clues, von denen zwei auf unserer Route liegen.

Zu Beginn unserer Tour folgen wir zunächst einer Nationalstraße, die aber infolge der dünnen Besiedlung dieser Region nicht übermäßig viel Verkehr aufnehmen muß. **Route Napoléon** wird diese vom Mittelmeer über Grasse, Castellane, Digne bis nach Grenoble reichende Route genannt. Auf diesem Weg zog der große Kaiser 1815 Richtung Paris, nachdem er sein Exil auf Elba verlassen hatte. Mit seinen 1000 Soldaten legte er die Strecke von der Küste bis Sisteron bei Eis und Schnee in fünf Tagen zurück, beflügelt durch die ihm zujubelnde Bevölkerung. Die zweite Herrschaftszeit Napoleons endete bekanntermaßen schon nach 100 Tagen mit der Niederlage von Waterloo und der erneuten Verbannung auf die Atlantik-Insel St-Helena.

Beim hoch am Hang gelegenen kleinen Ort St-Auban verschwindet unsere Straße im vom Esteron in den Kalk gegrabenen, von hochaufragenden Felswänden eingefaßten Engtal der **Clue de St-Auban**. Hinter dem weltabgeschiedenen Dorf Briançonnet folgt eine herrliche Panoramastrecke in 1000 m Höhe, dann eine weitere Schluchtpassage durch die eindrucksvolle **Clue du Riolan**. Beim pittoresk unter einem Felssporn gelegenen **Sigale** kündigen erste Olivenbäume an, daß wir uns wieder mehr mediterranen Gefilden nähern. Wie das Etappenziel Roquesteron nahm das Dorf lange Zeit die Position einer Grenzfeste zwischen Frankreich und dem selbständigen Savoyen mit der Hauptstadt Turin ein. In **Roquesteron** bildete der Esteron die Grenze. Das Dorf lag damit lange Zeit auf dem Gebiet zweier Staaten. Die Wiedervereinigung fand 1860 statt, als große Teile Savoyens französisch wurden.

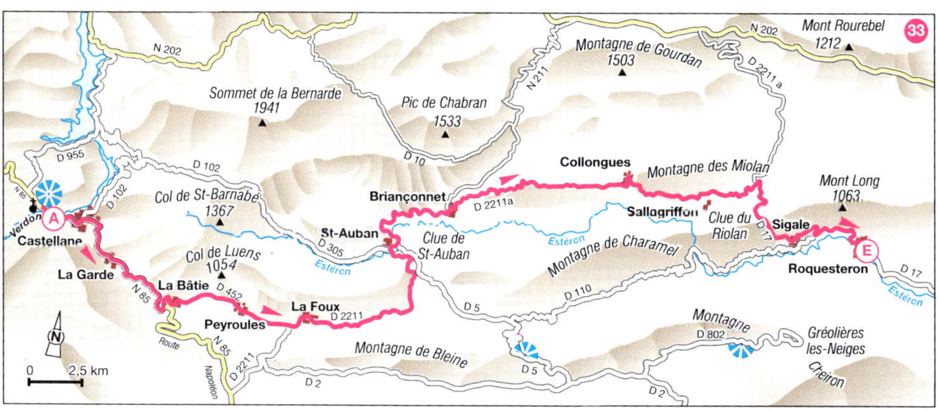

Beim Weiler La Bâtie.
Die Haute-Provence gehört zu den am dünnsten besiedelten Landstrichen Zentraleuropas.

Streckenbeschreibung

Wir verlassen **Castellane** auf der N 85 Richtung Grasse. Nach einem kurzen Wegstück im Tal des Verdon folgt auch schon der härteste Anstieg unserer heutigen Etappe, der uns über das Dorf *La Garde* zum *Col de Luens* (1056 m) bringt. Nach einer kurzen Abfahrt biegen wir unterhalb des alten Weilers **La Bâtie** nach links auf die ruhige C 1 Richtung St-Auban. Nach kurzem kräftigen Anstieg an den Häusern von La Bâtie vorbei folgt ein fast ebenes Wegstück zum abgelegenen Dorf *Peyroules*, danach eine kurze kräftige Steigung und eine entsprechende Abfahrt zur D 2211, auf die wir nach links einbiegen. Hinter dem zwischen ausgedehnten Weiden liegenden Bauerndorf *La Foux* folgt nochmals ein etwas langerer Anstieg, dann eine schöne Abfahrt, ein erneuter kurzer Anstieg, ehe wir endgültig nach **St-Auban** hinunterrollen.

Wir fahren hier nicht zum Dorf hoch, sondern bleiben auf der D 2211, die mit einer herrlichen Fahrt zwischen den engstehenden Felswänden der *Clue de St-Auban* ins Tal des jungen Esteron hinabführt. Wir kreuzen den Bach nach rechts und müssen nochmals einen nicht übermäßig mühevollen Anstieg durch schattigen Nadelwald bewältigen, ehe wir ins freundlich-verschlafene Bergdorf **Briançonnet** gelangen. Danach folgt eine lange Abfahrt, zunächst hoch über dem Tal, dann wieder im Wald bis ins kleine *Collongues*. Danach geht es wieder etwas bergauf bis unterhalb des Dorfes *Sallagriffon*. Dann können wir die Räder wieder laufen lassen, bis wir im Tal den Bach Riolan erreichen. Hier biegen wir nach rechts auf die D 17 Richtung Roquesteron, die durch die eindrucksvolle *Clue du Riolan* ins hoch über dem Esterontal gelegene **Sigale** führt. Von hier geht es mit schönem Blick auf das weitgehend unberührte Tal des Esteron kräftig bergab nach **Roquesteron.**

Das Esteron-Tal im Hinterland der Côte d'Azur. Vom Trubel der Küste fühlt man sich unendlich weit entfernt.

Nützliche Informationen

Entfernung: Castellane – La Bâtie 10 km; La Bâtie – St-Auban 15 km; St-Auban – Briançonnet 7 km; Briançonnet – Sigale 23 km; Sigale – Roquesteron 6 km.

Unterkunft: *La Bâtie:* Les Chasseurs, einfach, Tel 92 83 61 36. *Briançonnet:* Le Chanan, einfach, Tel. 93 60 46 75. *Roquesteron:* Passeron, einfach, Tel. 93 05 81 52.

Gîte d'Etape: *Amirat*, an der von der D 2211 vor Collongues abzweigenden D 83, L'Estelle, Tel. 93 05 81 74.

34 Nizza – Hauptstadt der Côte d'Azur

Roquesteron – Bouyon – Le Broc – St-Jeannet – St-Laurent-du-Var – Nizza

Tourencharakter: Je nach Route (Variante über den Col de Vence) mittelschwere bis anstrengende Tour durch das einsame Bergland im Hinterland der Côte d'Azur nach Nizza oder Vence. Anfangs ruhige Nebenstraßen. Vor Nizza starker Verkehr; Ausweichmöglichkeit auf die Bahn (Radtransport).

Länge der Tour: 65 km. Variante über Vence: 78 km. 49 km nur bis Vence.

Dies ist eine Tour ausgesprochen gegensätzlicher Eindrücke. Sie beginnt in der abseitigen Region der Voralpen von Grasse und endet in Nizza, dem pulsierenden urbanen Zentrum der Großstadt Côte d'Azur. Hinter Roquesteron folgen wir noch eine Weile dem Lauf des Esteron. Nach kräftigem Anstieg zum Dorf Conségudes folgt eine herrliche Panoramafahrt hoch über dem Tal. Der Blick reicht weit über das von dichten Wäldern gesäumte Flußtal tief unter uns, zu kargen Bergkuppen und winzigen Dörfern, die sich unter steile Felsen ducken. Nach Norden begrenzen die bis auf über 3000 m aufragenden Seealpen von Nizza den Horizont.

Beim schön gelegenen Dorf **Bouyon** kann man zwischen zwei Routen wählen. Die längere und steigungsreichere führt an Coursegoules vorbei durch eine karge Steinwüste über den Col de Vence und die freundliche Kleinstadt Vence nach Nizza. Die einfachere Variante führt östlich um das Gebirge herum über Le Broc und Carros bis unterhalb von St-Jeannet, das am Fuße eines mächtigen Kalkfelsens liegt. Die einst abgelegenen Dörfer entwickeln sich immer mehr zu Vororten und Schlafsiedlungen am Rande des Ballungszentrums Côte d'Azur. Überall gleicht sich das Bild: Um die mittelalterlich-verwinkelten Ortszentren wuchert der Siedlungsbrei in die Landschaft. Wer es sich leisten kann, baut am Rande der Großstadt und pendelt. Die serielle Individualarchitektur im pseudo-provenzalischem Stil mit Sicherheitsabstand zum Nachbarn verbraucht die Landschaft, die einst wegen ihrer Anmut die berühmten Maler der klassischen Moderne anzog.

Nizza zählt heute etwa 350 000 Einwohner und gehört zu den am schnellsten wachsenden Großstädten Frankreichs. Geschichtlich spielte es meist keine große Rolle. Die Küste eignete sich hier nicht zur Anlage eines großen Hafens, so daß der Stadt eine Karriere als Handelszentrum, ähnlich wie z. B. Genua, verwehrt war. Noch im 18. Jh. war Nizza eine unbedeutende Kleinstadt im italienischen Piemont–Savoyen. Seine große Zeit begann, als Mitte des 18. Jh.s wohlhabende Aristokraten aus ganz Europa die schön gelegene Stadt mit ihrem milden Klima als Reiseziel entdeckten. Nizza wurde zu einem der ersten Touristenzentren der Moderne. Vor allem englische Adelige kamen hierher, vornehmlich in der kälteren Jahreszeit. Die vornehmen Gäste wollten nicht in der Sonne bräunen oder gar im Meer schwimmen, sondern den dunklen nordischen Wintern entkommen. Zu dieser Zeit wäre ohnehin kein Mensch auf die Idee gekommen, freiwillig in das salzige Meerwasser zu steigen. Im 19. Jh. wurde dann Nizza zur Winterhauptstadt Europas, wo sich gekrönte Häupter und berühmte Künstler ein Stelldichein gaben. Die englische Queen und der russische Zar, Nietzsche, Stendhal, Maupassant und Paganini, um nur einige zu nennen, fanden sich hier regelmäßig ein. Heute ist Nizza nicht nur ein Touristenzentrum, sondern vor allem Verwaltungsstadt und Mittelpunkt einer Industrieregion, deren Aufschwung auch durch den Boom der neuen, in südliche Gefilde drängenden sauberen Industrien bedingt ist.

Der besondere Reiz Nizzas besteht in dem dichten Nebeneinander von Großstadtatmosphäre und Naturschönheit. Auf der einstigen Uferflaniermeile der englichen Lords, der Promenade des Anglais, braust zwar heute mehrspurig der Verkehr, gleich nebenan findet man jedoch einen kilome-

Beim Hotel Negresco auf der Promenade des Anglais in Nizza.

terlangen, sauberen Sandstrand. In welcher europäischen Großstadt sonst kann man, nur wenige Schritte vom lauten Zentrum entfernt, gemütlich bei Meeresrauschen in der Sonne dösen und dabei einem buntgemischten städtischen Publikum zuschauen?

Entsprechend der bescheidenen geschichtlichen Bedeutung ist Nizza keine Stadt großer Sehenswürdigkeiten, bietet aber doch viele reizvolle Ecken und Winkel. In der *Altstadt* kann man stundenlang ziellos herumbummeln, sich Gassen und Plätze, kleine Läden und Kneipen, unbekannte Barockkirchen und hübsche Märkte anschauen. Das alte Zentrum Nizzas ist das »italienischste« Stadtviertel Frankreichs. In Architektur und auch atmosphärisch spürt man noch, daß Nizza über 500 Jahre eine italienische Stadt war. Besonders lohnend ist der Besuch des Blumen- und Lebensmittelmarktes am *Cours Saleya* sowie des Fischmarktes an der *Place St-François* (beide Märkte nur vormittags). Markante Punkte im Gassengewirr der Altstadt bilden die prunkvollen *Barockkirchen:* die Kathedrale Ste-Réparade, die Jesuitenkirche St-Jacques, die Kapelle Ste-Rita, auch Ste-Giaume genannt, und die Chapelle de la Miséricorde am Cours Saleya. Der *Palais Lascaris,* ebenfalls in der Altstadt gelegen, zeigt die Einrichtung einer Aristokraten-Wohnung des 17. Jh.s.

Der *Parc du Château* östlich der Altstadt, eine idyllische Parkanlage in 100 m Höhe über dem Meer, bietet einen herrlichen Überblick über die Stadt und ihre weitgeschwungene Strandbucht. Seit der Antike befand sich hier die befestigte Oberstadt von Nizza. Bereits vor fast 2500 Jahren siedelten hier griechische Kolonisten und gründeten ihre neue Stadt Nikaia. Im Mittelalter war Nizza selbständig, gehörte dann von 1388 an mit kurzen Unterbrechungen den italienischen Grafen von Savoyen in Turin. Erst 1860 wurde die Stadt mitsamt ihrem Hinterland französisch. Bei einem Volksentscheid hatte die große Mehrheit der Bewohner für den Anschluß an das damals wohlhabendere und politisch stabilere Frankreich votiert. Die Festung von Nizza war als Grenzposten zwischen Italien und Frankreich oft umkämpft. Im spanischen Erbfolgekrieg wurde sie 1706 vollständig zerstört. Auf dem Burgberg, wo sich einst Häuser, Kirchen und Festungsmauern erhoben, spaziert man heute im Grünen.

Auf dem Hügel von *Cimiez* nördlich der Altstadt gründeten die Römer nach der Unterwerfung der hier ansässigen Ligurer ihre neue Stadt Cemenelum. Von der Römersiedlung haben sich nur bescheidene Baureste von Thermen und eines Amphitheaters erhalten. Nicht weit von den römischen Baureste liegt das Franziskanerkloster mit der Kirche *Notre-Dame-de-l'Annonciation,* die zwei Hauptwerke des Nizzaer Renaissancemalers Louis Bréa beherbergt. Gegen Ende des 19. Jh.s entwickelte sich Cimiez zum bevorzugten Wohngebiet der Reichen. Einige Prachtvillen erinnern an die goldene Zeit Nizzas als heimliche Aristokratenhauptstadt Europas, z. B. der für Königin Victoria erbaute Régina Palace oder die Rothschild-Villa El Paradiso, die heute das Konservatorium beherbergt.

Nizza gilt als Zentrum der modernen Kunst von Weltrang. Zahlreiche Werke der Maler der klassischen Moderne sind in verschiedenen Museen der Stadt ausgestellt. Jeweils ein eigenes Museum ist den Arbeiten von Henri Matisse, Marc Chagall und Raoul Dufy gewidmet. Ein verregneter Tag wird so in Nizza nicht zum Problem. Der Eintritt ist zudem in allen Museen frei.

Streckenbeschreibung

Gleich hinter **Roquesteron** zweigen wir von der D 17 nach rechts auf die D 1 Richtung Conségudes, die gleich den Esteron kreuzt und durch das südliche Roquesteron (Roquesteron – Grasse) führt. Zunächst folgen wir etwa 5 km auf ebener Straße dem Flußlauf, um dann kräftig nach *Conségudes* anzusteigen. Auf gut 4 km sind etwa 280 Höhenmeter zu überwinden. Danach verläuft unsere D 1 eben oder allenfalls leicht an- und absteigend hoch über dem Tal des Esteron. Vor **Bouyon** müssen wir dann allerdings wieder kräftiger in die Pedale treten, ehe wir den Dorfplatz mit Bar erreichen.

Richtung Le Broc bleiben wir auf der D 1, die hinter Bouyon zunächst zu Tal führt, nochmals ansteigt und dann mit Blick auf das zersiedelte Tal des Var wieder abfällt. Der alte Ortsteil von **Le Broc** liegt hoch am Hang über dem Vartal vor der Kulisse der Seealpen. Auf der leicht abfallenden, aussichtsreichen D 1 gelangen wir zügig von hier nach **Carros.** Das alte Ortszentrum wird von einer Burg überragt, deren älteste Teile aus dem 13. Jh. stammen. Die um das Dorf angelegten Gärten mit ersten Palmen, Agaven und Kakteen zeigen uns, daß wir nicht mehr weit vom Mittelmeer entfernt sind. Von hier könnte man an Gattières vorbei über die D 2209/2210/18 Richtung Nizza weiterfahren. Abwechslungsreicher fand ich folgende Variante, die eine Etage höher verläuft: Gleich nach Passieren des alten Ortskerns von Carros zweigen wir von der D 1 nach rechts auf eine Nebenstraße, die zwischen Villen am Hang nach Süden führt. Zwei Abzweige nach rechts – der erste führt zum Anwesen Carmel – lassen wir unbeachtet. Nach kurzem steilen Anstieg fahren wir am Anwesen La Cavagno vorbei. Danach ist unser Sträßchen für etwa 1,5 km ohne Asphalt. Wir fahren immer geradeaus, folgen oberhalb von Gattières

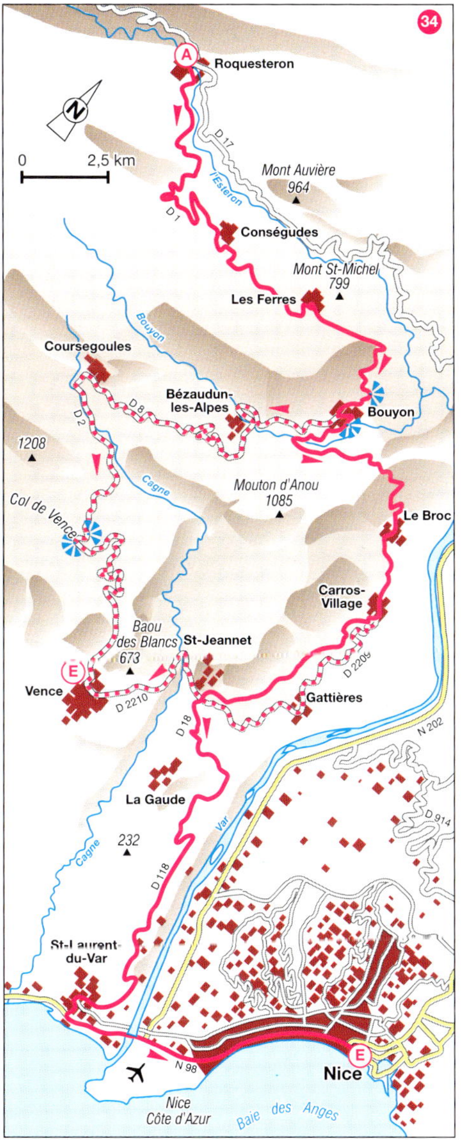

dem Hinweis nach St-Jeannet und treffen nach schöner Panoramafahrt auf die D 18, die nach **St-Jeannet** hochführende Stichstraße. Zu dem unter einer fast 400 m hohen Steilwand gelegenen alten Ort muß man nach rechts noch einen guten Kilometer kräftig ansteigen. Richtung Nizza biegen wir nach links auf die D 18, die zu einem Kreisverkehr hinabführt.

Hier fahren wir geradeaus Richtung La Gaude weiter. Bei der Gabelung nach

Beim Stadtzentrum von Nizza. Bis zum Strand sind es nur wenige Schritte.

1,5 km halten wir uns links, nehmen die D 118 Richtung St-Laurent. Auf der über dem Vartal verlaufenden Höhenstraße können wir nun Richtung Küste die Räder rollen lassen. Für 10 km geht es bergab bis **St-Laurent**, wo wir uns an der Beschilderung *Centre Ville* und *Nice per Bord de la Mer* orientieren. Wir passieren den Bahnhof von St-Laurent, unterqueren hier die Eisenbahn und stoßen auf die mehrspurige N 98, die einzige Straße, die von hier ins 9 km entfernte Nizza führt. Statt sich durch den dichten und anfangs auch schnell fahrenden Verkehr zu quälen, kann man auch vom Bahnhof St-Laurent aus mit der häufig verkehrenden Vorortbahn in die Stadt hineinfahren. Die Züge haben zwar keinen Gepäckwagen, nehmen aber kostenlos Räder mit.

Variante über den Col de Vence: Vor *Bouyon* biegen wir dazu nach rechts auf die D 8. Durch eine karger werdende Landschaft erreichen wir nach schweißtreibendem Anstieg das entlegene, am Fuße einer kahlen Bergkette gelegene *Coursegoules*. Danach zweigen wir nach links auf die D 2 Richtung Vence. Nach dem *Col de Vence* radeln wir durch eine fast baumlose, unwirtliche Steinwüste. Mit einer rasanten Talfahrt gelangen wir dann nach *Vence* und zurück in die Zivilisation. Über die weitgehend ebene D 2210 gelangt man von hier zum Kreisverkehr unterhalb von *St-Jeannet*, wo wir nach rechts auf die D 18 Richtung La Gaude abbiegen, dann über die D 118 / N 98 nach Nizza fahren (s. o.).

Einfachere Variante nach Vence: Man folgt der Hauptvariante von *Bouyon* bis zum Kreisverkehr unterhalb von *St-Jeannet*, biegt hier nach rechts auf die D 2210, die ohne nennenswerte Anstiege ins 6 km entfernte *Vence* führt.

Nützliche Informationen

Entfernung: Roquesteron – Bouyon 21 km; Bouyon – St-Jeannet (Kreisverkehr unterhalb) 21 km; St-Jeannet – St-Laurent 14 km; St-Laurent – Nizza 9 km.
Variante: Bouyon – Coursegoules 11 km; Coursegoules – Vence 17 km. *Leichte Variante:* Bouyon – Carros – Vence 28 km.
Unterkunft: *Bouyon:* La Cantounière, 1 Stern, Tel. 93 59 07 15 (erste Juni- und zweite Septemberhälfte geschlossen). *St-Jeannet:* Auberge St-Jeannet, 1 Stern, Tel. 93 24 90 06; Le Ste-Barbe, 1 Stern, Tel. 93 24 94 38. *Vence:* 15 Hotels aller Preisklassen.
Gîte d'Etape: *St-Jeannet:* La Ferrage, Tel. 93 24 87 11.
Jugendherberge: *Nizza:* Route forestière du Mont-Alban, Tel. 93 89 23 64, am Stadtrand, Bus 5 bis Boulevard J. Jaurès, dann Bus 14.
Camping: *St-Jeannet:* Les Cent Chênes, Tel. 93 24 90 85 (komfortabel und relativ teuer). *Coursegoules:* St-Antoine, einfach, Mai – Oktober. *Vence:* La Bergerie, 3 km Richtung Grasse, ruhig und schön gelegen, Tel. 93 58 09 36.
Touristeninformation: *Vence:* Place du Grand Jardin, Tel. 93 58 06 38. *Nizza.* Im Hauptbahnhof, Tel. 93 87 07 07, sowie 5 Avenue Gustave V (Seitenstraße der Promenade d'Anglais), Tel. 93 87 60 60.

35 Vence und die Schluchten des Loup

Vence – St-Paul-de-Vence – Gorges du Loup – Gourdon – Le Bar-sur-Loup – Tourette-sur-Loup – Vence

Tourencharakter: Mittelschwere bis anstrengende Rundfahrt im Hinterland der Côte d'Azur, durch alte Orte und die eindruckvollen Gorges du Loup. Ein harter und mehrere leichte Anstiege.
Länge der Tour: 64 km.

Auch um die nette Kleinstadt **Vence** (13 500 Einwohner) hat die ausufernde Neubesiedlung die einst schöne Landschaft gründlich zugedeckt. Aber im unversehrten mittelalterlichen Ortskern mit seinen schmalen Gassen und kleinen Plätzen ist die Welt noch in Ordnung. Im Sommer ist die Stadt allerdings von Touristen überlaufen, die auf Tagesausflügen von der Küste her massenhaft anreisen. Wegen seiner ruhigen Lage abseits des zunehmenden Trubels der Côte wurde der Ort im 20. Jh. zu einem beliebten Künstlertreff. Unter anderem lebten Matisse und Chagall zeitweise hier.

Das Zentrum der Altstadt bildet die Place Clemenceau mit der *Kathedrale,* die eine erst 1879 geschaffene hübsche farbige Fassade und einen romanischen Glockenturm des 13. Jh.s besitzt. Das Baptisterium im Innenraum der Kirche schmückt ein Mosaik von Chagall, das die Errettung des Moses darstellt. Beachtenswert ist auch das spätgotische Chorgestühl auf der Empore mit geschnitzten Miserikordien (Gesäßstützen), die den Domherren das Stehen bei der Messe erleichtern sollten. An die Kathedrale schließt sich nördlich die *Place Godeau* an, wo eine einzige römische Säule an die lange Geschichte der Stadt erinnern soll. Weitere hübsche Plätze sind die *Place du Frêne* mit einer 400 Jahre alten Esche und die brunnengeschmückte *Place du Peyra* beim westlichen Stadttor. Die *Chapelle du Rosaire,* außerhalb an der D 2210 Richtung St-Jeannet gelegen, wurde von Henri Matisse um 1950 entworfen und ausgemalt, fand aber nicht die einhellige Zustimmung der Kunstkritik.

Mehr noch als Vence wird das benachbarte **St-Paul-de-Vence** (2600 Einwohner) von der allsommerlichen Touristeninvasion heimgesucht. Mit seinen Befestigungsmauern, Toren, Türmen und verwinkelten Pflastergassen bietet es das Idealbild einer mittelalterlichen Kleinstadt. Die Ästhetik stimmt. Allerdings hat der Ort seine Seele verloren. An der Hauptgasse, der Grande Rue, durch die sich die Besuchergruppen schieben, reiht sich ein Geschäft an das andere. Ruhiger wird es in den Seitengassen. Lohnend ist der Rundgang über die Stadtmauer, der weite Sicht zum Meer und den Alpenvorbergen bietet. Ein Pflichtziel für Liebhaber moderner Kunst ist die 2 km nordwestlich von St-Paul gelegene **Fondation Maeght**. Die von dem katalanischen Architekten Sert entworfenen Museumsbauten sind perfekt der umgebenden Landschaft angepaßt. Im Freien aufgestellte Kunstwerke – Skulpturen von Mirò, Arp und Giacometti, Mosaiken von Chagall, ein Mobile von Calder u. a. – wirken in der Verbindung mit Bäumen, Licht und Wasser ungewöhnlich lebendig (geöffnet täglich von 10 – 18 Uhr).

Hinter La Colle-sur-Loup gelangen wir in das Tal des Loup, dem wir flußaufwärts folgen. Die Landschaft ist jetzt angenehm unzersiedelt. Der kleine Fluß windet sich durch ein freundlich-grünes Tal. Hinter dem Pont du Loup wird die Landschaft dann schroffer. Unsere Straße führt in die von steilen Felswänden eingefaßten **Gorges du Loup**. Unterhalb der Straße stürzt der Fluß wildschäumend über mächtige Felsblöcke zu Tal. Nach einem Tunnel passieren wir den 40 m hohen Wasserfall Cascade de Courmes, wenig später den Saut du Loup, wo sich der Fluß über eine breite Steinstufe in ein bemoostes Bassin ergießt.

Nach einem kräftigen Anstieg gelangen wir dann ins winzige, wie ein Adlerhorst hoch über der Schlucht gelegene **Gourdon** mit seinem Schloß. Vom hübschen Schloßpark bietet sich ein weiter Blick zum Meer. Das im 13. Jh. errichtete, im 17. Jh. umgestaltete Schloß selbst beherbergt ein Waffenmuseum und eine Gemäldesammlung mit Werken naiver Kunst. Auch in Gourdon, das ganz auf den Tourismus ausgerichtet ist, herrscht im Sommer extremer Andrang.

Weniger touristisch ist das am Hang über dem Loup-Tal gelegene **Le Bar-sur-Loup** (2100), eine typisch provenzalische Kleinstadt, in dessen alten Ortskern sich die romanische Kirche *St-Jacques* erhebt. Im Innern findet man zwei sehenswerte Altarbilder des 16. Jh.s, die Louis Bréa, dem Hauptvertreter der Malschule von Nizza, zugeschrieben werden. **Tourette-sur-Loup** (2700 Einwohner) liegt fotogen auf einem Hügel vor dem Hintergrund karger Berge.

Gourdon über den Gorges du Loup. Nur wenige Kilometer entfernt von der Küste gelangt man in einsam-karge Berglandschaften.

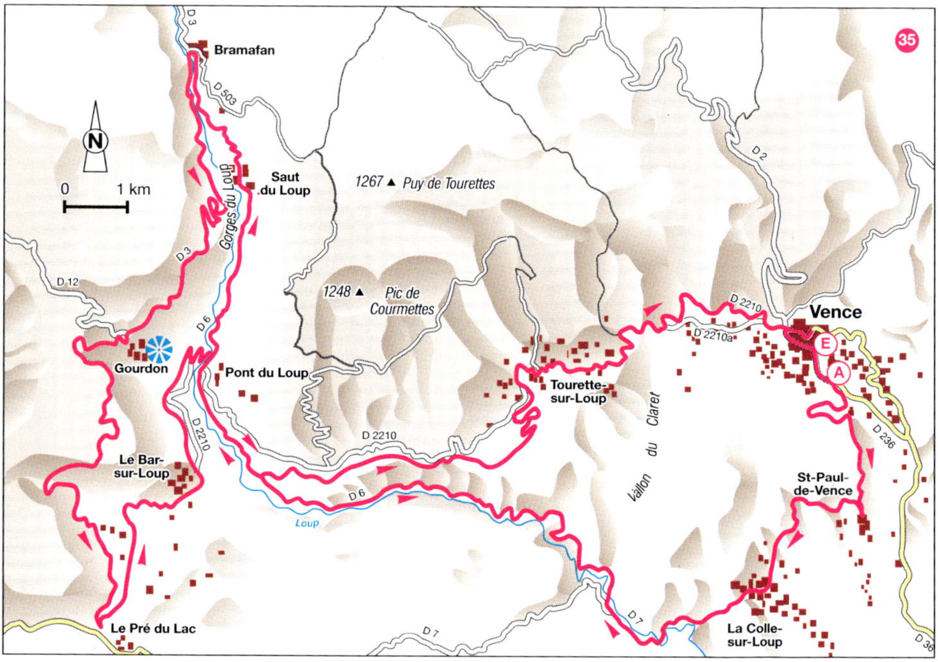

Der mittelalterliche Charakter der Ortsanlage ist noch gut erhalten. Die Altstadt mit ihren verwinkelten Gassen und den vorzüglich restaurierten alten Steinhäusern wird von einem vollständigen Mauerring mit zwei Stadttoren umfaßt. Tourette ist seit langem bei auswärtigen Zuzüglern beliebt. Nur die wenigsten der heutigen Einwohner wurden hier geboren. Viele Kunsthandwerker zogen hierher, um in altem Gemäuer ihre Werkstätten einzurichten. Im Frühjahr blühen in der Umgebung Tausende von Veilchen, die bei der Parfumherstellung Verwendung finden. Noch etwa 30 Pflanzer können in Tourette von der Veilchenzucht leben.

Streckenbeschreibung

Wir beginnen unsere Tour bei der Place Juin 500 m östlich der Altstadt von **Vence**, nehmen hier die nach Nizza führende Hauptstraße, die Avenue Hugues. Nach etwa 1 km zweigen wir nach rechts auf die D 7, die an **St-Paul** vorbei bis zum Ortsrand von *La Colle-sur-Loup* hinunterführt. Hier halten wir uns rechts, fahren durch den Ortskern und stoßen auf die D 6, der wir in westlicher Richtung folgen. Etwa 2 km nach La Colle gelangen wir in das Tal des Loup. Unsere D 6 führt meist leicht ansteigend am kleinen Fluß entlang. Beim *Pont du Loup* kreuzen wir die von Vence nach Grasse führende D 2210 und treten in die **Gorges du Loup** ein. Unsere D 6 steigt jetzt zwischen steilen Kalkbergen kräftiger an. Wir passieren die *Cascade de Courmes*, kreuzen den Fluß und durchqueren einen dritten Tunnel. Danach liegt rechter Hand abseits der Straße der *Saut du Loup*. Kurz vor der Brücke von Bramafan verlassen wir das Tal und biegen scharf nach links auf die D 3 Richtung Gourdon, die bald kräftig anzusteigen beginnt. Von unserer Route bieten sich eindrucksvolle Blicke in die Tiefe der Schlucht und zu den kargen Bergregionen darüber, die in ihrer Unberührtheit in starkem Kontrast zu den zersiedelten Küstenlandschaften nahebei stehen.

Hinter **Gourdon** fällt die Straße bald steil ab. Beim Straßendorf *Pré du Lac* biegen wir nach links in die D 2210, die uns mit einer schönen Abfahrt nach **Le Bar-sur-Loup** bringt. Unterhalb des Ortes zweigen wir nach rechts auf eine parallel verlaufende

Nebenstraße, die gleich über die D 2210 hinwegführt. Einer alten Bahntrasse folgend gelangen wir zum *Pont du Loup* mit den Resten eines von der deutschen Wehrmacht im Zweiten Weltkrieg zerstörten Eisenbahnviaduktes.

Auf der D 2210 überqueren wir den Loup, zweigen dann nach kurzem Anstieg nach rechts auf die D 6, der wir schon auf dem Hinweg gefolgt sind. Nach etwa 2 km biegen wir nach links in eine nach Osten kräftig ansteigende Nebenstraße. Bei einer Querstraße nach einem knappen Kilometer biegen wir nach rechts, auf ein ebenes Sträßchen, das wiederum einer alten Bahntrasse folgt. Nach einem Viadukt passieren wir den Campingplatz La Camassade und biegen gut 500 m weiter nach links in die Route de l'Ancienne Gare, die uns kurz kräftig ansteigend zur D 2210 bei **Tourette-sur-Loup** führt. Auf der D 2210 passieren wir den Ort und gelangen gut 2 km darauf zu einem Kreisverkehr, wo wir uns links halten, um auf die alte, heute kaum befahrene Landstraße Grasse – Vence einzubiegen, die uns mit bequemer Fahrt zurück zum Ausgangspunkt bringt.

Nützliche Informationen

Entfernung: Vence – La Colle-sur-Loup 8 km; La Colle-sur-Loup – Pont-du-Loup 13 km; Pont-du-Loup – Gourdon 13 km; Gourdon – Pont-du-Loup 15 km; Pont-du-Loup – Tourette-sur-Loup 12 km; Tourette-sur-Loup – Vence 6 km.
Unterkunft: *Vence:* 15 Hotels aller Preisklassen. *Tourette-sur-Loup:* Grive Dorée, Route de Grasse, 2 Sterne, Tel. 93 59 30 05; Auberge des Belles Terrasses, Route de Vence, 2 Sterne, Tel. 93 59 30 03.
Camping: *Vence:* Siehe Tour 34, S. 153. *Le Bar-sur-Loup:* Des Gorges du Loup, Chemin des Vergers, Tel. 93 42 45 06. *Tourette-sur-Loup:* La Camassade, Lage siehe Streckenbeschreibung, Tel. 93 59 31 54.
Fahrradverleih: *Vence:* Vence Motocycles, 30 Place du Grand Jardin, Tel. 93 58 07 72.
Touristeninformation: *Vence:* Siehe Tour 34, S. 153. *St-Paul-de-Vence:* Maison de la Tour, Tel. 93 32 86 95.

36 Grasse – Hauptstadt des Parfums

Vence – Gorges du Loup – Grasse – Cabris – St-Cézaire-sur-Siagne

Tourencharakter: Mittelschwere Tour mit einigem Auf und Ab, aber ohne die ganz harten Steigungen.
Länge der Tour: 45 km.

Der Übergang vom dicht besiedelten Ballungsraum der östlichen Côte d'Azur zum fast menschenleeren Bergland weiter nördlich vollzieht sich auf wenigen Kilometern. Auf unserer Route von Vence nach Westen folgen wir der Grenzlinie zwischen den beiden so unterschiedlichen Regionen. Nach Norden blicken wir auf mal karge, mal bewaldete Bergzüge ohne größere Ansiedlungen, während nach Süden hin die Hügel weitflächig mit Vorortvillen bestreuselt sind. Über das mittelalterliche **Tourette-sur-Loup** und den Südausgang der schroffen **Gorges du Loup** erreichen wir das knapp 40 000 Einwohner zählende **Grasse**.

Die Stadt ist nicht vorrangig auf den Tourismus ausgerichtet wie viele Nachbarorte. In der verwinkelten Altstadt wohnen immer noch mehr arabische Einwanderer als wohlhabende Zuzügler. Schmale Durchgänge und Treppenwege führen zu kleinen Plätzen, auf denen die ganze Woche Märkte stattfinden. Neben freundlich-farbig Restauriertem findet man auch bröckelnde Fassaden und feuchte dunkle Ecken, die auf die ärmlichen Lebensverhältnisse mancher Bewohner der Altstadt hinweisen.

Die Sehenswürdigkeiten von Grasse sind eher bescheiden. Mittelpunkt des alten Ortskerns bildet die von Laubengängen gesäumte *Place aux Aires* mit ihren Straßencafés, wo vormittags (außer montags) der Blumen- und Gemüsemarkt seinen Platz hat. Die ursprünglich romanische, im 17. und 18. Jh. umgebaute *Kathedrale* besitzt im rechten Seitenschiff drei Rubens-Gemälde.

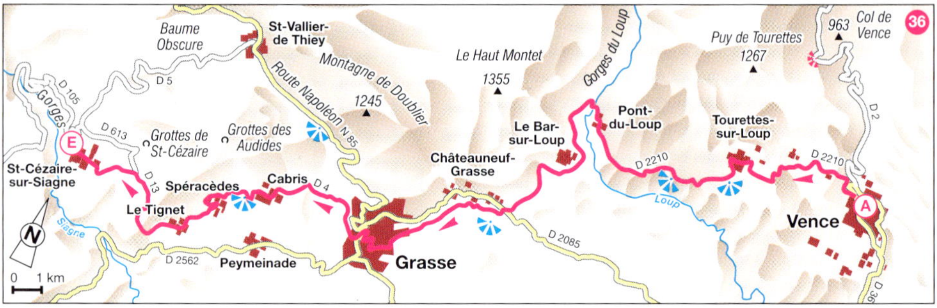

Manchmal hängt über der Stadt süßlicher Duft. Grasse ist Zentrum der Parfumherstellung. Mehr als zwei Drittel der weltweiten Produktion stammt von hier. Wer sich Grasse allerdings von riesigen Blumenfeldern umgeben vorstellt, wird enttäuscht. Die Grundstoffe werden zu 95 Prozent importiert, wie z. B. der aus der Hochprovence kommende Lavendel. Dies verwundert nicht, wenn man bedenkt, welch enorme Mengen Rohmaterial benötigt werden. Fünf Millionen Jasminblüten ergeben beispielsweise gerade mal einen Liter Essenz, für ein Kilogramm echtes Rosenöl werden drei Tonnen Blüten benötigt.

Die Parfumproduktion entwickelte sich in Grasse als Nebenzweig der Lederwarenherstellung. Im Mittelalter lebte die Stadt vor allem vom Gerben der Tierhäute. Im 16. Jh. verbreitete sich am Pariser Königshof die Mode, parfumierte Handschuhe zu tragen. In Grasse entstand der neue Beruf des »gantiers parfumeurs«, des Parfumhandschuhmachers. Im milden Klima von Grasse gediehen alle möglichen duftintensiven Blumensorten vorzüglich. Die große Zeit der nun etablierten Duftstoffherstellung begann im 17. Jh. unter dem Sonnenkönig Ludwig XIV., als man sich zwar nur selten wusch, hingegen von Puder und Parfums äußerst großzügig Gebrauch machte. Die Mode der duftenden Handschuhe verschwand, die Parfums blieben. Heute werden in Grasse vor allem Grundsubstanzen hergestellt. Die großen Nasen, die in langwieriger und mühevoller Kleinarbeit aus Hunderten von Aromen ein neues Parfum kombinieren, sitzen vor allem in Paris. Einige Parfumherstellungsbetriebe stehen Besuchern offen (Auskunft beim Touristenbüro).

Über das am Rande der Berge hochgelegene Dorf **Cabris** gelangen wir ins ruhige, verwinkelte **St-Cézaire-sur-Siagne**. Auch hier ist die Aussicht das Schönste. Vom Ostrand des Dorfes blickt man in die Tiefe der grünen Siagne-Schlucht und die von Pinienwäldern bedeckten Hügelketten des Haut-Var. 3 km nordöstlich des Ortes liegen die Grottes de St-Cézaire, durch enge Gänge verbundene Tropfsteinhöhlen mit bizarren Formenbildungen.

Streckenbeschreibung

Wir verlassen **Vence** auf der Avenue de la Résistance nach Osten, folgen dann nicht der nach Grasse beschilderten Hauptroute leicht rechts, sondern fahren geradeaus auf der Avenue Foch weiter, die gleich auf einer Brücke die Hauptstraße überquert. Wir sind auf der alten, wenig befahrenen Landstraße nach Grasse (Route de Grasse). Diese führt nach etwa 3 km zu einem Kreisverkehr. Wir biegen nach rechts auf die D 2210, die uns mit leichtem Anstieg nach *Tourette-sur-Loup* und weiter mit einer zügigen Fahrt bergab zum *Pont-du-Loup* beim Ausgang der **Gorges du Loup** bringt.

50 m nach der Brücke über den Loup biegen wir nach rechts in ein kurz zur Viaduktruine hier steil ansteigendes Sträßchen, das nach links biegend auf eine ehemalige Bahntrasse führt und deren Verlauf dann folgt. Unterhalb von *Le Bar-sur-Loup* überqueren wir auf einer alten Bahnbrücke die D 2210, fahren auf der leicht ansteigenden

In der verwinkelten Altstadt von Grasse.

AU PETIT MARCHE
FRUITS EPICERIE LEGUMES
VOILAGE

Im Zentrum von Grasse erhebt sich die romanische Kathedrale.

Avenue des Écoles weiter. Wir sind immer noch auf der Strecke der ehemaligen Eisenbahn Nizza – Draguignan, die wir bei der ersten Querstraße nach einem Tunnel verlassen. Nach rechts kräftig ansteigend, stoßen wir auf die D 2210, die uns nach *Pré-du-Lac* hochführt. Beim Kreisverkehr hier folgen wir der D 203 Richtung Châteauneuf, zweigen aber schon 20 m weiter nach rechts auf eine abschüssige Nebenstraße. Bei einer Gabelung halten wir uns leicht links. Wir sind wieder auf der Eisenbahntrasse, fahren durch einen Tunnel und erreichen schließlich **Grasse**, wo wir kurz kräftig in die Pedale treten müssen, um nach rechts ins Zentrum zu gelangen.

In Grasse nehmen wir die D 4 Richtung Cabris, die bei der Place du Cours beim oberen Rand der Altstadt beginnt. Bis **Cabris** steigt unsere Straße kontinuierlich an. Hier orientieren wir uns an der Beschilderung nach *St-Cézaire,* folgen der D 11 abwärts, an *Spéracèdes* vorbei zur D 13, die uns leicht ansteigend zu unserem Etappenziel **St-Cézaire-sur-Siagne** bringt.

Nützliche Informationen

Entfernung: Vence – Gorges du Loup 14 km; Gorges du Loup – Grasse 14 km; Grasse – St-Cézaire-sur-Siagne 17 km.
Unterkunft: *Pont-du-Loup:* Auberge des Gorges du Loup, 2 Sterne, Tel. 93 59 38 01. *Grasse:* Insgesamt 13 Hotels. *Cabris:* L'Horizon, 2 Sterne, Tel. 93 60 51 69. *Spéracèdes:* La Solleiade, Tel. 93 60 58 46, mit guter Küche. *St-Cézaire-sur-Siagne:* La Petit Auberge, Place de Gaulle, 1 Stern, Tel. 93 60 26 60.
Camping: *Tourette-sur-Loup, Le Bar-sur-Loup:* Siehe Tour 35, S. 157; kleiner Platz auch in *St-Cézaire-sur-Siagne.*
Touristeninformation: *Grasse:* Cours Honore Cresp, Tel. 93 36 03 56.

37 Im grünen Hügelland des Haut-Var

St-Cézaire-sur-Siagne – Callian – Bargemon – Ampus

Tourencharakter: Recht anstrengende Tour mit drei kräftigen Anstiegen, aber auch längeren, bequem zu fahrenden Abschnitten.
Länge der Tour: 63 km.

Am Fuße der provenzalischen Voralpen westlich von Grasse erstrecken sich über etwa 100 km grüne Hügelketten mit ausgedehnten Wäldern und Weinbergen, zwischen denen sich hier und da Gemüsekulturen, Obstwiesen und Olivenhaine ausbreiten. Das **Haut-Var** wirkt hübsch und freundlich, ist jedoch landschaftlich weniger aufregend als etwa die angrenzende Hochprovence oder der Lubéron. Auch kulturgeschichtlich Bedeutendes ist nicht zu finden, sieht man vom Zisterzienserkloster Le Thoronet ab.

Vor Seillans passieren wir die schlichte romanische Kapelle Notre-Dame-de-l'Ormeau.

Am Hang über dem grünen Tal des Nartuby liegt das stille Dorf Châteaudouble.

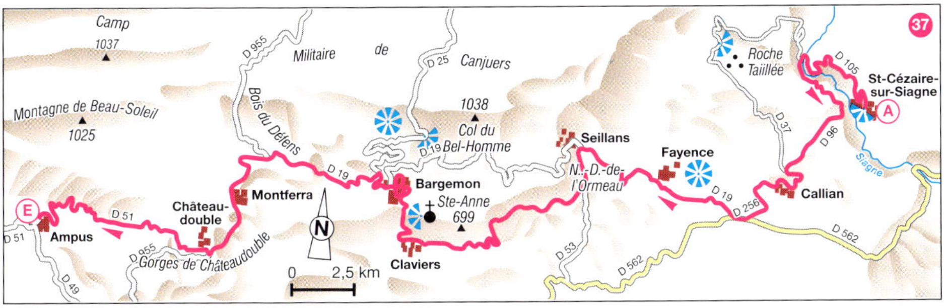

Die zahlreichen alten Dörfer und Kleinstädte des Haut-Var bieten jedoch viel provenzalisches Ambiente. Dicht am Hang gedrängte Häuser, überragt von Kirchturm oder Burgruine, enge Gassen, kleine Stadttore, Platanenplätze mit Straßencafés, plätschernden Brunnen und den obligaten Boulespielern prägen überall das Bild der alten Zentren. Geruhsame Rhythmen bestimmen den Alltag. Der Tourismus ist nicht der entscheidende Wirtschaftsfaktor hier und macht sich weniger bemerkbar als in anderen Teilen der Provence.

Obwohl die Berge des Haut-Var nicht sehr hoch sind, müssen wir auf unserem Weg nach Westen einige kräftige Anstiege hinter uns bringen, um quer zu unserer Route verlaufende Täler zu durchfahren, wie zu Anfang die reizvollen, von Ölbaumterrassen gesäumten **Gorges de la Siagne**. Über das von einer Burgruine überragte **Callian** gelangen wir zum alten Dorf **Seillans**, in dem der deutsche Maler Max Ernst seine letzten Lebensjahre verbrachte. Unterhalb des Ortes liegt die schlichte romanische Kapelle *Notre-Dame-de-l'Ormeau* mit einem sehenswerten farbigen Holzaltar des 16. Jh.s, der von einem unbekannten italienischen Mönch geschnitzt wurde.

Das stille **Claviers** und das größere **Bargemon** sind Orte, die ganz ins romantische Bild vom provenzalischen Dorf passen. Unsere Route steigt hier kräftig an, um dann ins Tal des Nartuby abzufallen, der hier eine malerische grüne Schlucht, die **Gorges du Châteaudouble**, durchfließt. Über das in Panoramalage über dem Tal gelegene winzige Châteaudouble gelangen wir schließlich ins abseits gelegene **Ampus** (530 Einwohner) mit seiner stilrein restaurierten romanischen Kirche des 11. Jh.s.

Streckenbeschreibung

Wir verlassen **St-Cézaire** auf der D 5 Richtung St-Vallier, biegen gleich am Ortsrand nach links auf die nach Mons ausgeschilderte D 105. Diese führt steil in die Schlucht der Siagne hinab. Im Schluchtgrund biegen wir ganz nach links, um der D 96 mit anfangs kräftigem Anstieg nach **Callian** zu folgen, wobei sich ein schönes Panorama über das tief eingeschnittene Tal zum am gegenüberliegenden Hang klebenden St-Cézaire eröffnet. Etwa 3 km hinter Callian halten wir uns rechts, um über die D 296 auf die verkehrsreiche D 562 zu stoßen. Dieser folgen wir 1 km nach rechts und biegen dann in die D 19. Diese führt mit leichtem Auf und Ab an Fayence vorbei und passiert kurz vor Seillans die links der Straße gelegene *Chapelle Notre-Dame-de-l'Ormeau.*

Wir fahren nicht nach Seillans hinein, sondern biegen unterhalb des Dorfes nach links in die D 53 Richtung Draguignan. Etwa 1 km weiter, zu Beginn eines leichten Anstiegs, biegen wir nach rechts in die Route de Claviers. Für 5 km können wir jetzt Eisenbahn spielen. Durch Einschnitte und über ein großes Viadukt hinweg folgen wir einer alten Bahntrasse bis zu einer Querstraße, wo wir nach rechts biegen. Zwischen Weinfeldern geht es jetzt einen guten Kilometer bergan, dann eben durch Olivenkulturen zum in angenehm unzersiedelter Landschaft gelegene Claviers. Beim Kirchplatz biegen wir nach rechts, folgen der D 55, zunächst zu Tal, dann mit kräftigem Anstieg hinauf nach **Bargemon.**

Wir verlassen Bargemon auf der nach Comps ausgeschilderten D 19, halten uns nach 1 km links, um auf der anfangs ordentlich bergan führenden Straße auf die D 955 zu stoßen. Dieser folgen wir gut 6 km nach links, an *Montferrat* vorbei abwärts in die *Gorges de Châteaudouble*, wo wir nach rechts in die D 51 einbiegen. Ein kräftiger Anstieg mit schönem Schluchtpanorama, dann eine längere Abfahrt im Wald bringt uns zum über einem kleinen Hochtal gelegenen **Ampus**, wo wie noch mal kurz kräftiger in die Pedale treten müssen, um zum Dorfplatz beim Brunnen hinaufzufahren.

Nützliche Informationen

Entfernung: St-Cézaire-sur-Siagne – Callian 13 km; Callian – Bargemon 27 km; Bargemon – Ampus 23 km.
Unterkunft: *Bargemon:* Auberge des Arcades, 2 Sterne, Tel. 94 76 60 36; *Montferrat:* Le Relais, 1 Stern (einfach, preiswert), Tel. 94 70 90 56. *Ampus:* La Bonne Auberge, 1 Stern, Tel. 94 70 97 10.
Touristeninformation: *Bargemon:* 19 Rue Pasteur, Tel. 94 76 60 03.

38 Zwischen Var und Verdon

Ampus – Aups – Lac de Ste-Croix – Moustiers-Ste-Marie

Tourencharakter: Nicht übermäßig anstrengende Verbindungsroute zwischen dem Haut-Var und der Region der Gorges du Verdon. Ohne lange harte Anstiege. Ruhige Panoramastraßen.
Länge der Tour: 59 km.

Diese Route führt uns vom Hügelland des Haut-Var nach Moustiers-Ste-Marie, dem Eingangstor zur berühmten Schluchtlandschaft der Gorges du Verdon. Zunächst passieren wir das kleine **Tourtour**, das in herrlicher Panoramalage auf einem Hügel hoch über dem Land ruht. Den schönsten Blick hat man von der romanischen Kirche östlich des Dorfes. Tourtour ist ein Musterbei-

Die Kleinstadt Aups hat sich noch viel von ihrer mittelalterlichen Ortsanlage bewahrt.

Brunnenplatz in Tourtour.

spiel für das von wohlhabenden Neubürgern edel-restaurierte provenzalische Dorf. Die Bruchsteinmauern sind makellos, der Ort ist ordentlich hergerichtet, mit den entsprechenden Läden und Restaurants versehen, wirkt aber keineswegs unlebendig. Infolge der Landflucht hatte Tourtour 1962 nur noch 167 Einwohner, während zu Anfang des 19. Jh.s noch gut 800 Menschen hier lebten. Heute ist die Einwohnerzahl wieder auf etwa 380 gestiegen. Die Neubürger kamen aus ganz Frankreich und aus dem Ausland. Zwischen 1962 und 1982 wechselte fast die Hälfte der Bodenfläche des Dorfes den Eigentümer, womit auch eine Veränderung der lokalen Wirtschaftsstruktur einherging. Die alten Wein- und Olivenkulturen werden fast nur noch zum Nebenerwerb bewirtschaftet und sind teilweise dem Verfall preisgegeben. Dafür blüht das Geschäft im Dienstleistungsbereich. Der kleine Ort besitzt nun mehrere Hotels, Restaurants, Cafés und Souvenirgeschäfte.

Durch trocken-karges, im Frühsommer von gelbblühenden Ginsterteppichen bedecktes Bergland geht es dann bergab zur angenehmen Kleinstadt **Aups** (1700 Einwohner). Vom Tourismus ist hier wenig zu spüren. Auf der Straße sieht man noch die Alten unter Platanen diskutieren. Die Altstadt ist verwinkelt, mit Toren und Türmen versehen und nicht ästhetisch aufbereitet. Hier und da bröckeln die Fassaden. In Aups ist man stolz auf seine revolutionäre Vergangenheit. Als Ort des bewaffneten Widerstands gegen den monarchistischen Staatsstreich von 1851 ist es in einem Roman von Émile Zola verewigt worden, und während des Zweiten Weltkriegs war es ein Zentrum der Résistance.

Nordwestlich von Aups erstreckt sich eine nur dünn besiedelte Landschaft dunkler Nadelwälder von eher kargem Reiz. Beim winzigen Baudinard wird die Szenerie dann wieder abwechslungsreicher. Durch das Engtal des unteren Verdon gelangen wir zum künstlich aufgestauten **Lac de Ste-**

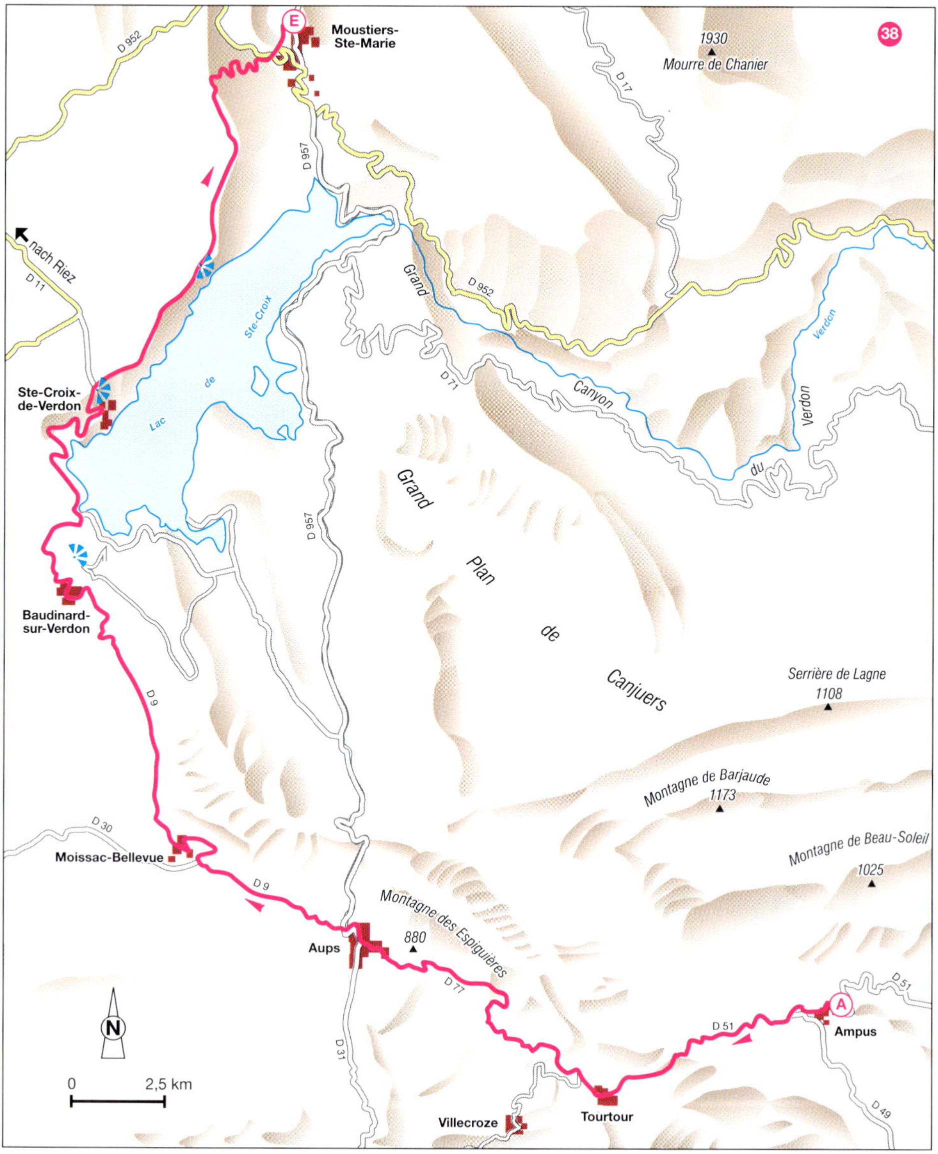

Croix, dessen Ufer wir ein Stück folgen. Das kleine Ste-Croix gehört zu den Bergdörfern, für die mit der Flutung des Sees 1972 eine unerwartete Karriere als sommerlicher Badeort begann. Von hier radeln wir ein langes Stück auf einer nun hoch über dem See verlaufenden Straße nach Norden. Nach Osten blickt man über die blaue Wasserfläche zu den steilen Felskanten über den Gorges du Verdon, nach Westen über die endlosen Lavendel- und Getreidefelder des Plateaus de Valensole. Schließlich erreichen wir das malerisch unter steilen Felsen gelegene alte Dorf **Moustiers-Ste-Marie** (s. S. 138).

Streckenbeschreibung

Beim Dorfplatz von **Ampus** halten wir uns rechts, fahren an der Post vorbei Richtung Verignon. Hinter dem Ort treffen wir auf die D 49, die wir nach etwa 1,5 km nach links verlassen, um der D 51 über die neue Siedlung St-Pierre-de-Tourtour nach *Tourtour* zu folgen. Bei der Gabelung nach dem Dorf nehmen wir rechts die D 77, die uns mit herrlicher Panoramafahrt nach **Aups** führt.

Von hier folgen wir kurz der D 957 nach Moustiers. Beim Kreisverkehr westlich von Aups biegen wir in die D 9, die uns kurz kräftig ansteigend nach *Moissac-Bellevue* bringt – wie der Name sagt, ein Dorf in aussichtsreicher Position. Unsere D 9 führt dann durch einsame Waldlandschaft stetig leicht bergan. Über die D 71 gelangen wir nach *Baudinard*, rollen von hier bergab zum Verdon und zum **Lac de Ste-Croix**, dessen Ufer wir jetzt nach Norden folgen. Nach einem kräftigen Anstieg am Dorf *Ste-Croix* vorbei erreichen wir den Rand des Plateaus von Valensole. Bei der Gabelung auf der Höhe nehmen wir rechts die Straße Richtung Moustiers, fahren auf der Höhe parallel zum Seeufer. Ein langes Stück geht es stetig leicht bergan. Schließlich fällt die Straße steil nach Osten ins Tal von Moustiers ab. Hier sollte man die Bremsen prüfen. Stellenweise geht es mit 16 % abwärts. Nach **Moustiers** ist dann nochmal ein kürzerer Anstieg zu bewältigen.

Nützliche Informationen

Entfernung: Ampus – Aups 18 km; Aups – Ste-Croix 26 km; Ste-Croix – Moustiers-Ste-Marie 15 km.
Unterkunft: *Tourtour:* U. a. La Petite Auberge, 3 Sterne, 1,5 km außerhalb in schöner Lage, Tel. 94 70 57 16. *Aups:* Auberge de la Tour, 2 Sterne, Tel. 94 70 00 30 ; Grand Hôtel, 1 Stern, Tel. 94 70 00 89. *Moustiers:* Siehe Tour 30, S. 136.
Camping: *Aups:* Les Prés, Route de Tourtour, Tel. 94 70 00 93; International, Route de Fox-Amphoux, Tel. 94 70 06 80, Oktober – März geschlossen. *Moustiers:* Siehe Tour 30, S. 136. Mehrere Campingplätze auch im Bereich der unteren Verdonseen und des Lac de Ste-Croix.
Tourenhinweis: Tour 30 führt weiter in die westliche Provence, Tour 31 zur Verdonschlucht, Touren 39 und 40 zur Mittelmeerküste.

39 Zum Kloster von Le Thoronet

Tourtour – Entrecasteaux – Kloster Le Thoronet – Flassans-sur-Issole

Tourencharakter: Nicht allzuschwere Tour mit einigem Auf und Ab, aber ohne lange harte Steigungen. Ruhige Straßen.
Länge der Tour: 48 km.

Von **Tourtour** radeln wir durch die Wälder und Weinberge des oberen Var nach Süden Richtung Meer. Die sanfthügelige grüne Landschaft ist von unspektakulärem Reiz. In den Dörfern wird man freundlich begrüßt und muß vielleicht Fragen nach dem Woher und Wohin beantworten. Touristen, vor allem, wenn sie mit dem Rad unterwegs sind, kommen nur selten hier durch. **Villecroze** hat eine alltäglichere Entwicklung hinter sich als das benachbarte Tourtour und wirkt atmosphärisch authentischer. Um die Rue des Arceaux hat sich das knapp 1000 Einwohner zählende Dorf seinen mittelalterlichen Charakter bewahrt. Ein Rundgang durch die engen Gassen führt zu einer romanischen Kirche und dem alten Uhrturm (Tour de l'Horloge). Villecroze besitzt einen herrlichen kleinen Park, eine perfekte Landschaftsidylle mit einem 40 m hohen Wasserfall und einer in den Fels gegrabenen Wohnanlage. In den unsicheren Zeiten der Religionskriege des 16. Jh.s hatten sich hier die Herren von Villecroze verschanzt. Über **Entrecasteaux** erhebt sich ein etwas streng wirkendes Schloß des 17. Jh.s mit einer reizvollen kleinen Parkanlage, dessen Innenräume besichtigt werden können. Auch die Gassen des Dorfes um die alte Wehrkirche lohnen einen kurzen Rundgang.

Die Abtei **Le Thoronet** ist neben Sénanque (s. S. 109) das schönste Zisterzienserkloster der Provence. Die romanische Klosteranlage des 12. Jh.s ist weitgehend unversehrt erhalten geblieben. Auch hier zeigen die Klosterbauten die in ihrer Einfachheit und schlichten Strenge wirkungsvolle Archi-

tektur des Zisterzienserordens. Die einschiffige Klosterkirche, der Kreuzgang mit einem sechseckigen Brunnenhaus, Kapitelsaal und Dormitorium (Schlafsaal der Mönche) weisen kaum dekorativen Schmuck auf. Die Bauten beeindrucken durch die klaren, reinen Bauformen und den sorgfältig behauenen und gefügten Stein, der das einfallende Licht in warmen Tönen reflektiert.

Die Blütezeit des Klosters lag im 12. und 13. Jh., als die Reformideen der Zisterzienser auf fruchtbaren Boden fielen. Berühmtester Abt war um 1200 Folquet von Marseille, der eine ungewöhnliche Karriere vom Kaufmann über den erfolgreichen Minnesänger und Troubadour zum Abt und Bischof durchlief. Im 14. Jh. begann der Niedergang. Während der Religionskriege wurde die Abtei endgültig aufgegeben und dem Verfall preisgegeben, ab Mitte des 19. Jh.s dann aber auf Initiative des als Schriftsteller berühmt gewordenen Konservators Prosper Mérimée nach und nach wieder instandgesetzt. Heute ist die bauliche Stabilität des Klosters durch den nahebei betriebenen Bauxitabbau gefährdet, der den Baugrund in Bewegung bringt.

Hinter Le Thoronet gelangen wir ins hübsche, von Felsen gesäumte Tal der Issole, deren Lauf wir jetzt nach Süden folgen. Das etwa 1000 Einwohner zählende **Cabasse** ist ein freundlich-schläfriger Provinzort mit Brunnenplatz und Platanen. Die *Église St-Pons* des 16. Jh.s lohnt eine kurze Besichtigung. Der reich geschmückte Hauptaltar stammt von 1543. Die Gewölberippen des Seitenschiffes ruhen auf maskengeschmückten Konsolen.

Streckenbeschreibung

Von **Tourtour** geht es zunächst ein langes Stück kräftig bergab. Mit weitem Blick ins Land rollen wir auf der D 51 nach *Villecroze* hinab. Bei der Gabelung nach dem Kirchplatz biegen wir nach rechts, folgen weiter der D 51, die nach *Salernes* erneut abfällt. Beim Kreisverkehr am Ortsrand folgen wir der Beschilderung »Centre Ville« nach rechts, biegen dann im Ort nach links auf die D 31, die uns mit einer bequemen Fahrt im Tal der Bresque nach **Entrecasteaux** bringt.

Auf der D 31 fahren wir wieder aus dem Ort hinaus. Beim Friedhof am Ortsrand zweigen wir nach links in eine Neben-

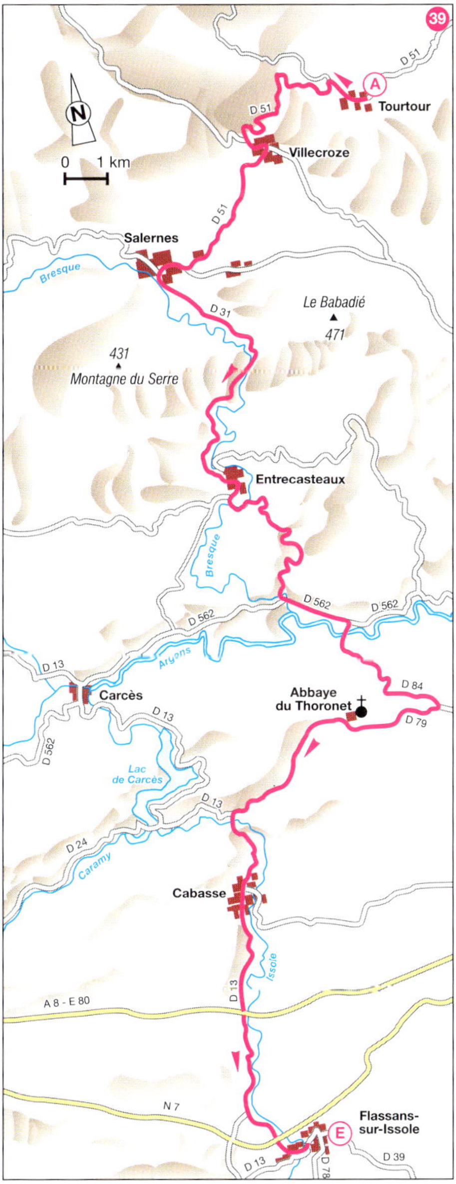

Auf einer schön geschwungenen alten Steinbrücke kreuzen wir bei Entrecasteau den Lauf der Bresque.

Parkidylle in Villecroze.

straße, die gleich auf einer alten Steinbrücke über die Bresque hinwegführt, um dann kräftig anzusteigen. Bei einer Gabelung während des Anstiegs halten wir uns rechts. Das Sträßchen fällt dann nach Süden ab. Bei einer weiteren Gabelung halten wir uns wieder rechts und stoßen im Tal auf die D 562. Wir folgen der glatten, schnurgeraden Straße gut 2 km nach Osten, um dann nach rechts in die D 84 einzubiegen. Wir überqueren den Fluß Argens, treffen dann stetig ansteigend auf die D 79, die nach rechts zum Kloster **Le Thoronet** führt, wobei es weiter bergan geht.

Nach dem Kloster führt D 79 nochmals über einen Hügel hinweg, um dann ins Tal der Issole abzufallen. Über die im Flußtal verlaufende D 13 erreichen wir *Cabasse*, unterqueren 3 km weiter die Autobahn und erreichen über die nach links abzweigende D 39 das untouristische **Flassans-sur-Issole.**

Nützliche Informationen

Entfernung: Tourtour – Entrecasteaux 19 km; Entrecasteaux – Le Thoronet 14 km; Le Thoronet – Flassans-sur-Issole 15 km.
Unterkunft: *Villecroze:* Auberge des Lavandes, 1 Stern, Tel. 94 70 76 00. *Le Thoronet:* Hostellerie de l'Abbaye, 2 Sterne, Tel. 94 73 88 81. *Flassans-sur-Issole:* La Résidence, Rue de la République, 1 Stern, Tel. 94 69 71 61.
Camping: *Besse* (5 km südwestlich von Flassans): Camping du Lac, beim kleinen See, Tel. 94 69 74 14, April – Ende September.

40 Ruhige Tage am Meer – Über das Maurenmassiv zur Küste

Flassans-sur-Issole – Carnoules – La Londe-les-Maures – Cabasson

Tourencharakter: Problemlos zu fahrende Tour mit einem kurzen kräftigen und diversen leichten Anstiegen.
Länge der Tour: 58 km.

Von Flassans-sur-Issole setzen wir unsere Fahrt nach Süden zum Meer durch eine nicht besonders aufregende, aber doch heitergrüne Landschaft sanfter Hügel fort. Ausgedehnte Weinfelder begleiten unsere Route. Der Weinbau ist das ökonomische Rückgrat dieser ländlichen Region im Departement Var. Überwiegend werden einfache Rosé-Konsumweine erzeugt, in zunehmendem Maße aber auch qualitätvollere Rote.

Bei der Überquerung der östlichen Ausläufer des **Massif des Maures** ändert sich das Landschaftsbild dann deutlich. Statt der Rebflächen bedecken nun lichte Korkeichenwälder die Hänge. Im Sommer ist die Luft vom durchdringenden Gezirpe und Geschnarre Hunderttausender Zikaden und Heuschrecken erfüllt. Das geologisch alte Gebirge besteht aus kristallinem Gestein, Gneis und Glimmerschiefer und ist von einer nur kargen Bodenkrume bedeckt, die Intensivlandwirtschaft nicht zuläßt. Das Maurenmassiv war daher immer nur dünn besiedelt. Die wenigen Bewohner lebten vor allem von der Verarbeitung der Korkeichenrinden zu Flaschenkorken.

Südlich des Höhenzuges beginnen dann wieder die Weinberge. Einzelne Palmen am Wege kündigen an, daß wir uns der Küste nähern. Die **Halbinsel von Cabasson** ist auf mysteriöse Weise der Zersiedlung entkommen. Nur hier und da steht ein Bauernhaus zwischen Weinfeldern, Pinienwald und Korkeichen. Eine Stichstraße führt zum winzigen Cabasson und dem Plage de Cabasson, einer hübschen Sandstrandbucht, der sich gegenüber auf einem Felssockel im Meer das 400 Jahre alte Fort de Brégançon erhebt. Die Festung ist nicht allgemein zugänglich. Der französische Staatspräsident zieht sich manchmal mit Staatsgästen hierhin zurück, denen man vielleicht ein Stück unverschandelter Küste präsentieren möchte – was die Unversehrtheit dieses Landstriches erklären würde. Der Strand von Cabasson eignet sich ideal für ein paar ruhige Tage zum Ausspannen am Meer. Während der Badesaison ist man natürlich auch hier nicht allein. Von den Verhältnissen, wie sie an der Côte d'Azur sonst herrschen, ist man aber noch weit entfernt.

Auch die bei der Halbinsel von Cabasson gelegenen **Hyerischen Inseln** bieten noch unversehrte Naturlandschaft am Meer. Der hier weitgehend ursprünglich erhaltene mediterrane Buschwald ist nicht durch

An der Küste bei Cabasson ist das Meer noch spürbar. Die Landschaft ist erfreulich unverbaut geblieben.

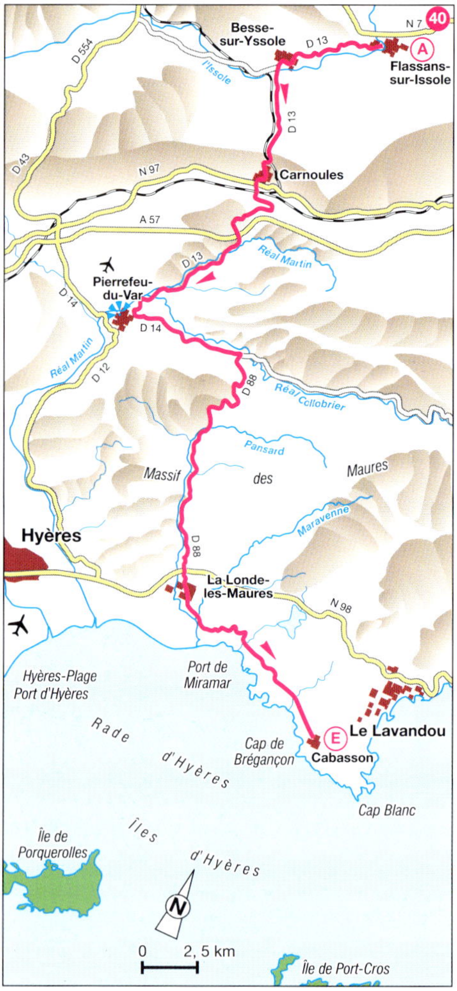

Zweitwohnungen »aufgelockert«. Die Inseln sind praktisch autofrei und stehen teilweise unter Naturschutz. Die größere Île de Porquerolles besitzt mehrere schöne Strände, die Île de Port Cros ist gebirgiger und einsamer und eignet sich gut für Wanderungen. (Häufige Überfahrten zur Île de Porquerolles von La Tour-de-Fondue südlich Hyères; zur Île de Port-Cros seltenere Abfahrten von Le Lavandou aus.)

Streckenbeschreibung

Wir verlassen **Flassans** auf der D 15 nach Westen, die nach 1,5 km in die D 13 einmündet, der wir nach Süden über *Besse* nach **Carnoules** folgen. Hinter dem Zentrum von Carnoules stoßen wir auf die N 97, der wir kurz nach links folgen, um dann nach rechts in die Nebenstraße Richtung Pierrefeu einzubiegen, die gleich die Fernbahnlinie Nizza – Marseille unterquert. Bei der Gabelung danach biegen wir nach links. Wir folgen weiter der jetzt schmalen D 13, die einen Rechtsbogen beschreibt, ein Stück parallel zur A 8 verläuft, dann nach links abwärts unter der Autobahn durchführt. Danach halten wir uns rechts, folgen der ruhigen D 13 im Tal des Baches Réal Martin, bis wir auf die D 12 stoßen.

Dieser folgen wir kurz kräftig bergan, biegen dann unterhalb von *Pierrefeu* nach links in die D 14 Richtung Collobrières, die kaum merklich nach Osten ansteigt. Nach ca. 6 km auf der D 14 zweigen wir nach rechts auf die Nebenstraße nach La Londe-les-Maures ab. Für einen guten Kilometer müssen wir nun kräftig in die Pedale treten, um die letzten Ausläufer des Massif des Maures zu überwinden. Danach fällt unsere Straße, die kaum befahrene D 88, durch Korkeichenwald ein langes Stück ab. Durch wieder lieblichere Landschaft rollen wir schließlich nach **La Londe-les-Maures** hinein.

Hier fahren wir geradeaus durch das Zentrum, kreuzen in diesem die Hauptstraße und folgen dann dem Hinweis zum Fort de Brégançon. Bei der Gabelung 1 km nach dem Ort biegen wir nach links, halten uns danach erneut links und passieren das große Weingut Château des Bormettes. Mit leichtem Auf und Ab fahren wir durch überraschend unzersiedelte Landschaft parallel zur meist nicht sichtbaren Küste. Zwei Abzweige nach rechts führen zu Sandstränden. Schließlich erreichen wir die wenigen Häuser von **Cabasson.**

Nützliche Informationen

Entfernung: Flassans-sur-Issole – Carnoules 11 km; Carnoules – La Londe-les-Maures 35 km; La Londe-les-Maures – Cabasson 12 km.
Unterkunft: In *Besse* und *Carnoules* jeweils ein einfaches Dorfhotel. Vier einfachere

Auf der Île de Porquerolles. Auch die Inseln von Hyères bieten noch unberührte Küstenlandschaften.

Hotels in *La Londe-les-Maures. Cabasson:* Les Palmiers, 3 Sterne, Tel. 94 64 81 94, preiswertere Zimmer im Nebengebäude (Annexe), 5 Min. zum Strand.
Camping: *Cabasson:* Einfacher Campingplatz, Tel. 94 64 80 08, in der Saison Anmeldung ratsam. Großer Campingplatz auch am Strand südlich von *La Londe-les-Maures.*
Tourenhinweis: Von Hyères besteht Bahnanschluß nach Toulon, Cassis, Marseille und weiter nach Aix in Nahverkehrszügen mit kostenlosem Radtransport. In Aix Anschluß an Touren 14 und 17.

Allgemeine Radkunde

Von Rudolf von Bitter

Das richtige Rad

Das richtige Rad zu den vorgestellten Touren oder die richtige Tour für Ihr Rad? Selbstverständlich kann jeder mit dem Rad fahren, mit dem er gerne fahren möchte. Unter dem Stichwort »Tourencharakter« finden Sie Angaben über den Schwierigkeitsgrad der jeweiligen Radtour.

Rennräder oder **Rennmaschinen** sind ausgelegt für Fahrten auf Asphalt, nicht für Feldwege und Kiesstraßen. Für Feld- oder Wirtschaftswege sind breitere Reifen und robustere Rahmen als bei Rennrädern üblich empfehlenswert. Wer trotzdem mit dem Rennrad fahren will, macht sich auf der Karte kundig, wie er Feld- und Waldwege auf befestigten Straßen umgehen kann.

Ein **Mountainbike** empfiehlt sich für Radtouren durchs Gebirge. Die Zahnkränze und Kettenblätter sind für extreme Steigungen gedacht. Grundsätzlich kann man mit einem Mountainbike alle Touren bewältigen.

Ein **Touren- oder Trekkingrad** ist am besten geeignet für Touren, die teils über befestigte Straßen, teils über Feld- und Waldwege führen. Die breiteren Reifen und die robuste Ausstattung bei Felgen und Speichen erlauben es, auch auf holprigen Wegen zu fahren, die Gangschaltung mit ihren Mehrfach-Kettenblättern und -Zahnkränzen ermöglicht schnelles, bequemes Fahren auf Straßen und erleichtert das Bewältigen von Steigungen. Das Tourenrad verfügt (genauso wie das Mountainbike) über einen stabilen, aber nicht zu schweren Rahmen, der auch mit etwas mehr Gepäck nicht ins Schlingern kommt.

Beim **Kauf eines Fahrrads** sollte man sich überlegen, daß ein Fahrradfachhändler auch Servicearbeiten ausführt, wobei er seine Stammkunden in der Regel bevorzugt. Außerdem wird er die richtige Rahmenhöhe und -länge bestimmen.

Wichtig ist, die **richtigen Bremsen** am Fahrrad zu haben: Rücktrittbremse und die heutzutage handelsüblichen Cantilever-Bremsen bringen das Rad auch bei Regen zum Stehen, was man von alten Felgenbremsen nicht immer sagen kann.

Pflege und Reparaturen

Robuste Fahrräder benötigen nicht allzuviel Pflege. Wer sein Fahrrad nicht ständig benutzt und dabei darauf achtet, daß die Bremsen wirken und das Licht funktioniert, sollte beides hin und wieder kontrollieren. Genauso sollte man regelmäßig nachsehen, ob die Reifen nicht spröde werden. Man sieht das an feinen Rissen, vor allem, nachdem das Rad unaufgepumpt herumgestanden hat. Man sollte dafür sorgen, daß die Schalt- und Bremszüge sowie die Mechanismen von Schaltung und Bremsen geschmiert sind und die Laufräder sich frei und ungehindert drehen. Mit einer gut geölten Kette und fest aufgepumpten Reifen hat man dann viel Freude am Fahrrad. Falls unterwegs doch eine Panne passiert, kann man sich oft selbst helfen. Im folgenden werden ein paar Handgriffe erläutert.

Das richtige Fahrrad – richtig eingestellt

Am **Sattel** lassen sich Höhe und Neigung regulieren. Je nach Modell verstellt man die Neigung unter der Sitzfläche mit einem Inbusschlüssel oder mit einem Gabelschlüssel. Die Höhe wird mit dem Klemmbolzen am oberen Rand der Sattelmuffe eingestellt. Entweder mit dem Schnellspannhebel oder einem passenden Gabel- oder Inbusschlüssel die Sattelstütze lockern und den Sattel nach oben oder unten bewegen. Die Höhe des Sattels stimmt, wenn die Ferse bei durchgestrecktem Bein auf dem Pedal ruht (das testet man, indem man sich an eine Wand stützt).

Auch der **Lenker** ist verstellbar. Als Faustregel gilt: Zwei Drittel des Körpergewichts trägt der Sattel, ein Drittel der Lenker. Sonst werden entweder die Arme schnell müde vom Abstützen oder man muß auch bei geringen Steigungen aus dem Sattel. Den Klemmbolzen des Lenkers mit Inbus- oder Gabelschlüssel lockern (vier Umdrehungen genügen oft), das Rad vorne hochheben, mit dem Hammer zur Lockerung der Klemmbolzenkeile auf den Klemmbolzen klopfen, Lenker so weit herausziehen oder hineindrücken wie nötig.

Für asphaltierte Straßen sind schmalere **Reifentypen** empfehlenswert, weil der Rollwiderstand geringer ist. Breitere Reifen sind geländegängiger und dämpfen Fahrbahnunebenheiten besser.

Werkzeug und Ersatzteile

Luftpumpe, Flickzeug mit Ersatzventil, 3 Reifen- oder Mantelheber und diverse Gabelschlüssel (auf die Größe achten) für die Räder – wenn sie nicht mit dem handlichen Schnellspannhebel ausgerüstet sind – oder einen Schlüssel für verschiedene Mutterngrößen (einen sogenannten »Knochen«) braucht man für alle Fälle. Schraubendreher, ein Speichenschlüssel, eine Kombizange und Inbusschlüssel machen das Werkzeug komplett.

Auf alle Fälle ist es praktisch, ein paar **Ersatzteile** mitzuführen, die weder schwer noch sperrig sind: Schlauch, Ersatzventil (»Blitzventile« machen das Pumpen leichter), Bremsklotz, Brems- und Schaltzug, Erste-Hilfe-Speichen mit Speichenspanner, Taschenlampe.

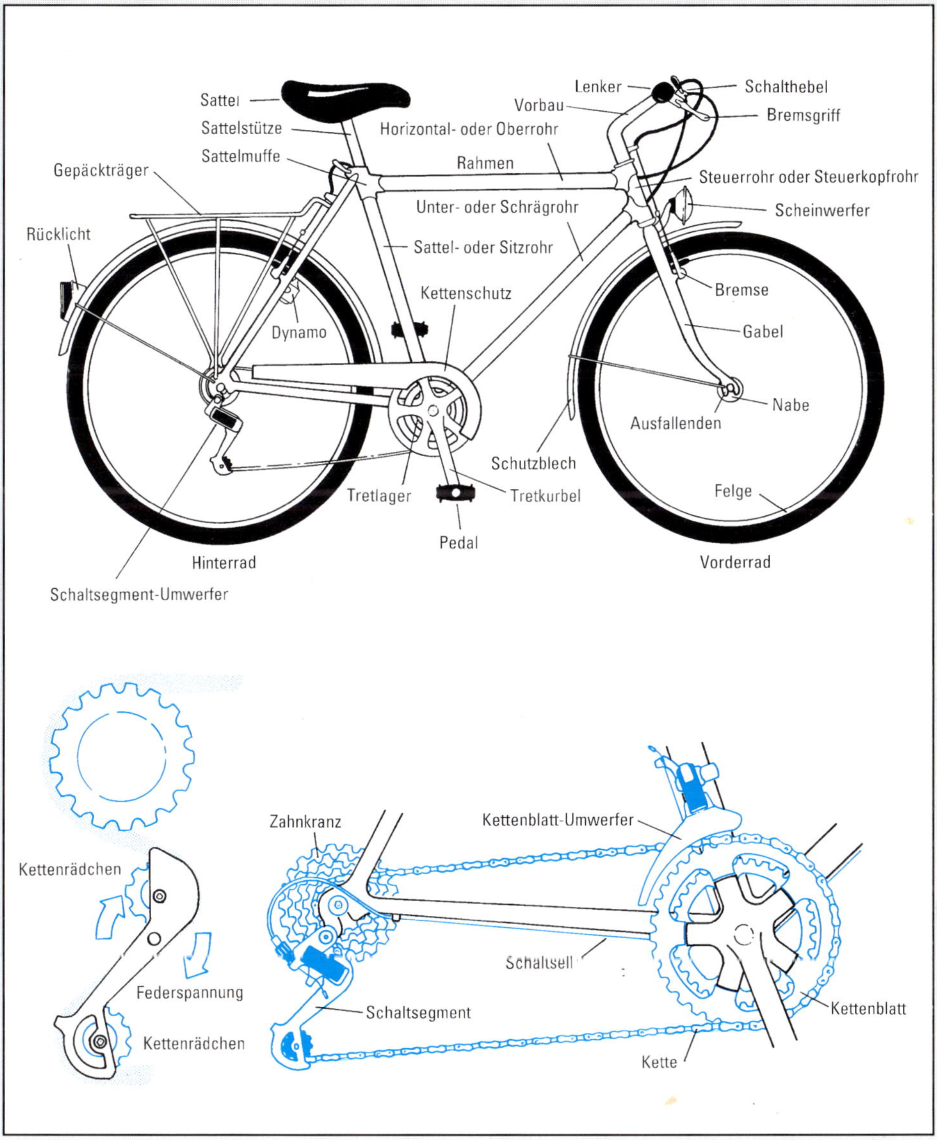

Das Fahrrad und seine Bestandteile.

Ein platter Reifen

Ein platter Reifen kommt häufiger vor, wenn Schlauch und Mantel schon etwas älter sind. Zur Vorsorge sollte man vermeiden, über spitze Gegenstände zu fahren. Auf den Landstraßen fliegen alle kleinen Glassplitter und Eisenteile an den Straßenrand – fahren Sie also mit einem halben Meter Abstand vom Bordstein. Damit bringen Sie die Autofahrer auch weniger in Versuchung, Sie auf engen Landstraßen trotz Gegenverkehr zu überholen.

Wenn der Reifen platt ist: *Zuerst* nachsehen, ob das Ventil nicht lose ist. Bildet sich bei aufgepumptem Reifen eine Blase am Ventil, nachdem man es (mit Spucke) angefeuchtet hat, sollte man den Ventilschlauch (oder das Ventil) auswechseln. Bleibt der Reifen platt, stellt man das Fahrrad auf den Kopf und sucht bei erneut aufgepumptem

Reifen nach der undichten Stelle. Haben Sie die schadhafte Stelle gefunden, markieren Sie sie. Dann hebeln Sie den Reifen aus der Felge, wie im nächsten Absatz beschrieben. Zupfen Sie das Stück Schlauch, in dem das Loch ist, heraus und flicken Sie das Loch wie beschrieben. Ist die Stelle nicht zu finden, muß das Rad abmontiert werden.

Rad abmontieren

Bevor Sie anfangen, suchen Sie sich eine Stelle aus, an der Sie auch die Muttern und Schrauben wiederfinden, die sonst wegkullern. Legen Sie abmontierte Kleinteile in die Haube der Klingel oder in eine Mütze. Lösen Sie erst die Felgenbremse, stellen Sie dann das Fahrrad auf den Kopf. Zur Schonung der Bremsgriffe kann man Badezeug oder Regenjacke unter den Lenker legen.

Vorderrad: Moderne Räder haben einen Schnellspanner mit einem Hebel, den man nur umzulegen braucht, und schon kann man das Rad aus seiner Halterung nehmen. Bei älteren Rädern muß man beidseitig die dicke Mutter lösen (nicht abschrauben; Schlüssel in der richtigen Größe einpacken), um das Rad abzunehmen.

Hinterrad: Wie beim Vorderrad Hebel umlegen oder Muttern lösen. Bei Kettengangschaltung schaltet man zuerst die Kette auf das kleinste Ritzel, dann biegt man den Kettenstraffer nach vorn, so daß man genügend Spiel hat, die Kette vom Zahnkranz abzuheben und so über die Achse zur Seite zu schieben, daß das Rad abgenommen werden kann. Bei Nabenschaltung muß man die Kette über das Ritzel drücken, um die Kette hinten von der Achse lösen zu können.

Haben wir das Rad lose in der Hand, pumpen wir es ein bißchen auf. Mit dem Mantel- oder Reifenheber fahren wir vorsichtig unter den **Mantel** *(Reifendecke)* und hebeln ihn über den Felgenrand. Mantelheber haben meistens eine Öse, mit der man sie an einer Speiche einhängen kann. Mit dem zweiten Mantelheber wiederholen wir dasselbe 10 cm weiter, dasselbe mit dem dritten Mantelheber. Den mittleren Mantelheber können wir jetzt abnehmen und wieder ein Stückchen weiter die Reifendecke über den Felgenrand heben – bis sich der Mantel auf der einen Seite lockert und von Hand von der Felge zu ziehen ist.

Jetzt können wir den Schlauch unter dem Mantel hervorschieben und -ziehen, bis er nur noch am Ventil in der Felge hängt. Ventil abschrauben und den Schlauch abnehmen. Ventil wieder aufsetzen, aufpumpen und nach dem Loch suchen. Feine Löcher findet man nicht so schnell mit bloßem Auge. Den Luftzug der entweichenden Luft spürt man am besten, wenn man den Schlauch nahe an das eigene Auge hält. Mit einem feuchten Handrücken kann man ebenfalls den Luftzug erfühlen. Schneller geht es in einer Schüssel Wasser, die in der Natur allerdings nicht zur Hand ist. Aber vielleicht ist in der Nähe ein

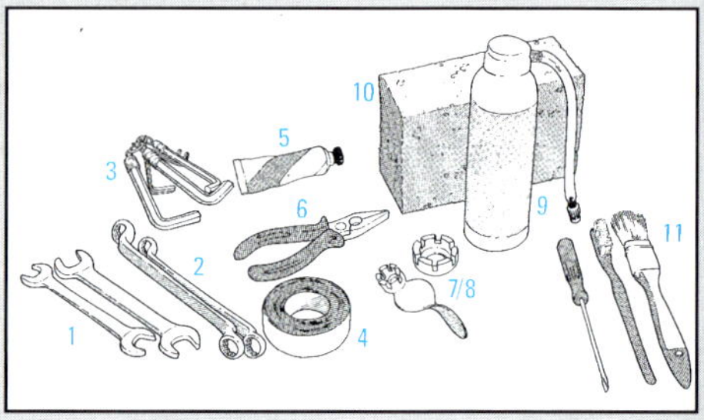

Werkzeug zur Pflege des Fahrrades.

1 Gabelschlüssel
2 Rundschlüssel
3 Inbusschlüssel
4 Reifen-Klebeband
5 Reifenkitt
6 Kombizange
7/8 Speichenschlüssel
9 Reifenflickspray
10 Schwamm
11 Alte Pinsel und Zahnbürsten

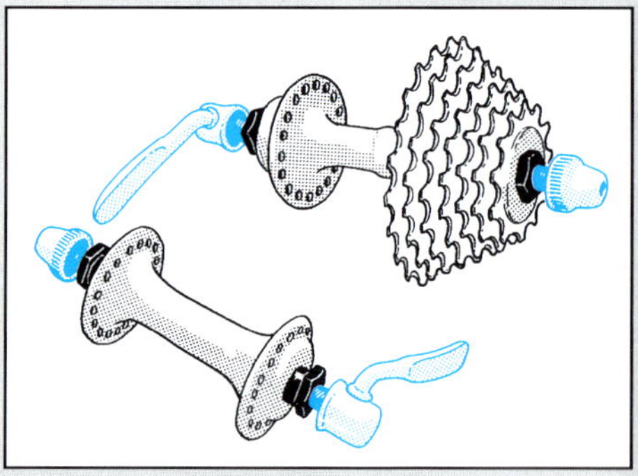

Vorderradnabe und Hinterradnabe mit Siebenfachzahnkranz, jeweils mit Schnellspannvorrichtung.

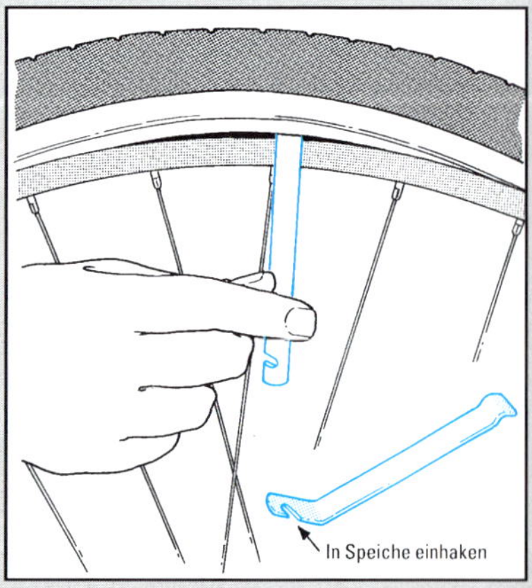

Einsatz des Mantel- oder Reifenhebers.

Bach, ein Teich oder eine tiefe Pfütze. Das Loch verrät sich durch Luftblasen.

Um das Loch herum den Schlauch leicht aufrauhen (beim Flickzeug gibt es dafür ein durchlöchertes Blechstück oder Sandpapier), Gummierlösung dünn auftragen, warten, bis die Lösung grifftrocken ist, Flicken vom Schutzpapier abziehen, auflegen und festdrücken. Schlauch wieder einlegen (beim Ventil anfangen) und unter den Mantel schieben, leicht aufpumpen, damit er schön gerade liegt, und den Mantel wieder auf die Felge drücken. Wenn es nicht anders geht, wieder mit dem Mantelheber. Vorsicht: dabei nicht neue Löcher in den Schlauch quetschen! Reifen aufpumpen. Wenn Sie noch Pause machen wollen, lassen Sie das Rad solange abmontiert – falls es nicht geklappt hat, müssen Sie nicht noch mal von vorne anfangen.

Eine Bremse versagt

Bei Nässe ist der Bremsweg länger als bei Trockenheit! Abgenützte Bremsklötze daher rechtzeitig ersetzen. Dabei soll die offene Seite des Bremsklotzhalters nach hinten weisen, damit der Klotz nicht bei der ersten Bremsung herausrutscht.

Ist der Bremsweg immer noch zu lang, stellen Sie die Bremse nach. Drücken Sie die beiden Bremsbacken so zusammen, daß noch 3 mm Abstand zur Felge bestehen, damit die Bremsen nicht zu hart greifen. Dann die beiden Muttern der Nachstellvorrichtung am Seilzug so drehen, daß die Bremsbacken sich allein da halten, wo Sie sie zuerst hingedrückt haben. Da die Bremssysteme je nach Fabrikat verschieden sind, sollte sich jeder sein eigenes Fahrrad-Bremssystem ansehen.

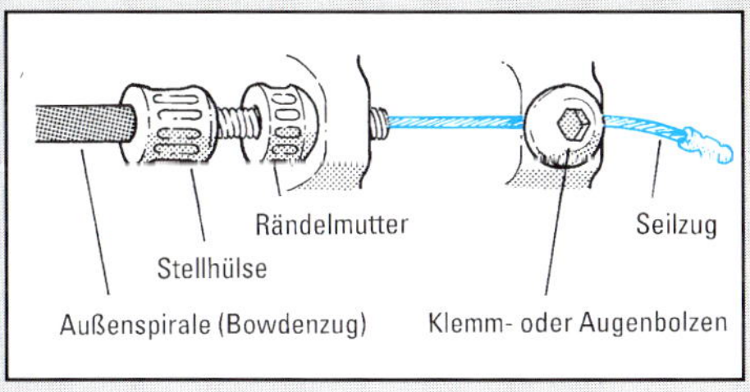

Nachstellen des Seilzuges.

Die Kette

Eine verdreckte oder angerostete Kette ist starr und kostet unnötig viel Kraft. Regelmäßiges Schmieren oder Ölen beugt vor. Ein Bad in Petroleum (die Kette vom Zahnkranz in eine Schale mit Petroleum hängen lassen, wenn Sie nicht montieren wollen) löst den Dreck. Mit einer alten Zahnbürste säubern. Anschließend mit Kettenfett Glied für Glied behandeln.

Bevor Sie losfahren, vergewissern Sie sich, daß die Kette die **richtige Spannung** hat. Bei einer Kettengangschaltung überprüft man das nach folgenden Kriterien: Hängt die Kette vorne auf dem kleinen Kettenblatt und hinten auf dem kleinsten Ritzel, soll sie nicht durchhängen. Hängt die Kette auf dem jeweils größten Kettenblatt und größten Ritzel, soll sie trotzdem noch S-förmig durch den Schaltarm mit seinen beiden Kettenrädchen verlaufen, um ihn nicht zu überdehnen. In diesen Positionen sollten Sie nie fahren!

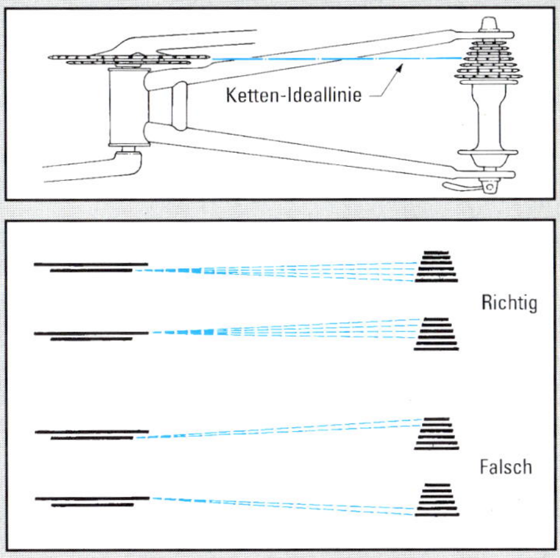

Richtige und falsche Art der Schaltung (Kettenlinie).

Schaltung

Die Größe der Kettenblätter und die Abstufung des Zahnkranzes mißt sich nach der Anzahl der Zähne. Die **Übersetzung** ist um so größer, je größer der Unterschied zwischen Kettenblatt und Ritzel des Zahnkranzes in Zähnen ist. Das heißt, pro Tretkurbelumdrehung ist der zurückgelegte Weg am größten, wenn die Kette auf dem größten Kettenblatt vorne und auf dem kleinsten Ritzel am Hinterrad liegt. Die vielen Gänge, die ein Rad hat, differenzieren die Übersetzung zumeist zu einer kleinen Übersetzung hin und erleichtern so das Bergauffahren.

Wenn Sie extreme Bergtouren vorhaben, können Sie das kleinere Kettenblatt austauschen und eines mit weniger Zähnen einsetzen. Anhand der Zeichnung sehen Sie, wie Sie nicht schalten sollten: größtes bzw. kleinstes Kettenblatt und größtes bzw. kleinstes Ritzel soll man nicht kombinieren. Solche »Extrem«-Schaltungen verursachen Reibungswiderstände und überbeanspruchen dadurch das Material.

Mit dem **Kettenblatt-Umwerfer** bewegen Sie die Kette von einem Kettenblatt zum anderen. Wenn Sie nur noch das mittlere und ein äußeres Kettenblatt erreichen oder die Kette am Umwerfer schleift, müssen Sie nachjustieren. Der Umwerfer soll hoch genug angebracht sein, damit er nicht das große Kettenblatt berührt.

Mit dem Schaltarm am hinteren Schaltwerk transportieren Sie die Kette über die Ritzel unabhängig von der Stellung der Kette auf den Kettenblättern.

Das Licht fällt aus

Als Lichtanlage haben die Hersteller alle möglichen Konstruktionen entwickelt. Das Prinzip ist immer dasselbe: Der Dynamo stellt den Strom her, der über Kabel zum Glühbirnchen geleitet wird. Ein Massekabel entfällt, dazu ist der Rahmen da. Als erstes nach der **Glühbirne** sehen. Bleibt es trotz intakter Birne dunkel, die **Kabelverbindungen** im Lampengehäuse und am Dynamo überprüfen (Wackelkontakt? Kann man mit einer Batterie prüfen). Leuchtet das Licht, liegt es am Dynamo, leuchtet es nicht, liegt es an den Kabeln, die man überprüfen und notfalls ersetzen muß. Hat der **Dynamo** genügend Reibung am Reifen? Eventuell befestigen. Ein lockerer Dynamo kann außerdem in die Speichen fallen und einen Unfall verursachen.

Wenn das alles nichts nützt, und Sie stehen bei Dunkelheit am Straßenrand, dann lassen Sie Ihre Tourenbegleiter mit funktionierendem Licht vor und hinter sich fahren. Besonders für den nachkommenden Verkehr ist es wichtig, daß Sie **von hinten gesehen werden**. Sind Sie allein und ohne Taschenlampe, mit der Sie nach hinten leuchten können, dann weichen Sie nach Möglichkeit auf den Gehsteig aus.

Fahrtechniken

Der **Fußballen** liegt über der Pedalachse. Daß Sie beim Heruntertreten des Pedals die meiste Kraft aufwenden und beim Steigen des Pedals die geringste, ist klar. Rennradler haben mit Rennhaken und Pedalklammer die Möglichkeit, das Pedal aufwärts zu ziehen und nach vorn zu schieben. Normale Radler können sich von den Rennradlern immerhin abschauen, wie sie das Pedal unten nach hinten drücken und dazu den Fuß mit der Spitze abwärts kippen (»runder Tritt«).

Wiegetritt nennt man die Technik, bei Steigungen, die trotz kleinen Gangs nicht mehr zu schaffen sind, aus dem Sattel aufzustehen und das jeweils obere Pedal mit dem Körpergewicht und Zug am Lenker nach unten zu stemmen.

Ein weiteres Detail der Fahrtechnik ist die **Auswahl der Übersetzung**. Die Gänge sind vor allem dazu da, den Bewegungsablauf gleichmäßig zu halten. Zu kleine Übersetzung bekommt der Muskulatur genauso wenig wie zu große Übersetzung. »Weiches Pedalieren« ist der schöne Ausdruck für diesen Vorgang.

Aus mechanischen Gründen soll man **nicht in Extremschaltungen** fahren, also kleines Kettenblatt und kleinstes Ritzel am Zahnkranz oder großes Kettenblatt und größtes Ritzel kombinieren. Die Kette liegt dann schräg und produziert anstrengende Reibungswiderstände. Ideal ist es, wenn die Kette gerade verläuft.

Bremsen sollte man stets gleichzeitig hinten und vorne. Besonders bei Bergabfahrten kann zu abruptes Bremsen zu Stürzen führen. Ebenso sollte man schon vor und nicht erst in einer Kurve bremsen, weil man in der Kurve das Gleichgewicht verlieren kann. Bei Nässe gilt dies erst recht. Nehmen Sie in Kurven das innere Pedal nach oben – wenn in der Kurve ein Pedal den Boden berührt, berührt der ganze Radler den Boden.

Gepäck/Zubehör

Praktisch ist die traditionelle **Hinterradtasche** auf dem Gepäckträger über dem Hinterrad. Diese Tasche kann man als Doppeltasche oder als Einzeltasche erhalten. Auf jeden Fall sollte die Innenseite (zum Rad hin) verstärkt sein, damit es keine Ausbeulungen gibt, die die Fahrt behindern. Zugleich sollte die Tasche nicht zu weit vorn hängen, weil sie sonst die Fersen stört.

Für die Karte ist die kleine **Lenkertasche** nützlich. Genausogut können Sie aber auch vorne einen Gepäckträger anbringen (lassen) und einen **Korb** darauf befestigen, in den Sie Karte, Führer, Flasche, Pullover, Badezeug und was sonst schnell zur Hand sein soll, hineinlegen. Bei viel Gepäck ist ein **Doppelständer** sinnvoll. Luftpumpe und Trinkflasche im Trinkflaschenhalter haben ihren festen Platz am Sattel- oder am Unterrohr.

Schutz vor Diebstahl: Am sichersten ist das massive Bügelschloß aus Stahl, aber das wiegt auch viel. Spiralkabel mit eigener Halterung unter dem Sattel sind praktisch, man muß lediglich die Zugkraft der Spirale überwinden. Um das Vorderrad zu sichern, kann man es abnehmen und an das Hinterrad schließen. Auf alle Fälle ist es gut, sein Rad an einen Laternenpfahl oder etwas Ähnliches anzuschließen.

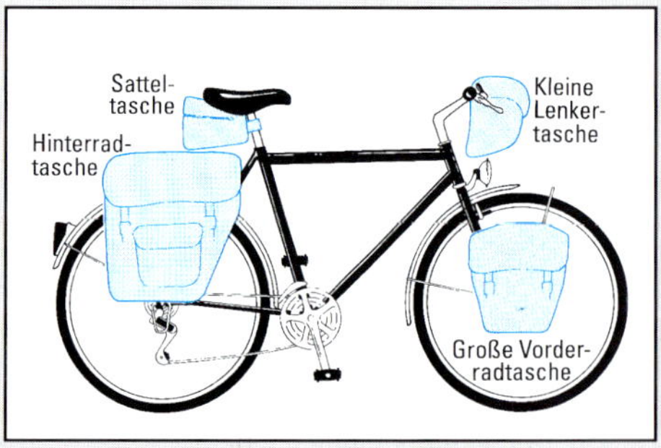

Das bepackte Fahrrad mit Gepäckstücken zur Auswahl.

Anhang

Anreise, Radmitnahme

• **Mit der Bahn:** Von *Nord- und Westdeutschland* führen die schnellsten Verbindungen über Paris, von wo der Hochgeschwindigkeitszug TGV nach Valence, Avignon, Marseille und Nizza weiterfährt. In Paris ist ein Bahnhofswechsel vom Gare du Nord zum Gare de Lyon notwendig, wofür man mit der Metro eine knappe Stunde einrechnen sollte. (Fahrzeit Köln – Valence etwa 10–11 Std., bis Avignon 1 Std. länger.) Für den TGV besteht Reservierungspflicht.

Preisgünstiger sind die Verbindungen über *Südwestdeutschland*. Über Kehl/Straßburg oder Basel SBB/Mulhouse gelangt man in Lyon an die Hauptstrecke Paris – Valence – Avignon – Marseille. Von Ende März bis Ende Oktober besteht auf dieser Linie eine direkte Kurswagenverbindung mit Liegewagen von Frankfurt am Main nach Avignon – Marseille – Nizza. Von Basel nach Valence und Avignon kann man auch durch die Schweiz fahren, wobei man in Genf umstelgt. Aber Achtung: Diese Verbindung ist kaum schneller, aber ganz erheblich teurer als die Fahrt über Straßburg/Lyon, u. a. weil man auf dem französischen Streckenteil nicht die 1000 km für das Billet de Séjour (s. u.) zusammenbekommt. Von *Bayern* in die westliche Provence fährt man am schnellsten über Lindau – Zürich – Genf; preisgünstiger ist auch hier die Verbindung über Karlsruhe – Straßburg. Nach Nizza geht es über Verona – Mailand – Ventimiglia. Von der *Schweiz* fährt man über Genf nach Südfrankreich (mehrere Züge Genf – Valence täglich), von *Österreich* über Venedig – Ventimiglia, wobei die Reise Wien – Nizza etwa 15 Std. dauert.

Die französischen Staatsbahnen (SNCF) bieten verschiedene Ermäßigungen an, u. a. das Billet de Séjour, eine um 25 % verbilligte Touristenkarte, für die innerhalb Frankreichs mindestens 1000 km zurückgelegt werden müssen. Ein Billet de Séjour für die Strecke Basel – Mulhouse – Avignon und zurück kostet zur Zeit etwa 140,- DM. Auskünfte über die SNCF-Generalvertretung Westendstraße 24, 60325 Frankfurt am Main, Tel. (0 69) 72 84 45 - 46.

Fahrradmitnahme: Im grenzüberschreitenden Verkehr nach Frankreich ist zur Zeit die Radmitnahme im gleichen Zug nicht möglich. Auch innerhalb Frankreichs dürfen nur in wenigen Regionalzügen selbstverladene Räder transportiert werden. Man muß also das Rad vor der Abreise aufgeben. Da die Deutsche Bahn AG die Gepäckschalter an den Bahnhöfen abgeschafft hat, ist zunächst der Gepäckkurierdienst telefonisch zu beauftragen, der das Rad abholt und auch eine Schutzverpackung für das Rad stellt. Der Radversand nach Frankreich kostet zur Zeit 46,- DM plus 10,- DM für den Schutzkarton. In Frankreich kann man das Rad an jedem größeren Bahnhof nach Deutschland aufgeben, in der Provence z. B. auch in Cavaillon, Hyères, Sisteron und Manosque (Kosten 165 FF einschließlich Schutzkarton).

In der Regel erreichen die Räder nach 3–4 Werktagen ihren Bestimmungsort. Verlassen sollte man sich allerdings darauf nicht. Ratsam ist es, das Rad mindestens 8 Werktage vor Reisebeginn loszuschicken. Manchmal wird von Beschädigungen des Rades durch den Bahntransport berichtet. Hier wäre zu überlegen, das finanzielle Risiko durch den Abschluß einer Gepäckversicherung zu mindern. Schäden müßen dann am Zielbahnhof aus versicherungsrechtlichen Gründen sofort angezeigt werden. Am Rad angebrachte teure Extras sollten immer im Handgepäck mitgenommen werden.

• **Mit dem Bus:** Der Allgemeine Deutsche Fahrrad Club (ADFC) fährt seit einigen Jahren mit dem Euro-Fahrradbus verschiedene Ziele in Europa an. Die Reisebusse haben einen Spezialanhänger für Fahrräder. Abfahrten in die Provence nach Orange, Aix oder zum Pont du Gard, zwischen Anfang April und Anfang Oktober mindestens einmal wöchentlich, von verschiedenen deutschen Großstädten. Der Reisepreis liegt von Südwestdeutschland aus etwas höher als die Bahn.Von Nord- und Westdeutschland aus ist die Busreise günstiger. Die Fahrt mit dem Velomobil bietet eine sichere Möglichkeit der Anreise mit dem Rad, dauert allerdings deutlich länger als die Bahnreise. Weitere Auskünfte und Buchung bei: Velomobil, ADFC-Fahrrad-Reisebüro, Postfach 107747, 28077 Bremen, Tel. (04 21) 3 46 39 16, Fax 3 46 39 60.

• **Mit dem eigenen Auto:** Durchgehende Autobahnverbindungen bestehen auf den Routen Freiburg – Besançon – Lyon – Avignon (650 km), Saarbrücken – Metz – Lyon – Avignon (700 km) und Basel – Genf – Lyon – Avignon (knapp 600 km). Landschaftlich reizvoller als die Strecke durch das Rhônetal ist die durch die westlichen Alpenausläufer führende Strecke von Genf über Grenoble nach Sisteron, wobei man ab Grenoble entweder die N 75 über Serres oder die N 85 über Gap benutzen kann. Vor allem, wenn man in die Haute-Provence will, käme diese zeitlich längere Route in Betracht. Von Bayern in die östliche Provence bietet sich der Weg über die norditalienischen Autobahnen an (München – Verona – Piacenza – Savona – Nizza etwa 950 km).

Die Autobahnen in Frankreich und Italien sind gebührenpflichtig. In der Schweiz sind pauschal 40 SFr Autobahnmaut zu zahlen.

• **Mit dem Flugzeug:** Direktverbindungen von deutschen und schweizerischen Flughäfen gibt es nach Marseille und Nizza mit Air France, Swissair und Lufthansa. Air Inter bedient die innerfranzösischen Strecken von Paris nach Avignon und Nîmes. Preisgünstige Ferienflüge bietet Air France von Düsseldorf und München nach Nizza und von Frankfurt am Main nach Marseille an. Auskunft: Air France, Friedensstraße 11, 60311 Frankfurt am Main.

Bahnverbindungen, Radtransport in der Provence

Nach der Stillegungswelle der letzten Jahrzehnte gibt es nur noch wenige Bahnlinien mit Personenverkehr in der Provence. Neben der häufig befahrenen Hauptstrecke Lyon – Valence – Avignon/Nîmes – Marseille – Toulon – Nizza sind dies die Routen Marseille – Salon – L'Isle-sur-la-Sorgue – Avignon, Marseille – Aix – Sisteron sowie Toulon – Hyères. In den Fernzügen der SNCF ist die Radmitnahme bis auf Ausnahmen nicht zulässig. Hingegen kann man in einer Reihe von Regionalzügen das Rad kostenlos als selbst zu verladendes Handgepäck im Gepäckabteil transportieren. Die Züge sind im Fahrplan mit einem Fahrradsymbol gekennzeichnet. Im Anschluß an die in diesem Buch beschriebenen Routen könnten folgende Verbindungen von Interesse sein:

- Avignon – Tarascon – Arles oder Nîmes
- Avignon – L'Isle-sur-la-Sorgue – Salon – Marseille
- Hyères – Toulon – Cassis – Marseille – Aix
- Aix – La Brillanne – Sisteron (2 Fernzüge mit Radtransport)

Essen und Trinken

Die **traditionelle Küche der Provence** unterscheidet sich in manchem von der des übrigen Frankreich. Eine auf Raffinesse zielende bürgerliche Eßkultur wurde hier ursprünglich nicht gepflegt. Die Provence war über Jahrhunderte ein armes, bäuerlich geprägtes Land fernab der Kulturmetropolen, was sich auch in den Kochtraditionen widerspiegelt.

Ihre besondere Note erhält die provenzalische Landküche durch die kräftigen Aromen der Zutaten. Dazu gehören natürlich die *Herbes de Provence,* die überall in Hülle und Fülle wachsenden Wildkräuter wie Thymian, Rosmarin, Salbei, Basilikum, Bohnenkraut usw., die häufig, aber keineswegs wahllos, verwandt werden. Gute provenzalische Köche wissen genau, welches Kraut mit welchem Fisch, Fleisch oder Gemüse harmoniert. Eine wichtige Rolle spielen auch Knoblauch und das meist hochwertige provenzalische Olivenöl, das großzügig Verwendung findet. Viel Wert wird auf Frische und Güte der Grundprodukte gelegt. Trotz des unübersehbaren Hangs der Franzosen zu Großmärkten auf der grünen Wiese gibt es deshalb immer noch überall die traditionellen lokalen Bauernmärkte. Gemüsegerichte nehmen einen breiten Raum ein. Fleisch war früher teuer und galt als ausgesprochene Fest- und Sonntagsspeise. Nur in der Camargue mit ihren Stierweiden kamen Fleischgerichte häufiger auf den Tisch. An der Küste spielen natürlich Fisch und Meeresfrüchte eine wichtige Rolle. Wegen Überfischung und Wasserverschmutzung gehen die Fangerträge jedoch kontinuierlich zurück. In der Region von Nizza, die erst im 19. Jh. nach Frankreich kam, machen sich auch italienische Eßtraditionen bemerkbar.

Eine typisch provenzalische Speise ist *aioli,* eine kräftige Mayonnaise aus zerstampftem Knoblauch, Olivenöl und Eigelb, die zu den verschiedensten Gerichten gereicht wird. Eine mit rotem Pfeffer schärfer gehaltene Variante, die *rouille,* wird auf gerösteten Weißbrotscheiben zu Fischsuppen gegessen. Bestellt man *L'Aioli* als Hauptgang, so bekommt man ein Gericht aus gekochten Gemüsen und gedünstetem Fisch mit der *aioli*-Mayonnaise. *Ratatouille* ist der typische provenzalische Gemüseeintopf. Auberginen, Tomaten, Paprika, Zucchini, Zwiebeln und Knoblauch werden in reichlich Olivenöl langsam gar gekocht. Die berühmte Marseiller Fischsuppe, die *Bouillabaisse,* war ursprünglich ein Arme-Leute-Gericht. Unverkäufliche Kleinfische wurden mit Kräutern zu einem Sud verkocht, in dem dann größere Fische und Gemüse gegart wurden. Heute gehört die Bouillabaisse, wie sie in den Restaurants angeboten wird, eher zu den nicht ganz billigen Edelgerichten. Saint Pierre (Petersfisch) und Rascasse (Drachenkopf) gehören hinein, beides Fische, die heute nur noch selten ins Netz gehen.

Daube, in Rotwein und Kräutern mariniertes, stundenlang geschmortes Rindfleisch, *Côte d'agneau* (Kräuterlamm) und *Bœuf gardian* (Rindsgulasch) sind traditionelle Fleischspeisen der Provence. *Pieds et Paquets,* ein mächtiges Gericht aus Hammelfüßen und Innereien sowie *Tripes* (Kutteln) sind vielleicht nicht jedermanns Sache.

Über die Grenzen der Provence hinaus bekannt ist der *salade niçoise,* ein frischer Salat aus Tomaten, grünen Bohnen, Kartoffeln, hartgekochtem Ei, Oliven und Thunfisch. Als *pistou* bezeichnet man eine Masse aus Basilikum, zerstoßenem Knoblauch und Olivenöl, die in eine fleischlose Gemüsesuppe, die *soupe au pistou,* eingerührt wird. *Anchoide* (Sardellenpaste) und *tapenade* (Olivenpaste) werden auf geröstetes Weißbrot gestrichen und zu Vorspeisen gereicht.

Die großzügige Verwendung von Olivenöl und Knoblauch in der provenzalischen Küche wird nicht immer als noch zeitgemäß angesehen. Dies ist vielleicht der Grund dafür, daß in den Restaurants der Provence die traditionelle regionale Kochkunst oft keinen breiten Raum mehr einnimmt. Überwiegend werden Gerichte angeboten, die man auch im übrigen Frankreich bestellen kann.

Eine **typische französische Mahlzeit** besteht aus mindestens drei Gängen. Als Vorspeise wird fast immer zumindest *crudités* (gemischte Rohkost mit Essigsauce) oder *charcuterie* (Wurst- und Schinkenteller) angeboten. Der Hauptgang besteht aus Fleisch, Fisch oder einem Omelette mit Gemüsebeilage. Kartoffeln gelten als eigenes Gemüse und werden nicht zusätzlich serviert. Zuletzt wird eine Käseplatte mit verschiedenen Sorten, von denen man sich einige kleine Stück abschneiden läßt, angeboten und/oder ein Dessert serviert. Typisch provenzalischer Käse wird ausschließlich aus Ziegen- oder Schafsmilch hergestellt. Als Nachtisch sind u. a. *mousse au chocolat* (Schokoladenmus), *crême caramel* (Karamelcreme) und *nougat glacé* (gefrorene Mandel- und Nußmasse) beliebt. Zum Abschluß eines Menüs bestellt man einen *café* (Espresso) oder auch einen Kräutertee *(infusion)*.

Die **Weine** der Provence galten lange Zeit als von eher minderer Qualität. Zum mäßigen Ruf trugen vor allem die massenhaft produzierten einfachen Rosé-Weine bei. Heute macht sich fast überall eine Entwicklung zu mehr Qualität bemerkbar. Inzwischen kommt fast die Hälfte der provenzalischen Weine aus Anbaugebieten mit der höchsten Qualitätsstufe A.O.C. (Apellation d'Origine Controllée). Seit jeher renommiert sind die schweren Rotweine aus *Châteauneuf-du-Pape,* die aber kaum unter 20,- DM zu haben sind. Einen guten Ruf haben auch die Erzeugnisse aus *Gigondas* sowie einigen weiteren Weindörfern um die Dentelles de Montmirail (Visan, Vacqueyras), die sich unter der Apellation *Côtes-du-Rhône-Villages* zusammengeschlossen haben. Über die Grenzen der Provence hinaus bekannte Spitzenqualitäten sind auch die Weißweine aus *Cassis* sowie die Rotweine aus dem benachbarten *Bandol.* Das warme Klima in Verbindung mit den wärmespeichernden Kalkböden bringen überwiegend wuchtige, alkoholreiche Qualitäten hervor. Die kleinen Anbauflächen von Cassis und Bandol bedingen zwangsläufig ein hohes Preisniveau. Preisgünstiger und leichter sind die Erzeugnisse der neuen A.O.C.-Regionen *Côtes-du-Ventoux* und *Côtes-du-Lubéron.*

Restaurantsitten: In Frankreich ist es durchaus üblich, mittags und abends ein Dreigangmenü zu sich zu nehmen. Sich mit vollem Bauch wieder aufs Rad zu schwingen, ist allerdings nicht jedermanns Sache. In vielen Bars kann man jedoch bis zum Nachmittag ein *sandwich* (Baguette) mit Käse *(fromage),* rohem oder gekochtem Schinken *(jambon cru, cuit),* Salami *(saucisson sec)* oder *paté* (Fleischpastete) bekommen und dazu das beliebte *panaché* (Alsterwasser, Radlermaß) trinken.

Vor allem kleine Restaurants auf dem Lande schließen oft sehr früh. Nach 21 Uhr kann man manchmal kein Essen mehr bestellen. Als unhöflich gilt es, sich einfach an einem freien Tisch niederzulassen. Dies wird ungern gesehen. Man läßt sich vom Kellner oder Patron einen Platz zuweisen. Die Bedienung wird mit Monsieur bzw. Mademoiselle angesprochen. Ein Dessert wird erst nach dem Hauptgang bestellt. Trinkgeld ist meist schon im Endpreis enthalten *(service compris),* bei guter Bedienung aber dennoch üblich (5–10 % der Rechnungssumme). Man läßt es diskret auf dem Teller liegen, auf dem die Rechnung *(l'addition)* gebracht wird.

Wasser, *une carafe d´eau,* bekommt man üblicherweise gratis zum Essen. Nach wie vor üblich ist es, auch einen Wein zur Mahlzeit zu bestellen. *Vin en pichet*, offener Landwein im Krug, ist meist preiswert und oft von ordentlicher Qualität und wird traditionell in einfacheren Restaurants der Weinbauregionen serviert. Ärgerlich ist die um sich greifende Unsitte, nur noch überteuerte, qualitativ dürftige Flaschenabfüllungen als einfachste Weinsorte anzubieten.

Feiertage

1. Januar, Ostermontag, 1. Mai, 8. Mai (Ende des Zweiten Weltkrieges), Christi Himmelfahrt, Pfingstmontag, 14. Juli (Nationalfeiertag zum Gedenken an den Ausbruch der Französischen Revolution), 15. August (Mariä Himmelfahrt), 1. November (Allerheiligen), 11. November (Ende des Ersten Weltkrieges).

Geld, Umtausch

Den günstigsten Umtauschkurs erhält man für Bargeld. Die Banken in Frankreich wechseln auch Euroschecks bis zu 1400 FF ein, wobei eine nicht unbeträchtliche Gebühr bei Kontolastschrift fällig wird. Beim Umtausch muß Paß oder Personalausweis vorgelegt werden. Kreditkarten sind weit verbreitet. Euroschecks als Zahlungsmittel sind hingegen wenig gebräuchlich. An mit einem rot-blauen EC-Symbol gekennzeichneten Geldautomaten kann man mit Euroscheck- oder Kreditkarte Bargeld ziehen, wobei auch hier eine nicht unbeträchtliche Gebühr vom Konto abgebucht wird. Größere Postämter wechseln in der Regel ebenfalls Devisen. Man kann hier auch vielerorts Geld von einem deutschen Postsparbuch abheben und sich in Francs auszahlen lassen, ohne Zusatzgebühr und zum banküblichen Kurs, bis zu 2000,- DM monatlich. Die Liste der französischen Postämter mit Sparguthabenauszahlung kann bei der deutschen Post angefordert werden.

Informationsstellen

Ausführliche touristische Informationen zur Provence (Hotel-, Campingverzeichnisse, Ortsprospekte usw.) erhält man über die amtlichen französischen Fremdenverkehrsämter (Maison de la France):

- Westendstraße 47, 60325 Frankfurt am Main, Tel. (0 69) 7 56 08 30
- Keithstraße 2–4, 10787 Berlin, Tel. (0 30) 21 8 20 64
- Löwenstraße 59, 8023 Zürich, Tel. (01) 2 11 30 85
- Hilton Center 259C, Landstrasser Hauptstraße 2, 1033 Wien, Tel. (02 22) 7 15 70 62.

Für speziellere Information zur Provence (kulturelle Veranstaltungen, Sportmöglichkeiten usw.) wendet man sich am besten an das Fremdenverkehrsamt der Region: Comité Régional de Tourisme Provence-Alpes-Côte d'Azur, Immeuble CMCI, 2 Rue Henri Barbusse, 13241 Marseille Cédex 01, Tel. 91 39 38 00.

Kartenmaterial

Verläßlich und sehr genau sind die Karten des Reifenherstellers Michelin im Maßstab 1:200 000, die auch in Deutschland erhältlich sind. Die Karte Nr. 245 erfaßt die gesamte Provence. In Verbindung mit den Kartenskizzen im Buch ist sie meines Erachtens für die Orientierung auf den beschriebenen Touren völlig ausreichend. Genauer noch sind die Karten des Institut Géographique National im Maßstab 1:100 000. Sechs Kartenblätter müssen jedoch gekauft werden, um die gesamte Provence abzudecken.

Klima, Reisezeit

Die niedriggelegenen Regionen der Provence lassen sich das ganze Jahr über bereisen. Dies gilt insbesondere für die Küste, die ja ihre touristische Karriere als Winterreiseziel der Aristrokratie begann. Um Nizza liegen auch im Januar die durchschnittlichen Tageshöchsttemperaturen noch um 13 °C. Bis zu 20 °C warme Sonnentage sind keine Seltenheit. Auch die Rhônesenke und das sich östlich anschließende Hügelland sind zu jeder Jahreszeit einen Besuch wert. Die *Winter* sind relativ trocken. In den höheren Lagen kann es jedoch empfindlich kalt werden. Je weiter man sich von der Küste entfernt, um so stärker macht sich winterliches Klima bemerkbar. In den Bergen der Hochprovence liegt manchmal noch an Ostern Schnee.

Der *Frühling* kündigt sich an der Küste und in den niedriggelegenen Regionen schon sehr früh an. Im Februar blühen erste Mimosen- und Mandelbäume. Das Wetter ist über das ganze Frühjahr sehr wechselhaft. Verläßliche Vorhersagen lassen sich für diese Zeit kaum machen. Sonnige und warme Tage wechseln mit regnerischer und kühler Witterung. Im März und April fallen durchschnittlich mehr Niederschläge als in den Wintermonaten. Eine gewisse Stabilisierung des Wetters tritt erst Ende Mai ein. Wegen der vielen blühenden Pflanzen sind Mai und Juni wohl die schönste Zeit für eine Provencereise, wobei es allerdings im Juni in der Ebene und im Hügelland schon sehr heiß werden kann.

Von *Juli bis Mitte September* scheint mit geringfügigen Unterbrechungen die Sonne. Außerhalb der Haute-Provence wird es aber schnell unerträglich heiß. Zudem ist ganz Frankreich unterwegs. Straßen, Hotels und Restaurants sind übervoll. Noch im entlegendsten Bergdorf macht sich touristischer Betrieb bemerkbar. Wegen der Hitze sollte man Radtouren in dieser Periode, wenn überhaupt, so früh wie möglich starten, um spätestens mittags am Ziel zu sein.

Im *Herbst* wird das Wetter wieder wechselhafter. September und Oktober können noch lange Schönwetterperioden bringen. Insbesondere in der Haute-Provence kommt es jedoch auch immer wieder zu heftigen Gewittern mit wolkenbruchartigen Regenfällen. Auch der November kann noch warme und sonnige Tage bringen.

Während des ganzen Jahres, vor allem aber im Frühjahr, kann es durch den *Mistral,* einem heftigen kalten Nordwind, zu plötzlichen Temperaturstürzen von bis zu 10 °C kommen. Der Mistral bläst manchmal tagelang. In den Ebenen der westlichen Provence tritt er häufiger auf als im Hügel- und Bergland weiter östlich. Der Mistral hat aber auch seine guten Seiten. Er vertreibt die letzten Regenwolken von einem in strahlendstem Blau aufleuchtenden Himmel.

Konsulate

In besonderen Notfällen helfen die konsularischen Vertretungen:

- *Deutschland:* Generalkonsulat Marseille, 338 Avenue du Prado, 13295 Marseille, Tel. 91 77 60 90. Honorarkonsulat Avignon, c/o ADAC Avignon, Z. I. Courtine, 185 Avenue des Rémouleurs, 84000 Avignon, Tel. 90 82 98 71. Honorarkonsulat Nizza, 22 Avenue Notre-Dame, 06000 Nizza, Tel. 93 62 22 26.
- *Schweiz:* 7 Rue d'Arcole, 13006 Marseille, Tel. 91 53 36 65.
- *Österreich:* 27 Cours Pierre Puget, 13006 Marseille, Tel. 91 53 02 08.

Literatur, Reiseführer

Die Provence ist Literatur-Land. Bedeutende Schriftsteller wurden hier geboren. Die Landschaft der Provence regte zahlreiche Autoren zu Reiseschilderungen an. Ausgewählte Provence-Texte findet man auszugsweise in den Sammelbänden »Die Provence – Morgensegel Europas« (Hg. Margit Bröhan; Piper, München) und »Licht der Provence« (Hg. Ingeborg Tetzlaff; DuMont Buchverlag, Köln). Die drei bekanntesten zeitgenössischen Dichter der Provence sind Jean Giono, Henri Bosco und Marcel Pagnol.

Die elementare Kraft der provenzalischen Landschaften – insbesondere der Hochprovence – wird vor allem in den Romanen von *Jean Giono* (1895–1970) spürbar. In Gionos Büchern, die manchmal zu Unrecht als bloße Heimatromane eingestuft werden, gewinnt die Natur ein Eigenwicht wie bei nur wenigen anderen Autoren der Weltliteratur. Mehrere Romane sind als Taschenbuch auf Deutsch erschienen: »Ernte«, »Der Berg der Stummen«, »Das Lied der Welt«, »Die Geburt der Odyssee« (Fischer, Frankfurt). Auch bei *Henri Bosco* (1888–1976) spielt die Landschaft der Provence eine zentrale Rolle. Sie erscheint als geheimnisvoll und düster-schön. In den Romanen Boscos, die oft einen mystischen Hintergrund haben, spielen meist Kinder die Hauptrolle. Übersetzt wurde u. a. »Der Esel mit der Samthose« (Klett-Cotta, Stuttgart). Die Erzählungen von *Marcel Pagnol* (1895–1974) sind meist gefälliger und leichter und zeichnen ein eher heiter-freundliches Bild der Provence. Nur mit seinem Roman »L'eau des collines« (Wasser der Hügel), eine dramatische Geschichte um Schuld und Rache beim Kampf um das knappe Wasser, zeigt er auch eine andere Seite. Ein Filmhistoriker bezeichnete den Roman als das »universale Epos der Provence«. Eine ideale Einstimmung auf die »heitere Provence« bietet Pagnols meistgelesenes Werk, der Roman »Eine Kindheit in der Provence«, der zwischenzeitlich auch verfilmt wurde (Goldmann Verlag, München 1990).

Unter den provenzalischen Reisebeschreibungen fallen die einfühlsamen Schilderungen Rolf Schneiders in »Annäherungen und Ankunft« besonders auf (Hinstorff Verlag, Rostock). Gute Hintergrundinformationen zu Politik, Kultur und Alltagsleben bietet »Anders Reisen – Südfrankreich« von Günter Liehr (Rowohlt-Taschenbuchverlag, Reinbek). Erschöpfende Auskunft über die Kunstwerke des Reisegebietes geben die DuMont-Kunstreiseführer »Provence« von Thorsten Droste und »Côte d'Azur« von Rolf Legler. Einen ebenso vollständigen, aber weniger tiefgründigen Überblick bieten diesbezüglich die grünen Michelin-Reiseführer »Provence«, »Côte d'Azur« und »Alpes du Sud« (Haute-Provence), letzterer nur auf französisch. Ein ansprechender Reiseführer mit eigenwilligem Stil ist der Reise- und Erlebnisführer Provence von Ruth Merten (Quest-Verlag, Staufen). Viel praktische Information zu Unterkünften, Restaurants, Verkehrsverbindungen usw. bieten die interconnections-Reiseführer zur Provence (Freiburg 1995), wobei mich allerdings der bemüht jugendlich-flapsige Stil eher stört.

Öffnungszeiten

Strikt zu beachtende Ladenschlußzeiten gibt es in Frankreich nicht. Eine lange Mittagspause von 12 bis 15 oder gar 16 Uhr wird von fast allen kleineren Geschäften, aber auch vielen Supermärkten eingelegt. Die Städte und Dörfer wirken dann wie ausgestorben. Abends schließen die meisten Läden zwischen 19 und 20 Uhr. Größere Geschäfte sind manchmal noch länger geöffnet. Auch Sonntag vormittags kann man vielerorts noch Lebensmittel einkaufen. Dafür steht man montags oft vor verschlossenen Türen.

Die Öffnungszeiten von Museen und Kirchen variieren im Laufe des Jahres beträchtlich. Im Winter muß mit erheblich verkürzten Besuchszeiten gerechnet werden. Über Mittag wird fast immer eine lange Pause eingelegt. Viele Museen und Kirchen sind dienstags (in Marseille montags) und an gesetzlichen Feiertagen geschlossen.

Sprachhilfe für Radfahrer

Achse	pont, essieu
Birne	ampoule
Bolzen	boulon
Bremse	frein
Bremszug	cable de frein
Bremsklotz	patin de frein
Dynamo	dynamo, alternateur
Felge	jante
Flickzeug	nécessaire de réparation
Gabel	fourche
Gang	vitesse
Gangschaltung	dérailleur
Gepäckträger	porte-bagages
Handbremse	frein à main
Kette	chaine
Kettenrad	plateau de pédaler
Kettenwerfer	dérailleur
Klingel	sonette
Kugellager	roulement à billes
Lampe	phare
Luftpumpe	pompe
Mutter	écrou
Nabe	moyeu
Pedal	pédale
Rad	roue
Rahmen	cadre
Reifen	pneu
Rücklicht	feu arrière
Sattel	selle

Sattelrohr	tube de selle
Schlauch	boyau
Schloß	anti-vol
Schraube	vis
Schraubenzieher	tournevis
Schraubenschlüssel	clef plate
Schutzblech	garde-boue
Speiche	rayon
Tretkurbel	manivelle
Tretlager	boite de pédaler
Ventil	soupape
Zahnkranz	couronne dentée
Zange	pince

Straßen und Verkehr

Die französischen Straßen sind in vier Kategorien unterteilt. A *(autoroute)* steht für Autobahnen, N für Nationalstraßen, D für Straßen innerhalb eines Departements und C, VC, CV für untergeordnete Nebenstraßen. Da die Autobahnen gebührenpflichtig sind, rollt viel Verkehr über die zweispurigen National- und Departementsstraßen. Die Klassifizierung sagt nicht unbedingt etwas darüber aus, wie stark eine bestimmte Straße befahren ist. Insbesondere unter den D-Straßen gibt es beträchtliche Unterschiede. Das Spektrum reicht von der breiten Fernstraße mit Schwerlastverkehr im Rhônetal bis zum nichtasphaltierten Fahrweg in der Hochprovence, auf dem nur dann und wann ein Auto entlangrumpelt. Die Verkehrsdichte läßt sich noch am ehesten von den Michelin-Karten ablesen, wobei man sich an Farbe und Breite der Darstellung orientiert. Schmale weiße Linien deuten auf eine wenig befahrene Nebenstraße hin.

Radwege gibt es nur wenige. Bei der Verbreiterung von Straßen werden jedoch neuerdings den Radfahrern vorbehaltene Seitenstreifen angefügt. Die Nebenstraßen weisen oft einen sehr rauhen Belag auf oder sind sehr holprig. Reifen mit gutem Profil sind hier hilfreich. Der Fahrstil der französischen Autofahrer auf dem Lande ist ausgesprochen rasant. Allerdings nimmt man auf Radfahrer Rücksicht. Radfahren ist beliebtes Freizeitvergnügen, wird aber von den Einheimischen fast ausschließlich als Sport gesehen. Die Verkehrsvorschriften entsprechen im wesentlichen den deutschen Bestimmungen. Die Regel »rechts vor links« muß häufiger als bei uns beachtet werden. An den Ortsrändern münden die Straßen oft in eine Folge von Kreisverkehren, wobei die im Kreis Fahrenden immer Vorfahrt haben.

Telefon

Öffentliche Telefone funktionieren entweder mit Münzen oder – in steigendem Maße – ausschließlich mit Telefonkarten *(télécarte)*, die man vorher bei der Post (PTT) oder in Tabakgeschäften, wahlweise mit 50 oder 120 Einheiten, kaufen muß. Innerhalb Frankreichs gibt es keine Vorwahlen (einzige Ausnahme Paris).

- Anruf vom Ausland nach Frankreich: 00 33 und achtstellige Nummer.
- Von Frankreich nach Deutschland: 19 wählen, Summton abwarten, 49 wählen, dann deutsche Vorwahl ohne Null, Nummer des Teilnehmers.
- In die Schweiz 19-41, nach Österreich 19-43 und weiter wie oben.

Unterkunft, Camping

Hotels der unteren Kategorien sind in Frankreich nach wie vor preisgünstiger als in Deutschland. Ordentliche Doppelzimmer gibt es schon ab 40–60 DM. Ein-Stern-Hotels sind auf dem Lande oft gut geführte einfach-angenehme Häuser. Vor allem in den Städten findet man in dieser Kategorie aber auch unfreundliche Absteigen. Zwei-Sterne-Häuser bieten fast immer die Garantie für einen ordentlichen Standard. Auf dem Lande sind richtige Schmuckstücke darunter zu finden. Drei-Sterne-Hotels bieten in der Regel gepflegten Komfort und besitzen nur Zimmer mit Dusche oder Bad, was in den einfacheren Kategorien keine Selbstverständlichkeit ist. Bei vier Sternen beginnt der Luxus. Innerhalb eines Hauses variieren die Zimmerpreise je nach Ausstattung ganz erheblich.

Überwiegend besitzen die Zimmer ein Doppelbett *(grand lit)*. Einzelgäste zahlen kaum weniger als zwei Personen. Möchte man ein Zweibettzimmer *(lits jumeaux)*, muß man ausdrücklich darauf hinweisen. Ein Zimmer mit *cabinet de toilet* besitzt weder eigene Toilette noch Dusche, sondern ein Waschbecken und Bidet. Eine Reihe Hotels mit ein oder zwei Sternen haben sich unter dem Namen *Logis de France* zusammengeschlossen. Man erkennt sie am grünen Schild mit gelbem Kamin – fast immer ein Indiz für ordentliche Qualität, auch was das meist angeschlossene Restaurant angeht.

Das Frühstück ist meist nicht im Hotelpreis enthalten. Das Hotelfrühstück ist in Frankreich in der Regel recht kärglich. *Café au lait* und *croissant* in der nächsten Bar sind preiswerter. Während der Schulferien, an durch Feiertage verlängerten Wochenenden und für die Dauer überregionaler Kulturfestivals ist Voranmeldung ratsam. Auch in der übrigen Zeit ist ein vorheriger Anruf zu empfehlen. Viele Hotels legen einen wöchentlichen Ruhetag ein.

Gîtes Rureaux sind ländliche Ferienwohnungen für Selbstversorger, die nur wochenweise vermietet werden. Das durch ein rundes gelb-grünes Schild gekennzeichnete **Chambre d'Hôte** ist ein Gästezimmer im Privathaus, das man auch für nur eine Nacht bekommen kann. Oft wird ein Frühstück oder Abendessen mit angeboten.

Gîtes d'Etape sind einfache, privat geführte, speziell für Wanderer und Radfahrer gedachte jugendherbergsartige Unterkünfte, oft schön gelegene, angenehme Häuser, die jedermann offenstehen. Neben einem Schlafsaal besitzen viele auch einfache Zimmer. Es wird erwartet, daß man zumindest einen einfachen Leinenschlafsack mitbringt. Zusätzliche Decken werden gestellt. Man kann Frühstück und Abendessen bekommen, letzteres in der Regel ein 3-Gang-Menü mit Wein. Für eine Übernachtung bezahlt man etwa 15,- DM, für Halbpension 45,- DM. Leider gibt es kein vollständiges Verzeichnis der Gîtes d'Etape. Zum Teil sind sie im Führer »Campings à la ferme + Gîtes d'Etape« aufgelistet (zu bestellen bei: Gîtes de France, Sachsenhäuser Landwehrweg 108, 60598 Frankfurt am Main, Tel. [0 69] 68 35 99).

Jugendherbergen gibt es relativ wenige in der Provence, und zwar in Aix, Arles, Cassis, Fontaine-de-Vaucluse, Fréjus, La-Palud-sur-Verdon, Stes-Maries-de-la-Mer, Le Trayas (Esterel), Manosque, Marseille, Menton, Nizza, Saignon, Séguret und Tarascon.

Campingplätze findet man in der Provence in großer Zahl. Fast jeder etwas größere Ort besitzt einen einfachen Gemeindecampingplatz (Camping municipal), der meist jedoch nicht ganzjährig geöffnet ist. Wie bei den Hotels werden für Qualität und Ausstattung bis zu vier Sterne vergeben. *Camping à la Ferme,* Zelten beim Bauern, ist weit verbreitet. Die Plätze sind meist klein, einfach ausgestattet, aber oft schön gelegen und ruhig. Einen umfassenden Campingführer der Provence (Guide de Camping) erhält man bei den amtlichen französischen Fremdenverkehrsämtern oder über die Fédération Française de Camping et Caravaning, 78 Rue de Rivoli, 75004 Paris. Den umfassendsten Überblick vermittelt jedoch der grüne Michelin-Führer Camping Caravaning France, der für etwa 30,- DM im Buchhandel erhältlich ist.

Wandern

Die Hügel- und Berglandschaften der Provence bieten zahlreiche Wandermöglichkeiten. Besonders abwechslungsreiche Landschaften und markierte Wege findet man vor allem in den Dentelles de Montmirail, in den Vauclusehöhen, im Lubéron, in den Calanques von Marseille, in den provenzalischen Voralpen (Haute-Provence) und auch im Hinterland der Côte d'Azur. Wegen des oft steinigen Untergrunds ist gutes Schuhwerk unerläßlich. Kopfbedeckung, Sonnenschutz und ein ausreichender Trinkwasservorrat sollten in der oft sonnenexponierten, trocken-kargen Kalklandschaft immer mit auf den Weg genommen werden. Zur Orientierung empfehlenswert sind die Karten der Editions Didier-Richard im Maßstab 1:50 000, auf denen die wichtigsten Wanderwege eingezeichnet sind, darunter die Sentiers de Grande Randonée, mit rot-weißen Querbalken markierte Fernwanderwege, die die ganze Provence durchziehen. Eine Auswahl von Provencewegen findet sich in »Richtig wandern – Provence« von Georg Henke (DuMont Buchverlag, Köln) und in »Wanderungen in der Provence« von Maria und Bernd Riffler (Bruckmann Verlag, München).

Register

Geradestehende Ziffern verweisen auf Textstellen, *kursive* auf Abbildungen; **fette** Ziffern bezeichnen die Hauptfundstellen.